"十二五"江苏省高等学校重点教材（编号：2015-2-103）

Gonglu Binghai Shibie yu Chuzhi
公路病害识别与处治

汪 莹 蒋 玲 主编

人民交通出版社股份有限公司
China Communications Press Co.,Ltd.

内 容 简 介

本书是"十二五"江苏省高等学校重点教材,是道路养护与管理专业重点建设教材。全书以公路病害识别与处治为主线,共设置了9个教学项目,包括:养护基础知识、路基工程的养护作业、路基工程病害识别及处治、沥青路面工程的养护作业、沥青路面病害识别及处治、水泥混凝土路面工程的养护作业、水泥混凝土路面病害识别及处治、沥青路面预防性养护处治技术、水泥混凝土路面改善和再生利用。

本书主要供高等职业教育道路养护与管理专业教学使用,也可作为相关专业学生或工程技术人员的参考用书。

本教材配套多媒体课件,可通过加入职教路桥研讨群(QQ:561416324)索取。

图书在版编目(CIP)数据

公路病害识别与处治/汪莹,蒋玲主编. — 北京:
人民交通出版社股份有限公司,2017.8
 ISBN 978-7-114-13846-1

Ⅰ. ①公… Ⅱ. ①汪… ②蒋… Ⅲ. ①公路—病害—识别②公路—病害—防治 Ⅳ. ①U418

中国版本图书馆 CIP 数据核字(2017)第 115195 号

"十二五"江苏省高等学校重点教材

书　　名:	公路病害识别与处治
著 作 者:	汪　莹　蒋　玲
责任编辑:	任雪莲
出版发行:	人民交通出版社股份有限公司
地　　址:	(100011)北京市朝阳区安定门外外馆斜街 3 号
网　　址:	http://www.ccpress.com.cn
销售电话:	(010)59757973
总 经 销:	人民交通出版社股份有限公司发行部
经　　销:	各地新华书店
印　　刷:	北京虎彩文化传播有限公司
开　　本:	787×1092　1/16
印　　张:	14.75
字　　数:	376 千
版　　次:	2017 年 8 月　第 1 版
印　　次:	2023 年 6 月　第 5 次印刷
书　　号:	ISBN 978-7-114-13846-1
定　　价:	39.00 元

(有印刷、装订质量问题的图书由本公司负责调换)

前　言

本书是"十二五"江苏省高等学校重点教材,是道路养护与管理专业重点建设教材。本教材以职业能力培养为核心,基于行动导向的职业教育理念,以职业岗位工作目标为切入点;在编写的过程中注重理论联系实际,强化实用性和可操作性,重点突出行业对从业人员知识结构和职业能力的需求,充分体现高职教育的特点。

本教材具有以下特点:

(1)打破传统知识体系的章节结构形式,改为以工作过程引领的项目、单元结构形式;教材中的"项目"通过分析岗位工作任务来确定,"单元"来源于完成工作项目的工作过程。

(2)教材的内容不再依据相关学科的理论知识体系,而来源于相应岗位的工作内容。教学内容的选取依据完成岗位工作任务对知识和技能的要求,建立在行业专家对相应岗位工作任务分析结果和专业教师深入行业进行岗位调研结果的基础上,注重学生实践训练,培养学生完成工作任务的能力。

(3)教材不再停留在对课程内容的直接描述方面,而是十分注重对教学过程的设计,注重学生对教学过程的参与。在学习教材各个项目之前,都有该项目的学习任务描述,该任务可能是学习性的工作任务,也可能是实际的工作任务。

本书由南京交通职业技术学院汪莹、蒋玲担任主编。在教材的编写过程中,江苏省沪宁高速公路股份有限公司的陈欣、孙小中,英达热再生科技有限公司的张小兵、夏一峰等企业专家为教材中相关病害的采集、处治技术的标准化施工流程等内容的编写提供了大力的帮助,在此谨向他们表示衷心的感谢!

由于时间仓促,教学检验不够充分,定有不少错误和疏漏之处,敬请广大读者、专家及同行批评指正。

编　者
2017 年 3 月

目 录

项目一 养护基础知识 ··· 1
 单元一 养护工程认知 ·· 1
 单元二 公路技术状况调查及评定 ·· 3
项目二 路基工程的养护作业 ·· 14
 单元一 路基工程的特点 ·· 14
 单元二 路基养护的工作内容及要求 ·· 17
项目三 路基工程病害识别及处治 ··· 27
 单元一 路基工程常见病害类型 ·· 27
 单元二 一般路基病害成因识别及处治 ·· 39
 单元三 软土地区路基病害成因识别及处治 ··· 55
 单元四 黄土地区路基病害成因识别及处治 ··· 63
 单元五 膨胀土地区路基病害成因识别及处治 ······································ 70
项目四 沥青路面工程的养护作业 ··· 80
 单元一 沥青路面的特点及其使用性能的基本要求 ······························· 80
 单元二 沥青路面养护的工作内容和要求 ·· 82
项目五 沥青路面病害识别及处治 ··· 90
 单元一 沥青路面常见病害类型 ·· 90
 单元二 沥青路面裂缝类病害成因识别及处治 ······································ 94
 单元三 沥青路面松散类病害成因识别及处治 ····································· 101
 单元四 沥青路面变形类病害成因识别及处治 ····································· 110
 单元五 沥青路面其他病害成因识别及处治 ·· 117
项目六 水泥混凝土路面工程的养护作业 ·· 122
 单元一 水泥混凝土路面的特点及其使用性能的基本要求 ···················· 122
 单元二 水泥混凝土路面养护工作内容、质量标准及其对策与要求 ······· 123
项目七 水泥混凝土路面病害识别及处治 ·· 131
 单元一 水泥混凝土路面病害的类型、记录方法及其统计要点 ············· 131
 单元二 水泥混凝土面层断裂类病害成因识别及处治 ·························· 138
 单元三 水泥混凝土路面变形病害成因识别及处治 ····························· 146
 单元四 水泥混凝土路面接缝病害成因识别及处治 ····························· 150
 单元五 水泥混凝土路面表层类病害成因识别及处治 ·························· 153
项目八 沥青路面预防性养护处治技术 ··· 157
 单元一 沥青路面罩面技术 ··· 157
 单元二 稀浆封层技术 ·· 165
 单元三 微表处技术 ··· 175

单元四　同步碎石封层技术……………………………………………………… 183
　　单元五　沥青路面再生利用……………………………………………………… 185
项目九　水泥混凝土路面改善和再生利用………………………………………… 197
　　单元一　水泥混凝土路面表面功能恢复………………………………………… 197
　　单元二　水泥混凝土加铺层……………………………………………………… 203
　　单元三　沥青混凝土加铺层……………………………………………………… 213
　　单元四　旧水泥混凝土路面再生利用…………………………………………… 220
附表……………………………………………………………………………………… 227
参考文献………………………………………………………………………………… 230

项目一　养护基础知识

▶ **学习目标**

（1）能够描述公路养护的目的和基本任务、基本原则；
（2）能够描述养护工程分类、质量考核标准。

▶ **任务描述**

参加一段公路的日常养护工作，填写工作表格。

▶ **学习引导**

学习公路养护的基本知识→参加某公路养护工作→总结公路养护工作要点。

单元一　养护工程认知

单元要点
（1）公路养护的基本含义；
（2）公路养护的原则及质量要求。

相关知识

一、公路养护的目的和基本任务

1. 公路养护的目的

公路养护的目的是保持路况完好，延长公路使用寿命，确保行车安全、快速、舒适、经济。

如果公路缺乏必要的养护，路况必然会逐渐变差，通行能力降低，所以在公路管理中，必须高度重视养护工作。在整个公路养护工作中，路面养护是公路养护工作的中心环节。这是因为路面是直接承受行车荷载和自然因素作用的结构层，容易出现各种不同程度的变形破坏，所以对路面的养护至关重要。路面养护质量是公路养护质量考核的首要内容。

2. 公路养护的基本任务

（1）贯彻"预防为主、防治结合"的方针，加强预防性养护，提高公路抗灾害的能力。
（2）加强公路及其沿线设施的基本技术状况调查，及时发现和消除隐患。
（3）保持公路及其沿线设施良好的技术状况，及时修复损坏部分。
（4）吸收和运用新技术、新工艺、新材料、新设备，采用科学的技术措施，不断提高公路养护工程质量，有效延长公路的使用寿命，降低路桥设施的全寿命周期成本，提高养护资金使用效益。
（5）加强对公路的技术改造，以适应公路交通事业的不断发展。

二、公路养护的基本原则

（1）预防为主、防治结合。根据历年积累的技术经济资料和当地具体情况，通过科学分析，消除导致公路损毁的因素，增强公路设施的耐久性和抗灾能力；特别要做好雨季的防护工作，以减少水毁损失。

（2）因地制宜、就地取材。在养护工作中，应尽量选用当地天然材料和工业废渣，充分利用原有工程材料和工程设施，以降低养护成本。

（3）常年养护、科学养护。要推广应用国内外先进的养护技术和科学的管理方法，改善养护手段，提高养护技术水平，并做到常年养护，不得松懈。

（4）重视综合治理。保护生态平衡、路旁景观和文物古迹，防止环境污染，注意少占农田。

（5）公路养护工程设计应符合现行《公路工程技术标准》（JTG B01—2014）的规定，施工时要注意社会效益，保障畅通。

（6）加强以路面养护为中心的全面养护，大力推广和发展公路养护机械化。

三、公路养护工程的分类

公路养护按其工程性质、规模大小、技术难易程度，划分为小修保养、中修工程、大修工程和改善工程4类。

1. 小修保养

对公路及其沿线设施经常进行维护保养和修补其轻微损坏部分的作业称为小修保养。它通常由养护工区在年度小修保养定额经费内，按月（旬）安排计划并经常进行。

2. 中修工程

对公路及其沿线设施的一般性损坏部分进行定期的修理加固，以恢复公路原有技术状况的工程称为中修工程。它通常由基层公路管理机构按年（季）安排计划并组织实施。

3. 大修工程

对公路及其沿线设施的较大损坏进行周期性的综合修理，以全面恢复到原技术标准的工程称为大修工程。它通常由基层公路管理机构或在其上级机构的帮助下，根据批准的年度计划和工程预算来组织实施。

4. 改善工程

改善工程是对公路及其沿线设施因不适应现有交通量增长和荷载要求而进行全线或逐段提高技术等级指标，显著提高其通行能力的较大工程项目。它通常由省级公路管理机构或地（市）级公路管理机构根据批准的计划和设计预算来组织实施或招标完成。

四、公路养护的质量要求

为了加强公路养护技术管理，正确掌握公路服务状况的变化，统一考核养护工作效果，提高养护质量，确保公路行车"快速、安全、舒适、畅通"，高速公路管理部门应定期对高速公路养护质量进行检查和评定。

公路养护质量的基本要求：路面整洁、平整，横坡适度，行车平稳、舒适，路基坚实，边坡稳定，排水畅通，桥涵通道、隧道等构造物完好，安全设施齐全，标志完好、鲜明、有效，绿化植物生长良好，修剪得体。

对公路养护质量的考核,应严格按照现行《公路技术状况评定标准》(JTG H20—2007)的规定执行。

单元训练
1. 公路养护工作的目标是什么?
2. 公路养护的基本任务是什么?
3. 公路养护的基本原则是什么?
4. 公路养护工程可划分为哪几类? .

单元二　公路技术状况调查及评定

单元要点
(1)公路技术状况调查的内容和方法;
(2)公路技术状况评价的内容及评价指标。

相关知识
进行公路技术状况调查和评价,可为各省、市公路管理部门计划资金需求和资源分配的决策,制订公路大、中修项目的对策方案,确定日常养护维修工作提供依据。

其中,为各省、市公路管理部门决策提供依据的调查和评价属于路网级水平,该项工作在指标、项目和方法上要求较粗;而为项目制订对策方案提供依据的调查和评价属于项目级水平,调查和评价工作的要求较细。

一、公路技术状况调查及评定的基本规定

根据《公路技术状况评定标准》(JTG H20—2007),公路技术状况用公路技术状况指数MQI(Maintenance Quality Indicator)表示。它包含路面、路基、桥隧构造物和沿线设施四部分内容,如图1-2-1所示。各指标的值域为0~100。

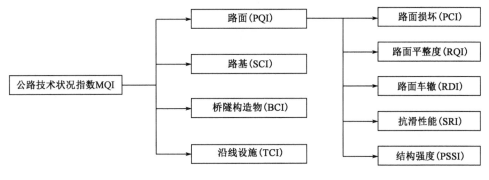

图1-2-1　公路技术状况评价指标

1. 公路技术状况评价等级的划分

公路技术状况可分为优、良、中、次、差5个等级。公路技术状况等级,按表1-2-1规定的标准确定。

公路技术状况评定标准 表1-2-1

评价等级	优	良	中	次	差
MQI及各级分项指标	≥90	≥80, <90	≥70, <80	≥60, <70	<60

公路技术状况指数(MQI)及分项指标均应保持在80以上。当MQI及分项指标值低于80时,必须采取相应的维修措施,改善路况,提高公路的服务水平。

2. 公路技术状况调查及评定单元的确定

公路技术状况检测以1 000m路段为基本检测或调查单元。

公路技术状况数据按上行方向(桩号递增方向)和下行方向(桩号递减方向)分别检测。二、三、四级公路可不分上、下行。

当采用快速检测方法检测路面使用性能、评定所需数据时,每个检测方向至少检测一个主要行车道。

3. 公路技术状况指数(MQI)的确定方法

公路技术状况检测与调查包括路基、路面、桥隧构造物和沿线设施四部分内容。路面检测包括路面损坏、平整度、车辙、抗滑性能和结构强度五项指标。其中,路面结构强度为抽样检测指标。在MQI中,路面部分的权重为70%,路基部分的权重为8%,桥隧构造物部分的权重为12%,沿线设施部分的权重为10%。

所以,养路工作的中心环节是养护好路面,这也是公路质量考核的首要对象。

二、路基技术状况的调查

1. 路基技术状况调查的内容

路基是由填筑或开挖而形成的直接支撑路面的结构,是公路的基础。我们通常所说的"路基"有广义和狭义的区分。广义的路基,确切地说应该叫做"路基工程",它包括3部分:路基本体、路基防护加固设施和路基排水设施;狭义的路基是指路基本体。本书所讲的路基是指广义上的路基。

2. 路基技术状况调查的频率

根据《公路技术状况评定标准》(JTG H20—2007)的规定,路基技术状况指数(SCI)所需数据的最低检测与调查频率为1年1次。

三、路基技术状况的评价

路基技术状况用路基技术状况指数(SCI)评价,按式1-2-1计算。

$$SCI = \sum_{i=1}^{8} w_i (100 - GD_{iSCI}) \tag{1-2-1}$$

式中:GD_{iSCI}——第i类路基损坏的总扣分,最高分值为100,按表1-2-2的规定计算;

w_i——第i类路基损坏的权重,按表1-2-2取值;

i——路基损坏类型。

四、路面技术状况的调查

1. 路面技术状况调查的目的

路面技术状况调查就是运用各种仪器设备,按照规定的调查频率对路面状况各项指标进行检测,以了解路面的状况;为建立路面管理系统积累数据并进行评价,制订维护处治方案及年度计划,提高科学管理水平提供依据。

路基损坏扣分标准 表1-2-2

类型 i	损坏名称	损害程度	计量单位	单位扣分	权重 w_i
1	路肩边沟不洁	—	m	0.5	0.05
2	路肩损坏	轻	m²	1	0.10
		重		2	
3	边坡坍塌	轻	处	20	0.25
		中		30	
		重		50	
4	水毁冲沟	轻	处	20	0.25
		中		30	
		重		50	
5	路基构造物损坏	轻	处	20	0.10
		中		30	
		重		50	
6	路缘石缺损	—	m	4	0.05
7	路基沉降	轻	处	20	0.10
		重		30	
		重		50	
8	排水系统淤塞	轻	m	1	0.10
		重	处	20	

2. 路面技术状况调查内容和调查方法

路面状况是指路面在被调查、评价时所具有的外观和内在的状态,也称为路面使用性能。现有路面数据采集应由地(市)级公路管理机构负责组织,由县级公路部门组成测试小组进行,也可委托专门的检测机构进行。参与数据采集的人员必须严肃认真,有较丰富的路面养护实践经验,并熟悉路面病害类型,确保数据真实、可靠。

对于沥青路面,路面技术状况调查包括路面破损、车辙状况、平整度状况、路面强度和表面抗滑性能5项内容;对于水泥混凝土路面,路面技术状况调查主要包括路面损坏状况、平整度状况和抗滑能力3项内容。

(1)路面损坏状况调查

路面损坏的检测指标为破损率(DR)。

路面损坏状况检测,宜采用自动化的快速检测方法;条件不具备时,可人工检测。

自动化的快速检测可通过多功能路况快速检测系统(CiCS)设备自动检测。采用自动化快速检测设备检测沥青路面和水泥混凝土路面表面损坏时,从效率和效益角度考虑,必须使用如路面损坏识别系统(CiAS)等的机器自动识别技术。

采用快速检测设备检测路面损坏时,应纵向连续检测,横向检测宽度不得小于车道宽度的70%。检测设备应能够分辨1mm以上的路面裂缝,检测结果宜采用计算机自动识别,识别准确率应达到90%以上。

采用人工方法调查时,调查范围应包含所有行车道,按规定的损坏类型实地调查。有条件时,可借助便携式路况数据采集仪进行现场调查、汇总、计算与评定。紧急停车带按路肩处理。

路面损坏检测数据应以 100m(人工检测)或 10m(快速检测)为单位长期保存。常见的调查过程如下:

①成立数据采集小组。

外业调查宜按每 50～100km 作为一个调查区段,由一个数据采集小组完成调查。每个小组由技术人员(2 人)、安全维护人员(2 人)和辅助人员(2 人)共 6 人组成。技术人员负责对病害情况进行判读和记录;安全维护人员负责指挥两个方向的车辆交通,确保外业调查的便利和安全;辅助人员负责拉尺量测桩号。

②外业数据的采集。

对右侧车道 100m 长度范围实行交通封闭,安全维护人员应站在封闭路段两端,面朝来车方向,用停车牌等工具指挥车辆暂停或慢行通过。调查人员顺桩号沿封闭车道行进,边走边判断路面的病害类型和分级,两个技术人员中的一个主要负责搜寻和判读病害,另一个主要负责记录并协助搜寻和判读病害。对于各种病害情况,按相关调查记录表的要求填入。在上路调查过程中,外业数据采集小组全体人员必须穿着醒目的安全标志服,任何时候均不得越过中线进入放行车道进行病害观察,以防止发生意外。

③外业数据的抽查复核。

各调查小组的上级管理单位,应对外业调查资料按 10% 的比例进行抽查。当抽查路段(一般为 1km)裂板率相对误差小于 5% 并且坏板率相对误差小于 10% 时为合格;当有一个抽查路段不合格时,应当对该路段两端各 5km 返工重新调查;当有两个及以上抽查路段不合格时,应对该外业数据采集小组调查的全部路段返工,重新调查。

④资料汇总和整理。

对外业调查原始资料,按路段进行汇总和计算病害指标。路段长度一般为 1km,按整桩号划分;当路面宽度、面层结构、基层结构、施工年份或管养单位有变化时,应在变化点处划分路段。资料整理和计算可用电子表格(Microsoft Excel)完成。

(2)路面平整度调查

路面平整度的检测指标为国际平整度指数(IRI)。

路面平整度的检测设备分为断面类及反应类两大类。断面类检测设备是测定路面表面凹凸情况的一种仪器,如最常用的 3m 直尺及连续式平整度仪。国际平整度指数(IRI)便是以此为基准建立的,这是检测平整度最基本的指标。反应类检测设备是测定由于路面凹凸不平引起车辆颠簸的情况,这是驾驶员和乘客直接感受到的平整度指标,因此,它实际上是舒适性能指标。最常用的反应类检测仪器是车载式颠簸累积仪。

在进行沥青路面调查时,为提高效率,可采用连续式平整度仪法测定平整度。连续式平整度仪是我国测定路面平整度的常用仪器,它的最主要优点是可沿路面连续测量。它一般采用先进的微机处理技术,可自动计算、自动打印,自动显示路面平整度的标准差、正负超差等各项技术指标,并可绘出路面平整度偏差曲线。

路面平整度宜采用快速检测设备,可结合路面损坏和车辙一并检测。单独检测路面平整度时,宜采用高精度的断面类检测设备。路面平整度检测设备必须定期标定,每年至少标定一次,标定的相关系数应大于 0.95。

对于不具备条件的三、四级公路,路面平整度可采用 3m 直尺人工检测。

路面平整度检测数据应以100m(人工检测)或20m(快速检测)为单位长期保存。

国际平整度指数(IRI)可由反应类设备测定,测定结果需经试验标定。

IRI与颠簸累积仪的标定关系,如式(1-2-2)所示。

$$IRI = a + b \cdot VBI \tag{1-2-2}$$

式中:IRI——国际平整度指数(m/km);

VBI——颠簸累积仪的测试结果;

a、b——标定系数,在使用中,各地可根据实际的标定结果确定其值。

对路网的全面调查,宜采用车载式颠簸累积仪快速检测;对于小范围的抽样调查,可采用连续式平整度仪或3m直尺检测。条件允许时,可采用拖式颠簸累积仪或路面平整度数据采集系统进行检测。各种方法的测定结果应建立与国际平整度指数之间的对应关系。几种平整度测试方法的比较,见表1-2-3。

平整度测试方法比较　　　　　　表1-2-3

方　法	特　点	技　术　指　标
3m直尺法	设备简单,结果直观,间断测试,工作效率低,反映凹凸程度	最大间隙h(mm)
连续式平整度仪法	设备较复杂,连续测试,工作效率高,反映凹凸程度	标准差σ(mm)
颠簸累积仪法	设备复杂,工作效率高,连续测试,反映舒适性	单向累计值VBI(cm/km)

(3)路面抗滑能力调查

路面抗滑能力的调查指标为横向力系数(SFC)。

路面抗滑性能宜采用基于横向力系数的路面抗滑性能检测设备或其他具有可靠数据标定关系的自动化检测设备。检测设备必须定期标定,每年至少标定一次。路面抗滑性能检测数据(横向力系数)应以20m为单位长期保存。

横向力系数(SFC)要利用大型检测设备独立检测,由于不能与路面表面损坏指标一起检测,由此增加了路面检测装备配置与检测的成本。为了控制横向力系数(SFC)的检测评定成本,标准规定仅检测评定高速公路和一级公路,并且将检测周期定为两年一次。

对于水泥混凝土路面,可采用抗滑系数测定仪测定各路段路面与轮胎间的摩擦系数或横向力系数,或者采用铺砂法测定各路段的抗滑构造深度。

(4)沥青路面车辙调查

为了应对不断出现的路面车辙问题,《公路技术状况评定标准》(JTG H20—2007)将路面车辙列为独立的检测指标,用路面车辙深度指数(RDI)评价。与此同时,在进行高速公路和一级公路沥青路面技术状况评定时,对路面车辙损坏不再重复计算。

路面车辙宜采用快速检测设备,可结合路面损坏和路面平整度一并检测。路面车辙检测设备必须定期标定,每年至少标定一次。根据断面数据计算路面车辙深度(RD),计算结果应以10m为单位长期保存。

(5)沥青路面强度调查

沥青路面强度的调查指标为路面弯沉值。

沥青路面强度宜采用自动检测设备检测。自动检测时,宜采用具有可靠数据标定关系的自动化检测设备,检测结果应能换算成我国相关技术规范规定的回弹弯沉值。对自动检测设备必须定期标定,每年至少标定一次。标定的相关系数不得小于0.95。弯沉检测数据应以20m为单位长期保存。

高速公路和一级公路路面弯沉值的调查,宜采用自动弯沉仪或落锤式弯沉仪进行调查,但应建立与贝克曼梁测定结果的对应关系;其他等级公路可采用贝克曼梁弯沉仪进行调查。

国内外普遍采用回弹弯沉值来表示路基路面的承载能力,回弹弯沉值越大,承载能力越小;反之则越大。弯沉值是指在规定的轴载作用下,路基或路面表面轮隙中心处产生的总垂直变形(总弯沉),或垂直回弹变形(回弹弯沉),以 0.01mm 为单位。常见的几种弯沉测定方法,见表 1-2-4。

常见的几种弯沉测定方法比较 表 1-2-4

方 法	特 点
贝克曼梁法	传统方法,速度慢,静态测试,比较成熟,目前属于标准方法
自动弯沉仪法	利用贝克曼梁原理快速连续测试,属于静态测试范畴,但测定的是总弯沉,因此使用时应用贝克曼梁进行标定换算
落锤式弯沉仪法	利用重锤自由落下的瞬间产生的冲击荷载测定弯沉,属于动态弯沉

在进行沥青路面调查时,工作量较大,较适合采用连续快速的自动弯沉仪法。采用贝克曼梁检测时,检测数量应不小于 20 点/(km·车道);抽样检测时,检测范围可控制在养护里程的 20% 以内。

(6)水泥混凝土路面结构承载能力调查

对水泥混凝土路面结构整体强度的调查包含两项内容:一是调查路面板混凝土的实际强度和厚度,可采取钻芯进行劈裂(或抗压)试验,然后换算成抗折强度;二是采用落锤式弯沉仪或长杆贝克曼梁检测板块边角弯沉。板块边角弯沉与板厚、水泥混凝土的弹性模量、基层类型和厚度、板底支撑情况等均有关系,可综合反映路面结构总体强度。

3. 路面技术状况调查的频率

路面技术状况最低检测与调查频率,见表 1-2-5。

路面技术状况最低检测与调查频率 表 1-2-5

检测内容		路面损坏(PCI)	路面平整度(RQI)	抗滑性能(SRI)	路面车辙(RDI)	结构强度(PSSI)
路面PQI	沥青 高速公路、一级公路	1年1次	1年1次	2年1次	1年1次	抽样检测
	二、三、四级公路	1年1次	1年1次			
	水泥混凝土 高速公路、一级公路	1年1次	1年1次	2年1次		
	二、三、四级公路	1年1次	1年1次			
	砂石	1年1次				

五、路面技术状况的评价

对于路面技术状况评定,一般采用路面使用性能(PQI)指标。

沥青路面技术状况评价包含路面损坏、平整度、车辙、抗滑性能和结构强度 5 项内容。其中,路面结构强度为抽样评定指标,单独计算与评定,评定范围根据路面大中修养护需求、路基的地质条件等自行确定。各项评价内容所用的指标及其关系,如图 1-2-2 所示。

水泥混凝土路面使用性能评价,则包含路面损坏、平整度和抗滑性能 3 项内容。

路面使用性能指数(PQI)按式(1-2-3)计算:

$$PQI = w_{PCI}PCI + w_{RQI}RQI + w_{RDI}RDI + w_{SRI}SRI \tag{1-2-3}$$

式中:w_{PCI}——路面损坏 PCI 在 PQI 中的权重,按表 1-2-6 取值;
w_{RQI}——平整度 RQI 在 PQI 中的权重,按表 1-2-6 取值;
w_{RDI}——车辙 RDI 在 PQI 中的权重,按表 1-2-6 取值;
w_{SRI}——抗滑性能 SRI 在 PQI 中的权重,按表 1-2-6 取值。

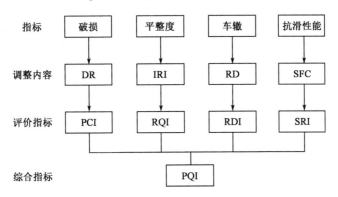

图 1-2-2 沥青路面评价指标关系图

PQI 分项指标权重 表 1-2-6

路面类型	权重	高速公路、一级公路	二、三、四级公路
沥青路面	w_{PCI}	0.35	0.60
	w_{RQI}	0.40	0.40
	w_{RDI}	0.15	—
	w_{SRI}	0.10	—
水泥混凝土路面	w_{PCI}	0.50	0.60
	w_{RQI}	0.40	0.40
	w_{SRI}	0.10	—

1.路面损坏

(1)路面损坏状况指数(PCI)

路面损坏用 PCI 评价。PCI 按式(1-2-4)、式(1-2-5)计算:

$$PCI = 100 - a_0 DR^{a_1} \tag{1-2-4}$$

$$DR = 100 \times \frac{\sum_{i=1}^{i_0} w_i A_i}{A} \tag{1-2-5}$$

式中:DR——路面破损率,为各种损坏的折合损坏面积之和与路面调查面积之百分比(%);
A_i——第 i 类路面损坏的面积(m^2);
A——调查的路面面积(调查长度与有效路面宽度之积,m^2);
w_i——第 i 类路面损坏的权重,沥青路面按表 1-2-7 取值,水泥混凝土路面按表 1-2-8 取值;
a_0——系数,沥青路面采用 15.00,水泥混凝土路面采用 10.66,砂石路面采用 10.10;
a_1——系数,沥青路面采用 0.412,水泥混凝土路面采用 0.461,砂石路面采用 0.487;
i——考虑损坏程度(轻、中、重)的第 i 项路面损坏类型;
i_0——包含损坏程度(轻、中、重)的损坏类型总数,沥青路面取 21,水泥混凝土路面取 20,砂石路面取 6。

沥青路面损坏类型和权重 表1-2-7

类型 i	损坏名称	损害程度	权重 w_i	计量单位
1	龟裂	轻	0.6	面积 m²
2	龟裂	中	0.8	面积 m²
3	龟裂	重	1.0	面积 m²
4	块状裂缝	轻	0.6	面积 m²
5	块状裂缝	重	0.8	面积 m²
6	纵向裂缝	轻	0.6	长度 m（影响宽度:0.2m）
7	纵向裂缝	重	1.0	长度 m（影响宽度:0.2m）
8	横向裂缝	轻	0.6	长度 m（影响宽度:0.2m）
9	横向裂缝	重	1.0	长度 m（影响宽度:0.2m）
10	坑槽	轻	0.8	面积 m²
11	坑槽	重	1.0	面积 m²
12	松散	轻	0.6	面积 m²
13	松散	重	1.0	面积 m²
14	沉陷	轻	0.6	面积 m²
15	沉陷	重	1.0	面积 m²
16	车辙	轻	0.6	长度 m（影响宽度:0.4m）
17	车辙	重	1.0	长度 m（影响宽度:0.4m）
18	波浪拥包	轻	0.6	面积 m²
19	波浪拥包	重	1.0	面积 m²
20	泛油	—	0.2	面积 m²
21	修补	—	0.1	面积 m²

水泥混凝土路面损坏类型和权重 表1-2-8

类型 i	损坏名称	损害程度	权重 w_i	计量单位
1	破碎板	轻	0.8	面积 m²
2	破碎板	重	1.0	面积 m²
3	裂缝	轻	0.6	长度 m（影响宽度:1.0m）
4	裂缝	中	0.8	长度 m（影响宽度:1.0m）
5	裂缝	重	1.0	长度 m（影响宽度:1.0m）
6	板角断裂	轻	0.6	面积 m²
7	板角断裂	中	0.8	面积 m²
8	板角断裂	重	1.0	面积 m²
9	错台	轻	0.6	长度 m（影响宽度:1.0m）
10	错台	重	1.0	长度 m（影响宽度:1.0m）
11	唧泥	—	1.0	长度 m（影响宽度:1.0m）

续上表

类型 i	损坏名称	损害程度	权重 w_i	计量单位
12	边角剥落	轻	0.6	长度 m（影响宽度：1.0m）
13		中	0.8	
14		重	1.0	
15	接缝料损坏	轻	0.4	长度 m（影响宽度：1.0m）
16		重	0.6	
17	坑洞	—	1.0	面积 m²
18	拱起	—	1.0	面积 m²
19	露骨	—	0.3	面积 m²
20	修补	—	0.1	面积 m²

（2）路面破损状况评价标准

根据路面破损情况，将路面分为优、良、中、次、差5个等级。评价标准，见表1-2-9；PCI与DR的对应关系，见表1-2-10。

路面破损状况评价标准　　　　　　　　　　　表1-2-9

评价等级	优	良	中	次	差
路面状况指数 PCI	≥90	≥80，<90	≥70，<80	≥60，<70	<60

PCI 与 DR 的对应关系　　　　　　　　　　　表1-2-10

PCI	90	80	70	60
DR（沥青路面）	0.4	2.0	5.5	11.0
DR（水泥混凝土路面）	0.8	4.0	9.5	18.0

2. 路面行驶质量

（1）路面行驶质量指数（RQI）

路面平整度用路面行驶质量指数（RQI）评价，按式（1-2-6）计算：

$$\mathrm{RQI} = \frac{100}{1 + a_0 \mathrm{e}^{a_1 \mathrm{IRI}}} \tag{1-2-6}$$

式中：IRI——国际平整度指数（m/km）；

a_0——系数，高速公路和一级公路采用0.026，其他等级公路采用0.0185；

a_1——系数，高速公路和一级公路采用0.65，其他等级公路采用0.58。

（2）路面行驶质量评价标准

路面行驶质量评价标准，参见表1-2-11；RQI与IRI的对应关系参见表1-2-12。

路面平整度人工评价标准　　　　　　　　　　表1-2-11

技术等级	优	良	中	次	差
RQI	≥90	≥80，<90	≥70，<80	≥60，<70	<60
3m 直尺（mm）	≤10	>10，≤12	>12，≤15	>15，≤18	>18
颠簸程度	无颠簸，行车平稳	有轻微颠簸，行车尚平稳	有明显颠簸，行车不平稳	严重颠簸，行车很不平稳	非常颠簸，非常不平稳

RQI 与 IRI 的对应关系　　　　　　　　　　　　　　　　　表 1-2-12

RQI	90	80	70	60
IRI(高速公路、一级公路)	2.3	3.5	4.3	5.0
IRI(其他等级公路)	3.0	4.5	5.4	6.2

3．路面车辙

(1)路面车辙深度指数(RDI)

路面车辙用路面车辙深度指数(RDI)评价，按式(1-2-7)计算：

$$RDI = \begin{cases} 100 - a_0 RD & (RD \leq RD_a) \\ 60 - a_1(RD - RD_a) & (RD_a < RD \leq RD_b) \\ 0 & (RD > RD_b) \end{cases} \quad (1\text{-}2\text{-}7)$$

式中：RD——车辙深度(mm)；

RD_a——车辙深度参数，采用 20mm；

RD_b——车辙深度限值，采用 35mm；

a_0——模型参数，采用 2.0；

a_1——模型参数，采用 4.0。

(2)路面车辙质量标准

路面车辙质量标准，参见表 1-2-13。

路面车辙状况评价标准　　　　　　　　　　　　　　　　表 1-2-13

评定等级	优	良	中	次	差
车辙深度指数 RDI	≥90	≥80，<90	≥70，<80	≥60，<70	<60
RD	5	10	15	20	35

4．路面抗滑性能

(1)路面抗滑性能指数(SRI)

路面抗滑性能用路面抗滑性能指数(SRI)评价，按式(1-2-8)计算：

$$SRI = \frac{100 - SRI_{min}}{1 + a_0 e^{a_1 SFC}} + SRI_{min} \quad (1\text{-}2\text{-}8)$$

式中：SFC——横向力系数；

SRI_{min}——标定参数，采用 35.0；

a_0——模型参数，采用 28.6；

a_1——模型参数，采用 -0.105。

(2)路面抗滑性能评价标准

路面抗滑性能评价标准，参见表 1-2-14。

路面抗滑能力评价标准　　　　　　　　　　　　　　　　表 1-2-14

评定等级	优	良	中	次	差
抗滑性能指数 SRI	≥90	≥80，<90	≥70，<80	≥60，<70	<60
横向力系数 SFC	≥48	≥40，<48	≥33.5，<40	≥27.5，<33.5	<27.5

5. 路面结构强度

（1）路面结构强度指数（PSSI）

路面结构强度用路面结构强度指数（PSSI）评价，按式（1-2-9）和式（1-2-10）计算：

$$PSSI = \frac{100}{1 + a_0 e^{a_1 SSI}} \quad (1\text{-}2\text{-}9)$$

$$SSI = \frac{l_d}{l_0} \quad (1\text{-}2\text{-}10)$$

式中：SSI——路面结构强度指数，为路面设计弯沉与实测代表弯沉之比；

l_d——路面设计弯沉（mm）；

l_0——实测代表弯沉（mm）；

a_0——模型参数，采用 15.71；

a_1——模型参数，采用 -5.19。

（2）路面结构强度评价标准

路面结构强度评价标准，参见表 1-2-15。

路面结构强度的评价标准 表 1-2-15

评定等级	优		良		中		次		差	
	高速公路、一级公路	其他等级公路	高速公路、一级公路	其他等级公路	高速公路、一级公路	其他等级公路	高速公路、一级公路	其他等级公路	高速公路、一级公路	其他等级公路
强度指数 SSI	≥1.0	≥0.83	<1.0, ≥0.83	<0.83, ≥0.66	<0.83, ≥0.66	<0.66, ≥0.5	<0.66, ≥0.5	<0.5, ≥0.3	<0.5	<0.3

6. 路面的综合评价

路面的综合评价采用 PQI 作为评价指标，PQI 由分项指标加权计算得出。PQI 的数值范围为 0~100。其值越大，说明路况越好，参见表 1-2-16。

路面综合评价标准 表 1-2-16

评定等级	优	良	中	次	差
路面综合评价指标 PQI	≥90	≥80, <90	≥70, <80	≥60, <70	<60

 单元训练

1. 如何划分公路技术状况等级？
2. 路基技术状况评价指标有哪些？
3. 沥青路面技术状况评价指标有哪些？
4. 水泥混凝土路面技术状况评价指标有哪些？

项目二　路基工程的养护作业

▶ **学习目标**

（1）能够描述路基的特点；
（2）能够描述路基日常养护的工作内容、基本要求。

▶ **任务描述**

参加一段公路的路基日常养护工作，填写工作表格。

▶ **学习引导**

学习路基工程日常养护的基本知识→参加某路基的日常养护工作→总结路基日常养护工作要点。

单元一　路基工程的特点

单元要点

（1）路基的基本含义；
（2）路基工程的特点及建筑要求。

相关知识

一、路基的基本含义

路基是由土、石材料按一定技术要求，填筑压实而成的结构物，它承受路面传递的行车荷载，是支承路面的基础部分。路基三要素包括宽度、高度和边坡坡度。路基的基本断面形式有路堤、路堑和半填半挖路基，见图2-1-1～图2-1-3。

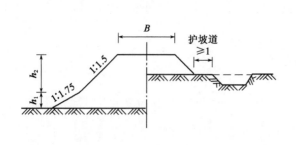

图2-1-1　路堤（尺寸单位：m）

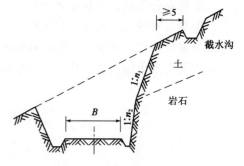

图2-1-2　路堑（尺寸单位：m）

公路工程是一项线形工程，有的延续数百公里，甚至上千公里。公路沿线地形起伏，地质、地貌、气象特征多变，再加上沿线城镇经济发达程度及交通繁忙程度不一，决定了路基工程复杂

— 14 —

多变的特点。路基施工改变了沿线原有的自然状态,挖填及借弃土石方涉及当地生态平衡、水土保持和农田水利。路基稳定与否对路面工程质量影响甚大,并关系到公路的正常使用。实践证明,没有坚固稳定的路基就没有稳固的路面。

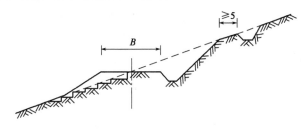

图 2-1-3　半填半挖路基(尺寸单位:m)

现代化公路运输,不仅要求公路能全天候通行车辆,而且要求车辆能以一定的速度,安全、舒适、经济地在公路上运行。这就要求路基具有良好的使用性能、良好的行驶条件和服务水平。

路基工程施工工艺较简单,工程数量大,耗费劳力多,涉及面较广,耗资也很多。部分资料分析表明,一般公路的路基修建投资占公路总投资的 25%~45%,个别山区公路可达 65%,因此,精心设计、精心施工,使路基能长时期具备良好的使用性能,对于节约投资、提高运输效益,均具有十分重要的意义。

二、路基工程的特点与要求

1. 路基工程的特点

在路线纵断面上,路基必须保证线路需要的高程;在平面上,路基与桥梁、隧道连接组成完整贯通的线路。因此,路基工程具有以下特点。

(1)结构简单,有大量土石方工程

路基是建筑在土石地基上并以土石为建筑材料的土工结构物。岩石和土都是不连续介质,各种岩石性质差异悬殊,并具有多种结构面;土的成因、成分、结构、构造也各不相同。在自然应力和人类活动的作用下,土石的工程性质在不断变化。因此,在以岩土力学为基础的路基工程设计中,取得正确反映土石工程性质的物理力学指标,并建立表达土石的应力-应变-时间关系的本构模型,是岩土工程的重要研究内容,也是路基设计和施工水平提高的基础。

(2)路基完全暴露在大自然中,受自然因素影响很大

在路线工程中,路基除可能遇见各种复杂的地形、地质条件外,还常受严寒、酷暑、水位涨落、狂风暴雨等气候、水文乃至地震等自然条件的影响,进而引起各种病害,如膨胀土路基干缩、湿胀引起路基边坡坍塌,南方淫雨、北方冻胀、融沉引起路基隆起、下沉、翻浆冒泥等病害,西北风蚀沙埋路基等。因此,路基的设计、施工、养护均离不开具体的自然条件,应该在充分调查研究的基础上,认识和克服公路病害。

(3)路基同时受静荷载和动荷载的作用

路基上的路面结构和附属构筑物产生静荷载,交通车辆运行产生动荷载。动荷载是造成路基病害的主要原因之一。研究土体在动力作用下的变形、稳定问题,必须了解土的动力性质,包括土的动强度和液化、动孔隙水压力增长及消散模式、土的震陷等。一些新的测试手段和计算模型的出现,为进一步深入研究路基土动力响应提供了更为完善的条件。在路基设计

中,一般将动荷载视为静荷载进行计算。

2. 路基工程的要求

路基作为路面的基础,是在地表按路线线形(位置)和断面(几何尺寸)的要求开挖或堆填而成的岩土结构物。因其需承受路面及交通车辆的静、动荷载,并将荷载向地基深处传递扩散,所以,路基应具有足够的强度和稳定性,并能抵抗自然因素的破坏而不致产生有害变形。

为了保证公路最大限度地满足车辆运行的要求,提高车速,增强安全性和舒适性,降低运输成本和延长道路使用年限,要求路基具有下述基本性能。

(1) 承载能力

行驶在路面上的车辆,通过车轮把荷载由路面传给路基,在路基路面结构内部产生应力、应变及位移。如果路基结构整体或某一组成部分的强度或抗变形能力不足以抵抗这些应力、应变及位移,则路面会出现断裂,路基结构会出现沉陷,路面表面会出现波浪或车辙,从而使路况恶化,服务水平下降。因此,要求路基结构整体及其各组成部分,都应具备与行车荷载相适应的承载能力。

结构承载能力包括强度与刚度两方面。强度和刚度是两个不同的力学特性,两者既有联系,又有区别。强度是指路基抵抗应力作用和避免破坏的能力;刚度是指路基抵抗变形的能力。路基是直接在天然地面上填筑或挖除部分地面而建成的。路基修建后,改变了原地面的自然平衡状态。为了防止路基在行车荷载及各种自然因素作用下发生破坏与失稳,同时给路面提供一个坚实的基础,必须针对具体情况,采取一定的措施来保证路基具有足够的强度。同时,为保证路基在荷载作用下不致产生超过容许范围的变形,要求路基具有足够的刚度。

(2) 整体稳定

在天然地表面建造的公路结构物改变了自然的平衡,在达到新的平衡状态之前,公路结构物处于一种暂时的不稳定状态。新建的路基结构袒露在大气之中,经常受到大气温度、降水与湿度变化的影响,使结构物的物理、力学性质随之发生变化,处于另外一种不稳定状态。路基结构能否经受这种不稳定状态,而保持工程设计所要求的几何形态及物理、力学性质,称为路基结构的稳定性。

在地表开挖或填筑路基,必然会改变原地面地层结构的受力状态。原来处于稳定状态的地层结构,有可能由于填挖筑路而引起不平衡,导致路基失稳。如在软土地层上修筑高路堤或在岩质或土质山坡上开挖深路堑时,有可能由于软土层承载能力不足或者由于坡体失去支撑,而出现路堤沉落或坡体坍塌破坏。如果将路线选在不稳定的地层上,则填筑或开挖路基会引发滑坡或坍塌等病害出现。因此,在勘测、设计、施工中应密切注意,并采取必要的工程措施,以确保路基有足够的稳定性。

大气降水使得路基结构内部的湿度状态发生变化,低洼地带路基排水不良及长期积水,会使低路堤软化,失去承载能力。山坡路基有时因排水不良,会引发滑坡或边坡坍塌。因此,防水、排水是确保路基稳定的重要方面。

大气温度周期性的变化对路基结构的稳定性有重要影响。在严重冰冻地区,低温引起路基的不稳定是多方面的,如低温会引起路基收缩裂缝;在地下水源丰富的地区,低温会引起冻胀;春天融冻季节,在交通繁重的路段,低温有时会引发翻浆,使路基发生严重的破坏。

(3) 耐久性

路基工程的工程量巨大、投资大,从规划、设计、施工至建成通车需要较长的时间,且应有较长的使用年限,要求承重并经受车辆直接碾压的路面部分使用年限为20年以上。因此,路基工程应具有耐久性。

在车辆荷载的反复作用与大气水温周期性的重复作用下,路基使用性能将逐年下降,强度与刚度将逐年衰减。路基的稳定性也可能在长期经受自然因素的侵袭后逐年削弱。因此,为提高路基的耐久性,保持其强度、刚度、几何形态,除了精心设计、精心施工、精选材料之外,还应把养护、维修、恢复路基性能的工作放在重要的位置。

单元训练

1. 路基工程的特点是什么?
2. 路基工程的要求有哪些?

单元二　路基养护的工作内容及要求

单元要点

(1) 路基日常养护的工作内容和基本要求;
(2) 路肩、边坡、排水设施、挡土墙日常养护的要求和内容。

相关知识

路基是公路的重要组成部分,是路面的基础,与路面共同承受车辆荷载。路基的强度和稳定性是保证路面结构与使用功能的基本条件。为了保证路基处于正常使用状态,必须采取有效措施对其进行修复或加固,以防止发生过大的变形和其他病害,尽可能提高路基的技术状况。

一、路基维护的基本原则与目的

1. 路基维护的基本原则

坚持"以防为主,防治结合,积极改善,保障畅通"的原则,以经常性、预防性维护为主,以修补性维护为辅;先重点、后一般,对危及道路通行安全及对公路设施会造成严重损坏的,应优先考虑。在保证道路正常功能的情况下,绿化、美化道路环境。

2. 路基维护的目的

保持或恢复路基各部分原有状态和技术标准,确保路基处于正常使用状态;对原来达不到技术要求的部分进行改善和提高,弥补路基缺陷,完善和提高路基使用功能。

二、路基养护的工作内容和基本要求

1. 路基养护的工作内容

为了保证路基的坚实和稳定,保证排水性能良好,使各部分尺寸和坡度符合规定,及时消除不稳定的因素,并尽可能地提高路基的技术状况,必须对路基进行及时、经常性的养护、维修与改善。路基养护主要包括如下内容:

(1) 维修、加固路肩及边坡。
(2) 疏通、改善、铺砌排水系统。

对边沟、截水沟、排水沟及暗沟(管)等排水设施,应及时排除堵塞物,疏导水流以保持水流畅通;并结合地形、地质、纵坡、流速等情况,综合考虑铺砌加固。

(3)维护、修理各种防护构造物及其他附属设施,确保构造物和设施完整无损,发挥稳定路基的作用。

(4)观察、预防、处理滑坡、翻浆、泥石流、塌方等路基病害,及时清除坍方、积雪,处理坍塌,加强对水毁的预防与治理,及时检查各种路基险情并向上级报告。

(5)有计划、有针对性地局部改善、加宽加高路基,改善急弯、陡坡和不良视距路段,以逐步达到并提高公路技术等级和服务水平。

2. 公路路基养护工程作业内容

1)小修保养

(1)保养

①整理路肩、边坡,修剪路肩、分隔带草木,消除杂物,保持路容整洁。

②疏通边沟,保持排水系统畅通。

③消除挡土墙、护坡滋生的有碍设施功能发挥的杂草,修理伸缩缝,疏通泄水孔及松动石块。

④修理路缘带。

(2)小修

①小段开挖边沟、截水沟或分期铺砌边沟。

②清除零星塌方,填补路基缺口,处理轻微沉陷、翻浆。

③处理桥头接线或桥头、涵顶跳车。

④修理挡土墙、护坡、护坡道、泄水槽、护栏和防冰雪设施的局部损坏。

⑤局部加固路肩。

2)中修工程

(1)局部加宽路基,或改善个别急弯、陡坡、视距。

(2)全面修理、接长或个别添建挡土墙、护坡、护坡道、泄水槽及铺砌边沟。

(3)清除较大塌方,处理大面积翻浆、沉陷。

(4)整段开挖边沟、截水沟或铺砌边沟。

(5)积水路面的处理。

(6)平交道口的改善。

(7)整段加固路肩。

3)大修工程

(1)在原有技术等级内整段改善线形。

(2)重建或增建大型挡土墙、护坡等防护工程。

(3)大塌方的清除及善后处理。

4)改建工程

整段加宽路基,改善公路线形,提高技术等级。

3. 路基养护的基本要求

路基养护的基本要求是通过日常的和定期的检查,发现问题,分析原因,及时采取养护、维修措施。路基养护工作应符合下列基本要求:

(1)通过日常巡查,发现病害并及时处治,保持路基路面良好稳定的技术状况。
(2)路肩无病害,边坡稳定。
(3)排水设施无淤塞、无损坏,排水畅通。
(4)挡土墙等附属设施完好无损。
(5)加强不良地质路基边坡崩塌、滑坡、泥石流等灾(病)害的巡查、防治、抢修工作。

在上述养护工作中,要特别注意保持路基排水系统处于完好状态,因为水是造成多种病害的重要因素;应及时总结治理路基失稳的经验,针对具体路段,制订具体的、切合实际的、有效的预防和维修措施,使日常养护和维修工作系统化、规范化,以逐步提高管养水平。

三、路基的日常养护

1. 路肩的养护

路肩是指位于行车道外缘至路基边缘,具有一定宽度的带状部分(包括硬路肩与土路肩),为保持车行道的功能和临时停车使用,并作为路面的横向支承。

路肩的功能:一是保护路面;二是停置临时发生故障、事故的车辆;三是提供侧向余宽、显示行车道外侧边缘、引导视线、增加行车的安全和舒适性;四是增加挖方弯道地段的视距;五是为设置交通安全设施(标志、防护栅等)或埋设地下管线及为养护作业提供场地。

造成路肩病害的主要因素是水的作用,因此路肩养护与维修工作的重点是减少或消除水对路肩的危害。

1)路肩的养护要求

(1)应保持路肩干净、清洁、无杂物。
(2)路肩横坡应平整顺适,硬路肩应与路面横坡相同;土或植草的路肩应比路面横坡大1%~2%,以利排水;路肩外缘应整齐成线。
(3)路肩的宽度应符合《公路工程技术标准》(JTG B01—2014)的规定。
(4)路肩上严禁种植农作物和堆放任何杂物。

对于养护材料,应在公路路肩以外设置堆料台。堆料台的设置间距以200~500m为宜。

对大、中修及改善工程所需的砂石材料,如确因用地困难而必须堆放在路肩上时,应做到不在两边同时堆放,应选择在较宽的路段顺一边堆放,但不得在桥头引道、弯道内侧及陡坡等处堆放。料堆内边离路面边缘应至少保持30cm,堆料的长度不得大于10m,每堆料之间的距离不得小于1m,以利排水。

(5)应保持路肩平整坚实,对出现的坑槽、车辙、缺口应及时修补;对雨天积水,应及时排出,分析原因并进行处理。也可结合设施GBM工程,用石块、水泥混凝土预制块铺砌(或现浇)宽度不小于20cm的路肩边缘带(护肩带),从而既保护了路肩,又美化了路容。

2)路肩的日常养护作业

(1)路肩清扫

路肩清扫包括机械清扫和人工清扫。进行路面清扫、保洁时,必须对硬路肩同时进行清扫和人工保洁;雨后路肩如有积水,应及时排除积水。

车辆在高速公路上行驶,如果出现故障,应停在紧急停车带进行检查、处理。特别是重型车辆,当它停下来使用千斤顶进行处理时,常常要给停车带的沥青路面留下难以恢复的千斤顶坑迹;同时,在修车过程中,个别车辆会在停车带上漏下柴油,侵蚀沥青混凝土路面,造成停车带沥青路面松散。日积月累,这些被腐蚀的地方就会发展成坑槽。这种情况长期存在,既影响停车安全,又影响路肩的排水功能,并且会使路面水渗入基层或底层,进而影响路基。所以,要及时地对停车带上的坑迹和腐蚀处进行处理,确保路肩表面平整,横坡适度,边缘顺直。处理这些坑迹和腐蚀的办法,可参照沥青路面坑槽处理办法,也可在路面坑槽修补时一并进行。

(2)护栏、路肩边缘的杂草修剪、清理

应经常进行护栏、路肩边缘的杂草修剪、清理工作,主要清理路面与硬路肩接缝、硬路肩与土路肩接缝、硬路肩与桥台搭板接缝之间的杂草。清理杂草后,应及时用 M7.5 砂浆或沥青灌缝料予以灌注,防止雨水渗入。

(3)路肩与路面边缘产生裂缝

清理裂缝,保持裂缝干净、无杂物,用 M7.5 砂浆或沥青灌缝料灌注裂缝,防止雨水渗入。

(4)硬路肩病害的维修

硬路肩如出现沉陷、缺口、车辙、坑槽、横坡坡度过小等病害,应尽快组织维修。高速公路路肩应根据设计要求铺沥青混凝土或水泥混凝土面层,并铺砌路肩边缘带,此时路肩的养护工作将转变成同类型路面的养护工作。

(5)路肩水的处理

路肩松软,多因水的作用,所以路肩养护与维修工作的重点就是减少或消除水对路肩的危害。路面范围的地表水通过路肩排出,因此,必须经常保持路肩的横坡平整顺适。高速公路路肩与路面横坡相同。因路肩过高妨碍路面排水时,应铣刨整平,达到规定要求。

对于因路肩湿软而经常发生啃边病害的路段,可在路肩内缘铺设排水盲沟,以及时排除由路肩下渗的积水。盲沟的构造可采用无纺布包裹双壁波纹塑管的形式,这种盲沟施工便捷,造价低廉。

陡坡路段的路肩,易被暴雨冲成纵横沟槽,甚至冲坏路堤边坡,为此,可采取下列防护措施:

①设置截水明槽。自纵坡坡顶起,每隔 20m 左右两侧交叉设置 30~50cm 宽的斜向截水明槽,并用碎(砾)石填平,同时在路肩边缘处设置高 10cm、顶宽 10cm、底宽 20cm 的拦水土埂,在每条截水明槽处留一淌水缺口,其下边的边坡用草皮或砌石加固,使雨水集中在截水明槽内排出,见图 2-2-1。

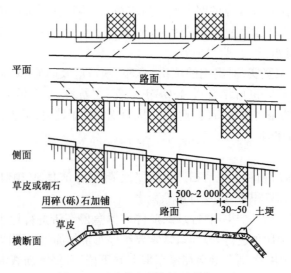

图 2-2-1 路肩截水明槽(尺寸单位:mm)

②用粒料加固土路肩或有计划地铺筑硬路肩。
③在陡坡路段的路肩和边坡上全范围人工植草。

(6)路肩的硬化

实施 GBM 工程的公路,对路肩应根据设计要求硬化,并砌筑路肩边缘带。

在铺筑硬路肩有困难的路线或路段,可种植草皮或利用天然草来加固路肩。种植草皮应选择适宜于当地土质、易于成活和生长的草种,草种成活生长后应定期进行维护和修剪,草高不得超过规定值(15cm),并随时清除杂草和草丛中积存的泥沙杂物,以利排水,保持路容美观。

2.边坡的日常养护

边坡是指为保证路基稳定,在路基两侧做成的具有一定坡度的坡面。

边坡包括路堑边坡和路堤边坡。其主要作用是保证路基稳定、行车安全及景观的协调。

边坡坡度对边坡的稳定十分重要,确保路基边坡保持一合理的坡度是路基设计和养护的重要内容之一。

边坡坡度的大小取决于边坡的土质、岩石的性质及水文地质条件等自然因素和边坡的高度。在陡坡或填挖较大的路段,边坡是否稳定不仅影响土石方工程量和施工的难易,而且是边坡稳定路基整体稳定性的关键因素。

影响路堤边坡坡度的因素有填料种类、边坡高度以及路堤的类型。影响路堑边坡稳定的因素较为复杂,除了路堑深度和坡体土石的性质之外,地质构造特征、岩石的风化和破碎程度、土层的成因类型、地面水和地下水的影响、坡面的朝向以及当地的气候条件等都会影响路堑边坡的稳定性。土质(包括粗粒土)路堑边坡,则应考虑边坡高度、土的密实程度、地下水和地面水的情况、土的成因及生成时代等因素。

1)边坡的养护要求

(1)应保持边坡坡面平顺、坚实、无裂缝。

(2)经常注意观察路堑高边坡,发现问题及时处理。

(3)及时清理边坡滑塌部分,避免堵塞路面、边沟。

(4)对边坡加固的各种设施,应经常检查、维护,以保证其完整性和状况良好。

(5)严禁在边坡上及路堤坡脚、护坡顶上挖土取料、种植农作物或修建其他建筑物。

(6)土质边坡出现裂缝时,可用密实性土填塞捣实,以防表层水渗入路基体内。如出现潜流涌水,可开沟截断水源,将潜水引向路基外排出。

(7)对路堤边坡进行处理时,应将原坡面挖成阶梯形,然后分层填筑夯实,并应与原坡面衔接平顺。

2)边坡的日常养护作业

(1)边坡清理、修整

①边坡清理工作,包括边坡的可视垃圾、路堑边坡上倾倒的高大树木等内容。

②边坡垃圾的清理工作,应经常进行;清理的垃圾应集中收集并运往指定的地点,禁止焚烧。

③路堑边坡上的高大树木因雨水冲刷、台风等原因会倾倒在路面上,影响行车安全,应根据实际情况及时砍伐。砍伐时可只砍伐树干,保留树根;如因倾倒或砍伐而在边坡形成空洞,应及时培土夯实并植草。

④高出路堑边坡的土体采用人工铲平,并与周围的边坡坡度协调,铲平后喷洒草籽或铺草

皮进行绿化。

(2)边坡裂缝的修补

①路基上边坡、碎落台、坡顶、坡脚等出现裂缝,裂缝宽度小于0.5cm时,应及时用土进行填塞,填塞时应采用钢钎等细长工具分次进行。

②路基上边坡、碎落台、坡顶、坡脚等出现的裂缝超过0.5cm时,应及时进行处理,以防雨水渗入。处理时先沿裂缝挖宽、挖深,宽度以人工、机械方便操作为限,深度以挖到看不见裂缝为止。如裂缝较深,则至少挖深1.0m,开挖的沟槽两侧须坚实、平整。回填时须采用黏土,分层夯实,每层的松铺厚度不超过25cm,并在顶部做成鱼背形。

3. 排水设施的日常养护

路基排水的主要作用是将路基范围内的土基湿度降低到一定限度以内,保持路基常年处于干燥状态,确保路面具有足够的强度和稳定性。

路基排水设施分为地面排水设施和地下排水设施。地面排水设施通常有边沟、截水沟、排水沟、跌水及急流槽、拦水带等;地下排水设施有明沟、暗沟、盲沟、管式渗沟、洞式渗沟及防水隔离层等。

路基排水系统能否正常工作,直接影响路基的稳定性。因此,加强对各排水设施的日常养护与维修,确保其功能完好、排水顺畅是确保路基稳定的关键环节。同时,根据实际使用情况,要不断改善路基排水条件。

1)排水设施的养护要求

(1)对各种排水设施,应设置合理,功能完好。

(2)在汛期前,应对各种排水设施进行全面检查疏浚,对发现的病害及时进行维修。雨天必须上路巡查,及时排除堵塞,保持水流通畅,以防止水流集中而冲坏路基。对于新建公路,在下暴雨时,应专门对排水设施进行检查,检查进出水口是否平顺、排水是否畅顺、有无冲刷、排水设施是否完善、功能能否满足要求等。

(3)暴雨后,应对排水设施进行重点检查,如有冲刷、损坏,应及时修复加固;如有堵塞,应立即清除。

(4)应保持排水设施的进出水口畅通完好。

(5)拦水带的设置应合理,保证路面雨水能及时排出;对出水口设置不合理或排水不畅的拦水带,应及时进行改造。

2)排水设施的日常养护作业

(1)地表排水设施清理、疏通养护。

①对地表排水设施,每年安排在雨季前对其全面清理一次,雨季后对堵塞、淤塞的地表排水设施进行一次清理。清理出的淤泥、杂草应运至指定的地点堆放,如在水沟边缘堆放,应距离水沟边缘1.0m以外,且不能影响排水及景观功能,并保证四周码放整齐、表面平整,每隔1~2m留50~100cm的间隙。对清理的垃圾物品,应集中后运往指定的地点堆放,严禁抛撒或现场焚烧垃圾物品,以免造成环境污染、影响安全行车或引发火灾。

②在进行地面排水设施清理时,应对松动的石块进行固定及处理。

③对土质边沟,应保持其符合设计断面,满足排水要求,并要特别注意排水口的设置和排水畅通。沟底应保持不小于0.5%的纵坡,在平原地区排水有困难的路段,不宜小于0.2%。在边沟内不得种庄稼,更不得利用边沟作排灌渠道。边沟外边坡也应保持一定的坡度,以防坍塌,阻塞边沟。

(2)地下排水设施的清理、疏通养护。

①对地下排水设施,每年安排全面清理、疏通一次。

②清理、疏通地下排水设施时,对沟口的杂草进行清除。沟口堵塞时,可用水进行冲洗或剔除较小颗粒的砂石,补充大颗粒碎(砾)石,以保持空隙,便利排水。

(3)中央分隔带排水设施的清理、疏通。

①对于中央分隔带排水设施,应经常进行检查,雨季前应进行清理,雨季应加强巡查,如发现损坏,应及时进行修补。

②如排水不及时、位置设置不当,应根据情况进行改善或另行修建。

(4)排水设施悬空处理。

①由于冲刷、基础沉降等原因造成排水设施出现悬空时,如不及时处理,会造成排水设施的损坏。

②处理时应先将冲刷面清理成规则断面,以便于机械或人工施工;如果悬空深度较大,应分段进行清理和回填,必要时采取临时支撑。

③清理完成后,用黏土分层回填夯实,沟底不能垂直夯实的部分,从侧面分层夯实。夯实时避免因振动过大导致对排水设施造成冲击。回填完成后,应使流水坡面与水沟连接平顺,排水顺畅,并及时进行补种、绿化,以防止水土流失。

(5)拦水带的日常养护。

①对于拦水带的出水口,应保持平顺;应及时清理出水口的泥沙、杂草。对于拦水带的裂缝、变形、损坏,应及时进行维修。拦水带出水口与急流槽相接处,如出现裂缝,应及时用水泥砂浆封堵。

②如出水口附近坡度不顺,雨后经常积水,应对出水口进行维修。如因路肩原因造成积水或出水口设置不当,应对路肩进行维修。如重新布置出水口,同时应设置急流槽。

在养护工作中,要针对现有排水系统中不完善的部分逐步加以改进、完善,充分发挥各种排水设施的功能。对有积水的边沟,应将水引至附近低洼处;对疏松土质的沟渠,需结合地形、地质、纵坡、流速等实际情况,综合考虑进行加固。

4.防护工程的日常养护

路基防护与加固工程,按其作用不同,可分为坡面防护、冲刷防护和支挡结构物防护3类。

1)防护工程的养护要求

(1)防护工程主要是指用作防止路基被冲刷和风化,起隔离作用的设施;加固工程是指为防止路基或山体因重力作用而滑塌,主要起支撑作用的支挡结构物。在日常检查和定期检查过程中,应根据防护工程与加固工程的特点进行检查。

(2)在反常气候、地震或重型车辆通过等特殊情况发生后,应及时进行检查,发现裂缝、断缝、倾斜、鼓肚、滑动、下沉或表面风化、泄水孔堵塞、墙后积水、周围地基错台、空隙等情况,应查明原因,并观察其发展情况,及时采取相应的处理、加固等措施。

(3)对检查和处理加固等情况,应做好记录,建立技术档案。

2)防护工程的日常养护作业

(1)种草、铺草皮和植树等植物日常养护

①灌溉

灌溉可以改善植物的生长环境,补充植物的水分,是草木正常生长的保证。鉴于草木在生长季节内,草木与环境处于不断变化之中,不同地区、不同植物存在差异,水是调节土壤湿度和改善小气候的重要因素,浇灌不能按照某种固定的模式实施,可根据以下技术要点进行。

a. 灌水时间。在生长季节,根据不同时期的降水量及不同植物,适时灌水是极为重要的。一般分为以下3个时期:

a)植物返青到雨季前。这一阶段气温高,蒸发量大,需水量大,是一年中最关键的灌水时期,根据土壤保水性能的强弱及雨季来临的时期可灌水2~4次。

b)雨季期。这一时期空气湿度大,蒸发量下降,而土壤含水率已提高到足以满足植物生长需要。这一时期可停止灌水。

c)雨季后至草枯黄前。这一时期降水量下降,蒸发量大,而植物仍处于生命活动较旺盛阶段,与前两个时期相比,这一期间需水量显著提高,如不及时灌水,则会影响植物生长,还会引起植物提前进入休眠期。这期间需灌水4~5次。另外,如果采用间歇式喷雾,一天中的灌水一般以太阳位置最高点灌溉最好。此法不仅能补充水分,而且能明显改善小气候,有利于植物坪的蒸发作用、气体交换及光合作用,有助于协调水、肥、气、热及根系扩展。若采用浇灌、漫灌等,早春、晚秋以中午前后为好,其他季节以早晨、傍晚为好。

b. 灌水量。每次灌水应根据土质、生长期、植物种类等因素而定。一般草生长在干旱期内,每周需水量为20~40mm;在炎热和严重干旱的情况下,草每周需水量为50~60mm。通常情况下,应采用多次少灌的方法,最大灌溉量为地面刚好发生径流。

②施肥

草坪施肥的种类主要是氮肥,它能促进草坪叶色嫩绿,生长繁茂,同时减少开花结籽。寒季型草种的追肥时间最好是早春和秋季。第一次在返青后,第二次在仲春;天气转热后应停止施肥;秋季施肥可于每年的9月、10月进行。暖季型草种的施肥时间是晚春,在生长季节一般每月或每两个月应施肥一次。

③修剪

修剪是草坪和低矮灌木养护的重点,修剪能控制它们的高度,除去衰弱的垫层(由衰老死亡叶片长期累积而成的软绵层),促进分聚更新,增加叶片密度,抑制杂草生长,使草坪保持美观。对于一般的草坪和低矮灌木,一年最少修剪4~5次。修剪时保留的高度越低,要求修剪的次数越多,草的叶片密度与覆盖度也随修剪次数的增加而增加。应根据草的剪留高度进行有规律的修剪,当草达到规定高度的1.5~2倍时,就要进行修剪。

④除杂草

杂草的入侵会严重影响植物的质量,使植物失去均匀、整齐的外观;同时杂草会争水、争肥、争夺阳光,从而使植物长势减弱,因而除杂草是植物养护的重要一环。除杂草最根本的方法是合理的水肥管理,促进目标草的长势,增强目标草的竞争能力,并通过多次修剪,抑制杂草的发生。一旦发生杂草侵害,除采用人工"挑除"外,也可用化学除草剂。

⑤病虫害防治

及时做好病虫害的防治工作,以预防为主,精心管养,使植物增强抗病虫能力,经常检查,早发现早治理。可采取综合防治、化学防治、物理人工防治和生物防治等方法防止病虫害蔓延和对植物生长的影响。尽量采取生物防治的办法,以减少对环境的污染。用化学方法防治时,一般在晚上进行;药物的用量及对环境的影响,要符合环保的有关要求和标准。最严重的病虫危害率应控制在5%以下。

⑥垃圾清理

绿化养护作业人员每天应至少对草坪内飘落或撒落的纸屑、塑料袋、果皮、落叶等进行一次彻底清理;在绿化作业当天收工前,应对绿化修剪物等进行清理。

(2)框格防护

①出现裂缝、断裂等病害,应及时维修。对局部悬空、边缘冲沟,应及时填补,并根据冲刷情况完善排水设施。

②对框格内出现的冲沟进行填补后,再进行绿化。

(3)抹面与捶面

①抹面或捶面出现裂缝、开裂或脱落后,应及时灌浆修补或清除损坏部分后重新抹面或捶面。

②抹面或捶面工程的周边与未防护坡面衔接处应严格封闭。

③抹面或捶面防护的泄水孔、伸缩缝功能应完好,如有损坏应及时维修。

(4)勾缝与灌浆

①清除松动填料,缝内冲洗干净。

②用1∶4或1∶5(质量比)的水泥砂浆捣插密实;有条件时可采用压浆机灌注。

③缝宽大且深时,宜用水泥混凝土灌注,可按体积比1∶3∶6或1∶4∶5配合比配料,灌注捣实。

(5)干砌片石、浆砌片(块)石、混凝土预制块护坡

①应经常检查勾缝有无脱落,沉降缝、泄水孔功能是否完好,如有损坏应及时修复。

②若砌石有风化、松动、开裂等情况,应及时维修。

③坡顶如有水渗入护坡后面,应及时采用封水措施,防止护坡滑塌。

(6)挡土墙

挡土墙是用来支撑天然边坡或人工填土边坡以保持土体稳定的建筑物。在公路工程中,它广泛应用于支撑路堤或路堑边坡、隧道洞口、桥梁及河流岸壁等。

①对挡土墙除日常检查外,每年还应在春秋两季各进行一次定期检查。另外,在反常气候、地震或重车通过等异常情况后,应进行特种检查。发现裂缝、断缝、倾斜、鼓肚、滑动、下沉,或表面风化、泄水孔不通、墙后积水、周围地基错台或空隙等情况,应查明原因,并观察其发展情况,采取合理的修理加固措施。

②圬工或混凝土挡土墙的裂缝、断缝,如已停止发展,应立即进行修理、加固。其方法是将裂缝缝隙凿毛,用水泥砂浆填塞。对混凝土挡土墙裂缝,可采用环氧树脂胶结。

③挡土墙的泄水孔,应保持畅通,如有堵塞,应加以疏通。如疏通困难,应针对地下水情况,增设泄水孔,或加做墙后排水设施,严防墙后积水,引起土压力增加,挤倒、挤裂墙身。墙后回填土必须分层夯实。

④砖、石、混凝土或钢筋混凝土挡土墙表面如出现风化剥落,应将风化表层铲除,喷涂水泥砂浆保护层,防止剥落风化。

(7)丁坝与顺坝

①严禁在坝上、下游河流200m范围内采砂、采石,以免引起河床冲刷,造成基底悬空。

②定期检查坝与连接地层及其他防护设施的嵌接,如有变形、损坏应及时维修。

③坝体如有勾缝脱落、石块松动、撞击损坏等,应及时维修。

3)防护工程常见的养护作业注意事项

(1)防护工程的坡面清理

防护与加固工程的坡面,应经常保持清洁,除专门种植的攀岩植物外,应对坡面的杂草、垃圾经常进行清理。清理时不能对已种植的攀岩植物造成损害,并对清理所造成的孔洞用水泥

砂浆进行填塞。清理杂草、垃圾时,应采取安全防护措施;清理的杂草、垃圾应集中收集并运至指定的地点。

(2)伸缩缝、沉降缝

防护工程的伸缩缝、沉降缝应整齐垂直、上下贯通,嵌缝材料牢固不脱落。如防护工程的沉降缝上下不贯通引起周边片石松动,应及时进行沉降缝的清理,使之贯通。嵌缝材料部分脱落时,应及时用填缝材料(沥青麻絮、沥青木板或聚合物合成材料等)予以修补。对防护工程的伸缩缝、沉降缝的日常保养应采用安全防护措施。

(3)周围地基错台、空隙的修复

发现墙体由于沉降与周围地基错台或墙体不均匀沉降导致错台,以及墙体基础由于冲刷形成空隙,应立即进行填塞、修补。修复时应整理修复部位,开挖成规则断面,便于机械或人工操作,回填时应分层夯实。回填完成后,应根据现场情况选择绿化或水泥砂浆抹面。

(4)小范围处理防护塌方、空洞

路基防护工程因边坡坍塌、水流冲刷等造成小范围的塌方、空洞等,应分析原因及时进行处理。处理时先对塌方、空洞等部位进行清理,将清理的废弃物运到指定的地点堆放。如利用原有的片石,须清洗干净,整齐堆放。坡面需要回填时,可根据坡面缺损的情况,选择用防护材料回填或用土回填。采用土回填时,应开挖台阶,分层回填夯实。最后采用与原防护工程相同的材料、形式对塌方、空洞部位进行修复,新老结构应接合紧密、坡面协调一致。

(5)防护工程裂缝的处理

浆砌或混凝土防护工程出现裂缝或断缝后,应加强观察;裂缝停止发展后应立即对其进行处理。处理时,先将裂缝的缝隙凿毛,清除裂缝中的杂物;然后用高强度等级水泥砂浆从下向上填塞充实,水泥砂浆中可加入适量的膨胀剂;填塞完成后,进行养生。

5.弯道与陡坡养护

1)弯道的养护和修理

公路的弯道是根据路线通过的地形条件,按一定的半径修筑起来的圆弧线。为了行车的顺畅,在养护和修理时必须做到如下几点:

(1)经常保持原有的弯度,保持边缘以及设计的超高加宽标准。

(2)高路堤和路线经过河流、坑塘、深沟的弯道,应在路肩边缘设立护栏等安全设施,并保持其完好无缺,以便行车安全。

(3)对于弯道内侧有碍行车视距的树木、料堆、建筑物,应予清除。

2)陡坡的养护和修理

陡坡常见于山岭、重丘区,平原较少。陡坡养护和修理的好坏与车辆的行驶效率关系密切,必须做到下列几点:

(1)保持坡道具有规定的坡度,坡面平顺。

(2)雨水顺坡道下流,容易冲坏坡道的路面、路肩,应及时填补修理。

(3)冬季要及时扫除陡坡上的积雪,对高寒地区不易扫除的情况,可暂把积雪压实,并撒铺防滑材料。南方的雨季,坡道行车易打滑,应以细粒料养护防滑,以保证行车安全。

 单元训练

1.路基日常养护的要求是什么?

2.路肩、边坡、排水设施、挡土墙日常养护的要求和内容各自有哪些?

项目三 路基工程病害识别及处治

▶ **学习目标**

(1) 能够识别路基工程常见病害类型；
(2) 能够分析一般路基常见病害的产生原因及影响因素；
(3) 能够提出一般路基病害的预防和处治技术；
(4) 能够分析特殊路基病害的产生原因及影响因素；
(5) 能够提出特殊路基病害的预防和处治技术。

▶ **任务描述**

参加某路基的病害处治工作，制订工作计划，提出可行的处治方法，确定具体的施工工艺。

▶ **学习引导**

观看路基常见病害现状与养护后的图片，引发学生兴趣→学习路基常见病害的基础知识→参加某路基的病害处治工作→完成路基病害调查表→制订合理的防治方案。

单元一 路基工程常见病害类型

单元要点
(1) 一般路基病害类型及其特征；
(2) 特殊土质路基病害类型及其特征。

相关知识

一、一般路基病害类型

1.路基下沉

(1) 路基整体下沉

路基下沉是指路基表面在垂直方向产生较大的沉落。路基下沉有两种情况：
①路基本身的沉陷，如图 3-1-1a) 所示。
②由于路基下部天然地面承载力不足时，在路基自重的作用下引起沉陷或向两侧挤出。

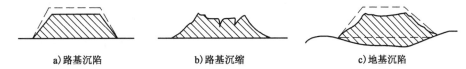

图 3-1-1 路基下沉

当路基填料选择不当、填筑方法不合理、压实不足时,在路堤堤身内部将形成过湿的夹层,在荷载和水湿综合作用下,引起路基沉缩,如图 3-1-1b)所示。当原天然地面为新近填土、软土、泥沼等软弱土时,因地基承载力不足,路基修筑前未经处理,在路基自重作用下,地基下沉或向两侧挤出,引起路基沉陷,如图 3-1-1c)所示。

路基下沉工程实例,如图 3-1-2 所示。

a)

b)

图 3-1-2　路基下沉工程实例

（2）路基横向不均匀沉降

路基横向不均匀沉降是指路基在各种因素的作用下,沿路基横向发生不同程度的沉降差。受路堤填料不均匀、路基填土压实不均匀、地下水的动态变化作用、气候等因素影响,路基往往出现横向不均匀沉降（图 3-1-3、图 3-1-4）。

图 3-1-3　横向不均匀沉降导致纵向开裂

图 3-1-4　路基局部不均匀沉降

2. 过渡段路基的病害

过渡段路基病害最主要的表现为桥头跳车现象。桥头跳车的表现形式有两种:一是桥头不设搭板时桥台与路堤衔接处的错台现象。这一种形式,台阶高度在 1.5cm 以上,车速在 60~140km/h 时,车辆行驶速度将受到影响,同时产生颠簸而形成跳车。二是桥头设置搭板时由于搭板路基端沉降引起的路桥过渡段纵坡变化。这一种形式判定其严重与否的决定因素是搭板沉降前后的纵坡变化率。国内外多数根据现场行车调查确定搭板容许坡差,瑞典的标准是 0.4%,法国的标准为 0.38%~0.60%。一些行车调查表明,车速在 90~100km/h 时,搭板纵坡变化值在 0.6% 以下时,不会影响行车舒适性。根据京石公路使用状况调查显示,60km/h 的车速,桥头纵坡变化率在 0.5% 以下时,没有跳车的感觉。

过渡段路基的病害特征主要有:整体侧向滑移、路堤与桥台间形成错台、路面凹陷、搭板断裂、搭板与路堤形成纵向坡度差、搭板末端差异沉降等。

（1）整体侧向滑移

路堤的整体侧向滑移是指路堤边坡过陡或是受到破坏后，在上部重复荷载作用下形成纵向裂缝或沿破裂面整体下滑，如图3-1-5所示。对于桩柱式埋置式桥台，台前的土体基本处于无侧限受压状态。当锥坡受到破坏，且在自重和车辆的冲击荷载作用下，土体有向桥内移动的趋势，形成横向裂缝或整体下滑，使得桥头部位的路基、路面产生较大的竖向位移，从而引起桥头跳车。

（2）路堤与桥台间形成错台

路基与桥台错台的主要表现为：

①局部沉降发生在台背与过渡段接合处，即最大沉降深度距离桥台背很近，形成错台；

②路基整体下沉，差异沉降达到一定值时，引起桥头跳车现象，如图3-1-6所示。

图3-1-5　整体侧向滑移引起的裂缝

图3-1-6　错台

（3）路面凹陷

路面凹陷也是一种常见病害，主要是由于路堤或地基的不均匀沉降引起的。其外部表现特征是路基沉降不均匀，路面破坏严重、凹凸不平，见图3-1-7。此模式的主要特征有如下两点：

①过渡段内的路基沉降不均匀，路面出现凹陷；

②沉降的最大值距桥台有一定的距离。

（4）搭板断裂

搭板断裂是用搭板法处理中产生的一种新病害，见图3-1-8。破坏特征主要表现如下：

①路基发生不均匀沉降，搭板底部脱空，沿脱空区受力较大的方向发生断裂；

②枕梁部分及其以外的路基沉降较小；

图3-1-7　凹陷

图3-1-8　搭板断裂

③搭板较薄,不足以单独承受上部荷载。

(5)搭板与路堤形成纵向坡度差

搭板与路堤形成纵向坡度差,是指当路堤沉降较大或搭板长度不够,纵向坡差超过一定范围时,就会在搭板与路堤衔接处产生转角,形成"二次跳车",见图3-1-9。其主要特征有如下几点:

①路基整体沉降过大;
②搭板较短,不足以使桥台与路基的差异沉降平稳过渡;
③搭板一端简支于桥台。

(6)搭板末端差异沉降

我国桥头跳车问题比较突出,故在设计与施工中都会采取一定措施,如在设置桥头搭板的同时对搭板区段路基进行注浆处理。这样,虽然过渡段的下沉减小了,但往往忽略了对搭板以外路基的处理与压实;经过一段时间的运营后,搭板末端产生差异沉降,会形成新的跳车现象。如图3-1-10所示。

图3-1-9 路基下沉引起纵向反坡

图3-1-10 搭板末端差异沉降

3. 边坡的病害

(1)溜方

边坡溜方属于浅层破坏,一般发生在坡面的表层或坡面下不足2m的范围内(图3-1-11)。溜方是由于少量土体沿土质边坡向下移动所形成的,如图3-1-12所示。它可能是由于流水冲刷边坡或施工不当而引起的。虽然溜方滑下的土石方量很小,但这种破坏常常使路面处于悬空状态,进而影响车辆通行。

图3-1-11 路基边坡溜方实例

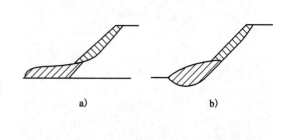

图3-1-12 路基边坡溜方

（2）滑坡

滑坡是指一部分土体在重力作用下沿路堤的某一滑动面滑动的现象,如图 3-1-13 所示。滑坡现象主要是因土体的稳定性不足而引起的,它分为路堤滑坡和路堑滑坡。

边坡坡度过陡,或边坡坡脚被冲刷挖空,或填土层次安排不当,是路堤边坡发生滑坡的主要原因,如图 3-1-14 所示。路堑边坡滑坡的主要原因是边坡高度和边坡坡度与天然岩土层的性质不相适应。黏性土层和蓄水的砂石层交替分层蕴藏,特别是有倾向路堑方向的斜坡层理时,就更容易造成滑坡。

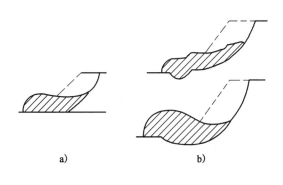

图 3-1-13　路基边坡滑坡

图 3-1-14　高填方路堤边坡滑坡

（3）风化剥蚀

风化剥蚀指风化的石质路堑边坡在外界环境因素如降水、强风、振动等影响下成片或成块体剥落而危及路线和行车安全的现象。一般多指因地形、地质而造成的体积较小而数量较多的风化岩石剥落,现场常用设防护网(图 3-1-15)或喷射水泥浆(图 3-1-16)等方法处理。

图 3-1-15　边坡防护网处理

图 3-1-16　边坡喷射水泥浆防护处理

（4）坡面冲刷

冲刷是指降雨形成的坡面水流破坏路基边坡坡面,并冲走坡面表层土体的现象。它可根据冲刷发展阶段和冲蚀痕迹的形态特征,或按坡面土体运移方式和特征进行分类,也可按照路基边坡有无防护工程措施,或按坡面冲刷量的大小进行分类。

按坡面冲刷发展阶段和冲蚀痕迹的形态特征,可将坡面冲刷分为溅蚀、片蚀、沟蚀、冲刷坍塌四类。溅蚀是指裸露的坡面上,雨滴直接打击坡面引起土颗粒分散和飞溅,或撞击地表薄层水流,增大水流的紊动,从而增大坡面水流侵蚀能力的现象,它是在一次降雨中最先发生的坡面侵蚀,通常出现在整个坡面上。片蚀是指由于分散的地表径流冲走坡面表层土粒的一种侵蚀现象,它是坡面侵蚀中最常见的一种形式。沟蚀是指在雨滴及表层水流冲刷的共同作用下,坡面出现的坑洞及沟槽现象。按侵蚀规模可分为细沟侵蚀、浅沟侵蚀、冲沟侵蚀。细沟侵蚀一般深度小于5cm,宽度小于10cm;浅沟侵蚀一般深度为5~50cm,宽度为10~50cm;冲沟侵蚀一般沟深大于1m,沟宽1~2m。冲刷坍塌是指冲沟两侧和上游沟壁物质由于强烈冲刷作用,在自重力作用下失去平衡,产生掉块、泻溜和塌落的现象。

按坡面土体运移方式和特征,坡面冲刷可划分为两类:推移型冲刷和悬移型冲刷。推移型冲刷是指在坡面径流作用下,坡面粒径较大的土颗粒沿坡面滚动、滑动、跃动,或是层状沿坡面向下移动。悬移型冲刷是指坡面土体中比较细小的颗粒在水流中呈悬浮状前进,其顺水流运动的速度与坡面流基本相同,它受水流的紊动尺度和土粒的大小影响显著。

按路基边坡有无防护工程措施,坡面冲刷可分为3类:裸坡冲刷(图3-1-17)、防护边坡冲刷(图3-1-18)、潜蚀性冲刷。潜蚀性冲刷是指坡面水流沿圬工护坡与坡面的接合部位或圬工护坡体裂缝破损处下渗和下灌,产生类似管涌作用,淘蚀护坡体内的土体,并将之带走,使圬工护坡坍塌、下陷和失效的现象。

图3-1-17 裸坡冲刷

图3-1-18 防护边坡冲刷

坡面冲刷按坡面冲刷量的大小划分,即以单位面积和单位时段内边坡坡面被水流冲刷侵蚀并发生位移的土体质量来表示冲刷量,可将其分为6种类型,如表3-1-1所示。

坡面冲刷按冲刷量分类 表3-1-1

类 型	冲刷量[t/(km²·年)]	类 型	冲刷量[t/(km²·年)]
微度冲刷	<200 或 500 或 1 000	强度冲刷	5 000~8 000
轻度冲刷	200 或 500 或 1 000~2 500	极强度冲刷	8 000~15 000
中度冲刷	2 500~5 000	剧烈冲刷	>15 000

注:不同冲刷量分别指东北黑土区和北方土石区、南方红壤丘陵区和西南土石山区、西北黄土高原区。

4. 支挡防护构造物的病害

通过调查发现,路基支挡防护构造物具有代表性的病害,主要有勾缝脱落、裂缝、表面破损、沉降缝(伸缩缝)破损,支挡结构滑移倾斜、失稳等病害形式。

(1)勾缝脱落

勾缝脱落是工程防护与支挡构造物中比较普遍的一种病害。砂浆勾缝在雨水表面径流作用下,砂浆被冲刷散失,水泥混凝土预制块或片(块)石砌缝外露,使坡面降雨集中冲刷,加剧冲蚀作用,形成坡面沟蚀,使砌缝内路基填土随水流失或雨水渗入路基本体,降低路基强度;严重者甚至形成路基陷穴,使砌体脱空。如图3-1-19所示。

(2)裂缝

裂缝是浆砌片(块)石护坡、水泥混凝土预制块护坡及挡土墙比较常见的病害之一,如图 3-1-20 所示。坡面防护裂缝通常有如下两种:

①在坡顶有错台的裂缝。这种裂缝一般主要是由路基发生不均匀沉陷而引起。

②在坡面有错台的裂缝。其产生通常伴随着坡面表面不平整,发生微量膨胀。这种裂缝主要是因砌体背侧填料滑动引起膨胀变形而产生的。

图 3-1-19　勾缝脱落　　　　　　图 3-1-20　裂缝

根据严重程度,挡土墙裂缝分贯通裂缝和未贯通裂缝两种。如果发生了贯通裂缝,则墙体可能发生断裂,失去支挡作用,危害程度较大,应及时加以处理。

(3)表面破损

表面破损主要是指浆砌片(块)石或预制块破碎松动、砂浆脱落的现象。这些现象如维修不及时,则雨水冲刷下渗,将导致大面积散失、脱空和剥落,降低或失去支挡防护作用。

(4)沉降缝(伸缩缝)破损

沉降缝、伸缩缝破损变形主要是指在施工中未按要求完全封闭、设计中设置位置不合理或设置数量不足,在自然因素和人为因素作用下,导致其被颗粒材料填充、变形量不足而被挤裂或拉开。

(5)支挡结构滑移倾斜

滑移倾斜是由于支挡结构受到背后土体较大土压力的作用,支挡结构的抗滑移和抗倾覆能力不足,将导致支挡结构产生较大的位移,如图 3-1-21 所示。一般来说,滑移和倾斜往往同时存在。支挡结构发生滑移倾斜后,支挡结构对台后土体的支撑作用减弱,轻则导致路基沉降、开裂,重则导致路基出现错台、失稳等现象。

(6)支挡结构失稳

失稳是支挡防护结构最为严重的病害。它常常是由于受到外界条件(地震、山洪)的强烈冲击作用,导致支护结构完全失去作用,产生失稳现象,如图 3-1-22 所示。

二、特殊土质路基病害类型

1. 软土地区路基病害类型

软土地基有相对较大的孔隙,含水率较高,且透水性差。在软土地基上填筑路堤时,如果软土层滑动,路基就会失稳,将造成重大损失。在填土荷载的作用下,填方路堤工后沉降迅速或不均匀沉降量超过设计允许值,地基产生的不均匀沉降将导致路面结构和功能损坏,出现纵横坡变化,行车颠簸;路面出现纵向裂缝,严重时裂缝变宽,裂缝向土路肩边缘伸展,裂缝处呈现错台,形成滑裂面。

图 3-1-21　路基挡墙滑移外倾

图 3-1-22　路基支挡结构失稳

(1)桥头跳车

因通航净空等条件限制,桥头路堤一般填高较大,桥头跳车极易发生,新建公路桥头跳车现象普遍,如图 3-1-23 所示。

(2)路基失稳

路基失稳多位于填土较高、软土较厚或水塘、河岸地区,在施工过程中出现较多。这种现象往往是因路基填筑太快或用透水性材料对水塘回填处理不够,导致路基坡脚向外滑移、失稳。

(3)路基纵向开裂

路基失稳、不均匀沉降均会导致纵向开裂。特别在半填半挖路段、半幅利用老路基路段,更易出现路基纵向开裂,如图 3-1-24 所示。

图 3-1-23　桥头跳车

图 3-1-24　路基纵向开裂

(4)路基盆形沉降

因路基基底中间受力大,两侧受力小,出现中间沉降快、两侧沉降慢的现象称为路基盆形沉降,该现象多出现在高填方路段、桥头部位。

2. 黄土地区路基病害类型

1)路堤病害类型

常见的黄土路堤病害主要有:路堤或基底沉陷、土桥病害、路堤局部坍塌与边坡滑动等。

(1)沉陷变形

路堤的沉陷变形有人为因素和地基因素。人为因素是指路堤本身填筑时碾压达不到设计的压实度要求,这是路堤沉陷变形的主要原因之一。研究表明,湿陷性黄土压实干密度达到 $1.65 \times 10^3 \text{kg/m}^3$ 时,可明显减少路堤本身的沉陷。地基因素是指由于堤重或行车荷载的作用引起的固结沉降,湿陷性黄土浸水后则引起湿陷变形。黄土沉陷和黄土路堤沉陷,如图 3-1-25 和图 3-1-26 所示。

图 3-1-25　黄土沉陷　　　　　　　　　　图 3-1-26　黄土路堤沉陷

(2)土桥病害

土桥是指跨越沟谷的高填路堤,坐落于嶙峋或冲沟之上。土桥改变了原来的水文、地质条件和地形地貌条件,加之车辆动荷载的作用,使得土桥与周围环境处于动态平衡之中;一旦某种因素失去平衡,将会产生土桥病害。

(3)路堤坍塌与边坡滑动

当路线通过重丘区时,凹曲线半径较小,设计纵坡往往大于路面横坡,导致路面水向凹曲线底部汇集,有些泄水槽未起到应有的作用;加之重丘地区暴雨来得猛,路面积水来不及排出,漫过挡水坎,沿边坡漫流而下,积水浸入路堤中,引起边坡滑塌、坡面开裂,有的地方硬路肩已悬空,危及路面,如图 3-1-27 所示。另外,路堤边坡急流槽基础压实不足、急流槽浆砌片石防护质量不好,局部勾缝脱落时,容易导致雨水下渗、黄土湿陷、槽底局部淘蚀、急流槽破坏。

图 3-1-27　黄土路堤坍塌

2)边坡病害类型

黄土地区公路边坡病害破坏形式可归结为两种基本类型,即坡面破坏(包括剥落和冲刷等)和坡体破坏(包括崩坍、坡脚坍塌、滑坡和流泥等)。

(1)边坡坡面破坏

①剥落。坡面剥落是黄土边坡变形的一种普遍现象,可发生在各种黄土层中。虽然这种边坡变形不是坡体整体变形,但对路堑边坡危害极大,会引起其他更严重的边坡变形或破坏,处理起来十分困难。剥落按其形态一般可分为以下4类:

a.鱼鳞状剥落。这种变形易发生在含易溶盐多(一般为1%~20%)的地区,即新第四系风积黄土和冲积洪积黄土中。

b.片状剥落。主要发生在新第四系风积和近代坡积的均质黄土层中。这种土层在较陡峻边坡的表面,常形成一层厚3~4cm的硬壳。这层硬壳在自然营力作用下,呈大块片状剥落。

c.层状剥落。主要发生在洪积冲积黄土互层中,这类黄土多由黏土、砂黏土及砂等互层构成。由于各层的岩性、含水率以及含易溶盐情况不同,使得风化的快慢和强烈程度也不尽相同。一般黏粒含量高者,剥落快而严重;相比较而言,粉土粒和砂粒含量高者,剥落较轻、较慢,因而形成层状或带状的剥落现象。

d.混合状剥落。边坡坡面剥落有时会同时出现几种剥蚀类型。这是由于黄土表层的剥落与黄土的岩性有直接关系,因而在同一坡面上,可能同时出现包括几种类型剥落现象的混合状剥落。

②坡面冲刷。坡面冲刷是常见的公路边坡变形,会引起大量的水土流失。坡面冲刷使坡面呈沟状或洞穴状,一般形成坡肩冲刷坍塌、坡面冲刷串沟、坡面冲刷跌水、坡脚冲刷淘空、坡面冲刷沟穴、岩石接触的冲刷沟穴等。黄土边坡坡面冲刷与土层、岩性、微地貌条件、水文条件等有密切的关系。

(2)边坡坡体破坏

①崩坍。黄土边坡崩坍是土体沿节理面倒坍和下错的斜坡动力地质现象,是多种自然因素及人为因素综合作用的结果。主要影响因素有:地层岩性、地质构造、降水、气温变化、地质运动和人为因素等。

对黄土而言,土层节理发育,边坡陡峻,在风化和水的冲蚀、浸润作用下,坡脚严重冲刷,往往会使坡体崩坍,如图3-1-28所示。

②坡脚坍塌。坡脚坍塌易在湿陷性新黄土中发生。因其结构松散,坡脚松软,受水浸湿或冲刷会发生坡脚局部坍塌,一般规模较小,但较为普遍,如图3-1-29所示。坡脚坍塌是产生滑坡的前提,它也有可能诱发规模更大的坍塌。

图3-1-28 黄土边坡崩坍

图3-1-29 黄土路堑边坡坡脚坍塌

③滑坡。滑坡是土体沿着明显的滑动带或滑动面下滑的现象,滑动面呈上陡下缓的圆弧状,如图3-1-30所示。其产生原因主要是由于黄土的强度下降引起的土体稳定性平衡破坏。大型滑坡常发生在松散结构或黄色湿陷性黄土层中,在新黄土中也会出现小型滑坡。滑坡多发生在老黄土和岩土间出现不整合倾斜接触面处。此处的黄土本身稳定性差,遇水作用或在其他条件(如地震、大爆破等)的作用下,极易产生土体滑移和崩坍。

④流泥。呈斜坡状的黄土,如果土质松散,具有渗水性较小的下卧层时,土体在地下水或在地下水与地表水相互作用下浸润黄土土体,使土饱和形成塑性流动,称为流泥,如图3-1-31所示。流泥可能诱发其他病害,使边坡出现崩坍或滑坡等更为严重的破坏。

图3-1-30 黄土边坡滑坡

图3-1-31 黄土边坡流泥

3. 膨胀土路基病害类型

1) 路堑变形破坏类型

膨胀土路堑变化破坏形式有剥落、冲蚀、泥流、溜塌、坍滑、滑坡6种类型。其病害特点分别如下:

(1)剥落。它是路堑边坡表层受大气物理风化作用,土块碎解成细粒状、鳞片状,在重力作用下沿坡面剥落的现象。剥落主要发生在旱季,干旱时间越长,蒸发越强烈,则剥落越严重。一般强膨胀土较弱,膨胀土剥落更甚,阳坡比阴坡剥落更严重。剥落物堆积于边坡坡脚或边沟内常造成边沟堵塞。

(2)冲蚀。它是坡面松散表土在大气降雨或地表径流的集中水流冲刷侵蚀作用下,沿坡面形成的沟状冲蚀现象。冲蚀主要发生在雨季,与水流作用的强度和时间成正比例关系,水流越集中,冲蚀越严重。冲蚀常使坡面由纹沟发展成细沟,进而形成冲沟,遍布坡面。一方面,造成边坡不断后退;另一方面,冲沟深切将导致坡面土体局部破坏。

(3)泥流。它是坡面松散土粒与坡脚剥落堆积物在雨季被水流裹挟搬运形成的。一般在膨胀土长大坡面、风化剥落严重且地表径流集中时最易形成。泥流常造成边沟或涵洞堵塞,严重者可冲毁路基、掩埋路面。

(4)溜塌。边坡表层强风化层内的土体,吸水膨胀软化,处于过饱和状态,在重力与渗透压力作用下,沿坡面向下产生塑流状塌移的现象称为溜塌。溜塌是膨胀土边坡表层最普遍的一种病害形式,常发生在雨季,与降雨稍有滞后关系。溜塌可在边坡的任何部位发生,与边坡坡度无关,有的以单个溜塌出现,长大边坡可见到多个溜塌体相连形成带状溜塌裙。溜塌上方有弧形小坎,无明显裂缝与滑面,塌体移动距离较短且很快自行稳定于坡面,呈片状分布。溜塌厚度受强风化层控制,大多在1.0m以内,不超过1.5m。

(5)坍滑。边坡浅层膨胀土体在湿胀干缩效应与风化作用的影响下,由于裂隙切割以及水的作用,土体强度衰减,边坡丧失其稳定性,土体沿一定滑面整体滑移并伴有局部坍落的现象称为坍塌,如图3-1-32所示。坍滑常发生在雨季,较之降雨稍有滞后,滑面清晰且有擦痕,滑体裂隙密布,多在坡脚或软弱夹层处滑出,破裂面上陡下缓,滑面含水富集,明显高于滑体,呈横展式分布。坍滑若继续发展,常沿后缘牵引逐步形成滑坡。坍滑发展除与膨胀土类型、边坡坡度有关外,还严格受土体结构控制。其破坏厚度一般在风化作用层内,多为1.0~3.0m。

(6)滑坡。边坡开挖土体临空,由于坡脚支撑或软弱夹层被切断,胀缩效应与风化作用使边坡土体结构破坏,强度衰减,在水的促滑作用下,使边坡土体丧失稳定平衡,沿一定滑面整体向下位移滑动的现象,称为滑坡,如图3-1-33所示。滑坡常在雨季发生,比降雨稍有滞后,具有弧形外貌,有明显的滑床与滑动面及擦痕。滑床后壁陡直,前缘比较平缓,主要受裂隙控制。滑坡多呈牵引式出现,具叠瓦状、浅层性和成群发生特点。滑面大多受软弱面制约,滑体裂缝密布,呈纵长式。有的滑坡从坡脚可一直牵引到边坡顶部,具有很大的破坏性。

图3-1-32 膨胀土坍滑

图3-1-33 膨胀土滑坡

2)路堤病害类型

膨胀土路堤变形与破坏类型,按其变形破坏机理与位置,可划分为以下6类。

(1)沉陷。由于膨胀土初期结构强度较高,在施工时不易被粉碎,亦不易被压实,在路堤填筑后,由于大气物理风化作用和湿胀干缩效应,土块崩解,在上部路面、路基自重与汽车荷载作用下,路堤易产生不均匀下沉,如果在下沉中伴随有软化挤出时,则会产生很大的沉陷量。一般路堤越高,沉陷量越大,沉陷变形越普遍,尤其以桥头填土的不均匀下沉更为严重。不均匀下沉将导致路面的平整度下降,严重时可使路面变形破坏,甚至屡修屡坏。

(2)纵裂。路肩部位常因机械碾压不到,填土密实度达不到要求,后期沉降相对较大。同时,因路肩临空,对大气物理风化作用特别敏感,干湿交替频繁,肩部土体失水收缩远远大于堤身,故在路肩顺路线方向常产生纵向开裂,形成长达数十米甚至上百米的张开裂缝,此种现象称为纵裂,如图3-1-34所示。纵裂缝宽约2~4cm,大多距路肩外缘0.5~1.0m。

(3)坍肩。由于路堤肩部土体压实不够,又处于两面临空部位,易受风化作用影响而导致强度衰减。当有雨水渗入时,特别是当有路肩纵向裂缝出现时,在汽车动荷载作用下,很容易发生路肩坍塌,这种现象称为坍肩,如图3-1-35所示。塌壁高多在1.0m以内,严重者可大于1.0m,常在雨季发生。

(4)溜塌。路堤边坡溜塌同路堑边坡表层溜塌相似,但路堤边坡溜塌大多与边坡表层压实不够有关。其特点是,一般溜塌多发生在路堤边坡的坡腰或坡脚附近,有单个溜塌体,亦有数个溜塌相连或叠置形成溜塌裙的情况。

(5)坍滑。膨胀土路堤填筑后,边坡表层与内部填土的初期强度基本一致。但是,随着通车时间的延续,路堤经过几个干湿季节的反复收缩与膨胀作用后,表层填土风化加剧,裂隙发展,湿胀干缩效应显著,当有水渗入裂隙时,则膨胀土软化,强度降低,从而导致边坡坍滑发生。

(6)滑坡。路堤滑坡与填筑膨胀土的类别、性质、填筑质量以及基底条件等有关。若用灰白色强膨胀土填筑堤身,则形成人为的软弱面;填筑质量差,土块未按要求打碎;基底有水或淤泥未清除,处理不彻底;边坡表层破坏未及时整治等,都有可能产生滑坡。因此,膨胀土路堤有从堤身滑动的,也有从基底滑动的。

图 3-1-34　路肩纵裂

图 3-1-35　坍肩

单元训练

1. 一般路基常见的病害有哪些?
2. 特殊路基常见的病害有哪些?

单元二　一般路基病害成因识别及处治

单元要点

(1)路基下沉病害的成因、预防措施及处治技术;
(2)路基边坡病害的成因、预防措施及处治技术。

相关知识

路基下沉和路基边坡的失稳都是一般路基最常见的病害。在路基工程施工完成后,随着运营时间的延长以及汽车荷载的重复作用,路基往往会出现整体下沉或局部下沉的现象。路基下沉一般是由于设计、施工不当等原因而导致的。因此,有效降低路基沉降,消除路基沉降危害,已成为公路建设者亟需解决的问题。而路基边坡作为路基工程的重要组成部分,受路基边坡设计、施工及外界地形、气候等因素影响,路基边坡可能发生开裂、滑动、倾倒等形式的破坏而失去稳定性。边坡的失稳不但会毁坏坡面植被,还会引发严重的工程事故,造成巨大的经济损失,甚至危及人身安全。

一、路基下沉的病害原因分析

路基下沉主要有堤身下沉与地基下陷两种类型;沉降主要表现为均匀沉降和不均匀沉降。

均匀沉降一般发生在路基所处环境条件基本一致(如路线通过地形、水文地质变化不大,且路基施工采用的填料、机械设备、施工单位的管理水平和质量控制水平等方面无显著变化)的路段。均匀沉降的沉降量小时,一般不会造成路面破坏,也不影响行车安全和观感效果;但过量的沉降将会导致路面、构造物台背等处出现台阶,引起跳车,路面过早损坏。

不均匀沉降一般发生在地形、水文地质、路基填料发生显著变化和填挖接合部处。路基不均匀沉降,常导致路面断裂、不平整以及构造物两侧路面错台,严重影响公路的质量和行车效果。

路基下沉原因有如下4个方面:

1. 工程地质变化

公路是带状构造物,其长度少则几十公里,多则上百公里,公路沿线的地质不尽相同;加之地基土和路基填料的工程性质不同,所表现出的强度、压缩沉降量亦不同。当路线通过不良地质,特别是在泥沼地段、流沙、垃圾以及其他劣质土地段填筑路堤,若填筑前未经换土或很好压实,则填筑完成后,原地面土壤易产生压缩下沉或挤压变形。

2. 地形变化

随地形变化,路基填方高度也发生显著变化。当路线穿越冲沟、台地时,路基填方变化在零至几十米范围内,沟谷中心往往填土高度最大,向两端逐渐减低至零。不同的路基填方高度所发生的沉降亦不同,特别是在填挖交界处填筑土和原地面土具有不同密实度和不同的沉降量的情况下,在荷载作用下出现不均匀沉降,使路基纵向呈马鞍形。当路线通过地形横坡较大的路段,出现半填半挖断面时,填筑土和原地面土密度不同,受施工作业面的限制导致填筑土和原地面土结合不良而使路基两侧发生不均匀沉降,表现为一侧高一侧低。

3. 水文与气候

地表水、地下水的影响是导致路基沉降的重要原因之一。黄土、粉土、湿陷性土等在干燥情况下,土体结构性强,承载力大,路基稳定不变形;在受到水浸泡后,土体结构性迅速破坏,承载力大大降低,导致路基变形破坏。如新疆地区属于旱荒漠区,年降水量少,一般为几十毫米,但到6~8月份的降雨高峰期,易出现洪水冲蚀浸泡路基的情况;农田灌溉、春季融雪也常造成局部路基受水浸泡,导致路基沉降。

4. 设计与施工原因

公路受到自然环境多样性影响,同时也受到路基本身自重荷载和车辆荷载的作用,能否保证路基长期稳定,关键取决于设计和施工。

(1)设计方面原因

①由于路线几何线形指标采用得较高,导致通过不良地质路段的情况增多。不良地质地段土基强度低、承载力低,若设计处理不当,土基易于产生压缩沉降或挤压移位,导致路基沉降变形。

②通道、涵洞铺砌未考虑防水设计,易导致地表水渗透浸泡路基,使路基承载力下降而发生沉降变形。

③路基纵、横向排水设计考虑不周,易造成路基两侧长期积水而降低地基承载力,使路基

沉降。

④路基坡脚防护与加固不妥。如抗滑桩设计的起止点不合理,往往造成起止点处因抗滑力不足引起路基下滑而使路基沉降开裂。

⑤路基排水系统设计不完善,在路基范围内排水不良会引起路基填土含水率大、土质松软、强度降低、边坡坍塌、堤身沉陷或滑动以及产生冻害等。

(2)施工方面原因

①路基施工前,未认真做好临时排水设施与永久性排水系统的有机结合,使得路基排水系统不畅通,因积水长期浸泡路基致使地基和路基土承载力降低,导致沉降发生。

②原地面处理不彻底,如未清除草根、树根、淤泥等不良土壤,地基压实度不足等,在静、动荷载的作用下,路基沉降变形。

③对不良地质路段未予以处理或处理不当而导致路基沉降变形。

④填筑顺序不当。在高填方路堤施工中,填层超厚或未严格按分层填筑、分层碾压工艺施工,路基压实度不足而导致路基沉降变形;未在全断面范围均匀分层填筑,而是先填半幅、后填另半幅,故发生不均匀沉降。

⑤高填方路基在分层填筑时,没有按照相关规范或设计要求的厚度进行铺筑,随意加厚铺筑厚度;压实机具按规定的碾压遍数压实时,压实度达不到规范规定的要求,当填筑到路基设计高程时,必然产生累积的沉降变形,路基在重复荷载与填料自重作用下产生下沉。

⑥在路基填方在填挖交界处,未按规范要求挖台阶。或因原地面土和填料密度、承载能力不同,如填挖交界处软土、腐殖土等未清除干净或填筑方式不对及压实不足,就会出现结合部衔接不良,从而导致路基不均匀沉降。

⑦施工组织安排不当,先施工低路堤,后施工高填方路基。往往高填方路堤施工完成后就立即铺筑路面,路基由于没有足够的时间固结,从而使路面使用不久就被破坏。

⑧路基填料原因。路基施工时采用的填料如果混进了种植土、腐殖质或泥沼土等劣质土,或土中含有未经打碎的大块土或冻土块等,由于劣质土抗水性差、强度低,路堤将出现塑性变形或沉陷破坏;在冰冻或季节性冻土地区,由于劣质土或冻土块的存在,路堤极易出现冻融翻浆现象。在填石路堤中若石料规格不一、性质不匀或就地爆破堆积,乱石中空隙很大,则在一定期限内(例如经过一个雨季)可能产生局部的明显下沉。

二、路基下沉病害的预防措施

从路基下沉原因不难看出,路基产生沉降的原因主要来自于设计和施工两方面。在设计时,公路勘测人员认真进行勘察设计,详细调查拟建公路沿线地形、地貌,查明其工程地质和水文地质情况,采取有针对性的工程设计方案;施工中严格按照施工规范和设计要求,合理组织施工;公路养护中加强养护,及时排除险情,确保公路正常使用。这些措施对于防止路堤沉降,必将起到积极作用。

1. 设计方面应采取的合理措施

(1)路线选线中,在坚持路线总体走向通过主要控制点的原则下,因地形、地质环境布设路线,尽量避让不良地质地段,不需要追求高指标的线形,努力做到线形指标搭配合理,即可取得良好的视觉效果。

(2)加强工程地质勘察。严格按照工程地质勘察规程开展工作,详细调查和探明拟建公路沿线工程地质和水文地质情况;对工程地质和水文地质情况有怀疑地段,增加探坑数量;在设计外业验收中,将工程地质勘察作为重要的检查内容之一。

(3)对原地面明确提出压实度和地基承载力要求。其目的在于防止路基填方在自重和车辆荷载作用下,因地基承载力不足而产生沉降。对地基承载力低的路段应采取有效的工程处理措施。

(4)路线通过较陡的横坡及沟谷地段时,应按要求设置纵、横向台阶,使填筑路基和原地面形成良好的接合,同时宜放缓边坡。

(5)尽量避免高填方路堤和陡坡路堤。无法避免时,应按照路基设计规范要求进行设计,并提出工后沉降量要求。

(6)做好路基排水系统综合设计,使地表水、地下水顺利排出路基以外或将地表水阻隔在路基以外,不能在路基范围内积水。涵洞、通道底铺砌设计中要考虑防水,避免积水浸泡基底而发生沉降变形。

(7)对软土、盐渍土等不良地质路段,要采取特殊设计,提高路基的承载能力和水稳性。同时,要通过试验计算路基的压缩沉降量;设计中要考虑超填厚度,使路基在竣工后能维持设计高程。

2.施工方面应采取的有效措施

(1)做好路基施工的准备工作。开工前,施工单位、监理单位的工程技术人员要认真审阅设计文件,详细了解公路沿线地形地貌、工程地质、水文地质、路基填料、各段的填方数量和特殊路基分布等情况,并逐一核实设计文件提供的资料,做到心中有数;发现设计文件提供的资料有误时应及时上报业主,妥善处理。同时,要与设计单位做好技术交底工作。

(2)施工组织设计是保证工程质量的前提,路基施工也不例外。施工单位必须重视高填方路堤的施工组织设计,合理安排各施工段的先后顺序,明确构造物和路基的衔接关系,尤其对高填方路段应优先安排施工,给高填方路堤留有足够的施工和沉降时间,从而有效防止高填方路堤工后产生过大的沉降。在施工中,以施工组织设计为依据,结合施工现场的实际情况,合理调配人员、设备,保证高填方路基施工质量。

(3)重视原地面处理。路基填筑前,必须彻底清除地表植被、树根、垃圾和种植土,加大原地面的压实力度。地表植被、树根、垃圾、不良土质暴露于自然环境下,相对比较松软,不易压实;有的土壤如盐渍土、膨胀土等易产生病害,因此,必须予以清除。

(4)填筑路基前应做好路基临时排水工作,做到临时排水系统与永久性排水系统有机结合。施工过程中,通过路基两侧纵、横向排水系统及时疏导路基范围内的积水,避免路基受水浸泡。因此,做好路基排水是保证路基稳定的前提条件。工程监理人员和施工质量检查人员,应认真监督检查。

(5)严格选取路基填料,并控制好填料质量。对路基施工填料,除按规范要求的液限、塑性指数、含水率和CBR等指标选择外,还应根据填料的性质(如水稳性、承载能力)综合选择水稳性好、干密度大、承载能力高的填料,以选择砾石类土填筑路基为宜。在路基填筑前必须将料场盖山土清除干净,防止树根、杂草、种植土等混填于路基之中。施工中严格控制填料含水率,严禁过湿的土填于路基之上;且要求不同土质分层填筑,剔除填料中超大颗粒,以保证各点密实度均匀一致。

(6)严格控制路堤填筑工艺。在高路堤填筑全面铺开前,各施工单位必须根据不同填料、各种施工机械组合铺筑试验路段,以获得最佳机械组合方式、填层厚度、碾压遍数和填料的施工含水率范围。路堤填筑应采用水平分层填筑方式,即按照横断面全宽分层逐层向上填筑;对原地面纵坡大于12%的地段,宜采用纵向分层填筑施工,填筑至路基上部时,仍应采用水平分层法填筑。每层应保证层面平整,便于各点压实均匀一致。在路堤施工过程中要严格控制填层厚度,根据不同的填料和场地选择不同的压实机具。一般情况下,轻型光轮压路机(6~8t)适用于各种填料的预压整平,重型光轮压路机(12~15t)适用于细粒土、砂类土和砾石土,重型轮胎压路机(30t以上)对各种填料均适用,尤其是细粒土;羊足碾最适用于细粒土,但需要光轮压路机配合对被翻松表层进行补压;振动压路机具有滚压和振动的双重作用,用于砂类土、砾石土和巨砾土,其效果远远优于其他压实机具。在高填方路段,对压实质量要求高,选用重型轮胎压路机和振动压路机效果比较好。

(7)做好压实度的检测工作。在压实过程中,施工单位自检人员应按规定的频率检查路基各层的压实度,目前对于"按200m抽检4处"的规定,施工单位感觉工作量偏大,部分人员会凭经验减少压实度的抽检频率,甚至伪造试验资料应对检查。面对检测工作量大的问题,可以考虑采用传统的环刀法、灌砂法与快速检测核子密度湿度仪法相结合,对薄弱地点,如路基边缘、台背处采用传统方法检测,路基中可考虑采用核子密度湿度仪检测,这样可提高检测速度。

3. 加强养护工作力度

为保证路基具有完好的使用功能,路基养护工作必不可少。由于设计和施工过程中或多或少存在着一些不足,公路通过长期使用也会表现出不同程度的破损,因此通过及时养护修补缺损,保证公路正常使用就是养护工作的中心。在养护工作中应做好以下工作:

(1)加强对防水、排水构造物的养护工作,确保路基范围内纵、横向排水设施畅通无阻;发现水毁地段应及时加固修补,避免路基遭遇水的浸泡;对地下水位高的地段,应挖排水沟降低地下水位。

(2)对沉降量大、形成跳车的路段,应分析原因,采取注浆加固等有效措施稳定路基,及时修补破损路面以保证车辆安全行驶。

(3)对风蚀、水蚀的路基边坡,要及时修补加固,确保路基安全。

(4)在有条件的情况下,做好坡面植被防护,稳定路基边坡。

三、路基下沉的病害处治技术

在自然环境影响和汽车重复荷载作用下,一些路基出现病害,引起路基整体下沉、局部沉陷等病害,影响了公路的正常使用。为了更好地发挥公路的正常作用,对路基下沉病害必须采取行之有效的处理办法,使路基处于良好的工作状态。在此介绍5种常见的处治措施,以供处理路基病害时参考。

1. 换土复填法

因填筑土质不符合要求,路基出现下沉但面积不大且深度较浅时,宜采用换土复填方法。此法简便快捷,是将原路基出现病害部分的土挖去,更换符合规范要求的土。一般采用级配较好的砂砾土,以塑性指数满足规范要求的亚黏土为宜。回填时,挖补面积要扩大,且逐层挖成台阶状,由下往上,逐层填筑,碾压密实,要求压实度高出原路基压实度1%~2%。采用这种方法,只要掌握好路基的填筑方法即可,没有复杂的技术要求(图3-2-1、图3-2-2)。

2. 粉喷桩法

处理10m以内路基下沉病害时,采用粉喷桩加固技术是较为理想的一种方法。粉喷桩处理软基土是通过专门的机械将粉体固化剂喷出后,在地基深处就地与软土强制搅拌,利用固化剂和软土之间新发生的一系列物理、化学反应,在原地基中形成强度与刚度较大的桩体,同时也使桩周土体性质得到改善,桩体与桩间土体形成复合地基共同承担外荷载(图3-2-3)。使用粉喷桩加固路基应认真调查路基病害的情况,认真做好粉喷桩施工的设计(桩径、桩距、固化剂掺入量、桩身强度等),施工中要严格掌握固化剂掺入量、粉喷桩龄期、土样含水率、混合料搅拌的均匀性。施工中着重抓好以下几个环节工作:

(1)严格按粉喷桩施工规范施工,严格掌握钻机的就位、钻进、停钻、提升、停喷、重复的工艺流程。

(2)做好粉喷桩的质量控制。粉喷桩处理软土路基属隐蔽工程,通常是昼夜连续施工,必须做好粉喷桩的质量控制。其内容包括桩距、桩位检查,逐桩控制喷粉量、桩长等。

图3-2-1 开挖换填

图3-2-2 填方路段压实度检测

3. 灌浆法

灌浆法是利用液压、气压或电化学原理,通过注浆管将浆液均匀地注入地层中,浆液以充填、渗透和挤密等方式占据土粒间或岩石裂缝中的空间,经人工控制一定时间后,浆液将原来松散的土粒或裂隙胶结成一个整体,形成一个结构新、强度大、防水性能高和化学稳定性良好的"结合体"。灌浆法施工,如图3-2-4所示。

图3-2-3 粉喷桩施工

图3-2-4 灌浆法施工

用灌浆法使水泥浆液在适当压力下充分填充于路基孔隙,形成新的结石体,这对于提高路基的强度将起到良好的作用。由于浆液的扩散能力与灌浆压力的大小密切相关,对不同填料及形态的路基采用多大压力灌浆,主要取决于路基的密实度、强度和初始应力、钻孔深度、灌浆位置及灌浆顺序等因素。而这些因素又难以准确预知,故必须通过现场试验来确定。水泥浆液在不同地质条件和不同灌浆压力条件下,在地下流动的形式不同。当灌浆压力较低时,路基填料渗透性较好,水泥浆在中等浓度的情况下以渗流的方式渗入路基土的孔隙,这时认为路基原结构未受扰动和破坏,灌浆量及浆液扩散半径常用线性渗流理论求解。当压力逐渐加大,其他条件不变时,浆液的流动由线性转变为紊流。在紊流条件下,灌浆量与浆液扩散半径常用紊流理论求解。

上述两种情况统称为渗入注浆法,适用于碎石土、砂卵土夯填的路基。对于黏性土夯填的路基,由于其渗透性很小,通过渗入灌浆法难以奏效。当灌浆压力提高到一定程度时,会发现单位时间注浆量明显上升,实际上,黏性土路基已在注浆孔周围发生径向劈裂,浆液沿裂隙流入土体,并将土体切割成不规则的块体,在块体之间形成互相穿插的脉状水泥结合,黏性土又受到充填浆液时的压缩,形成一种复合型岩土,从而提高了路基的强度和刚度。这种方式称为劈开式或胀裂式灌浆。

用渗入式灌注碎石路基,灌注压力可由小到大,压力控制在 0.5～1.5MPa 即可。黏性土类路基适宜采用劈裂法,常用注浆压力范围为 1.0～4.0MPa。

4. 强夯法

强夯法是近期发展起来的处治路基不均匀沉降的有效措施(图3-2-5)。强夯法处治是利用大能量设备直接作用于被处治路基上,通过整体提高被处治体的密实度来减少不均匀沉降变形。其作用效果明显,施工速度快。20世纪90年代末,重庆交通科研设计院曾采用强夯技术成功地处治了重庆渝长高速公路路基沉降问题,但是这种方法对结构物的动力冲击较大,限制了在桥头、涵洞等部位的应用,而且强夯的设计计算方法、质量检测评价方法等还有待进一步研究。

5. 土工合成材料法

土工合成材料法应用土工合成材料(土工格栅、塑料网格等)进行加筋或制成柔性褥垫层,使之调节和控制不均匀沉降,如图3-2-6所示。国内利用土工合成材料处治不均匀沉降也做过尝试和试验,如重庆交通科研设计院在20世纪90年代,采用土工合成材料处理广西南梧公路沉降及重庆渝长高速公路不均匀沉降均获得较好效果。值得注意的是,国际上普遍认为土工合成材料是处理不均匀沉降的有效措施,而且土工合成材料除了对地基有加筋作用外,还有滤层、排水、隔离、防护、防渗等作用。因此,采用土工合成材料处治是一种值得推广的处理路基不均匀沉降的有效措施。但对其设置方法、作用效果、设计计算方法等问题尚需深入研究与试验。

图 3-2-5　强夯法

图 3-2-6　土工格栅

四、路基边坡病害原因的分析

1. 影响岩质边坡稳定的因素

影响岩质边坡稳定的因素有：岩石性质、岩体结构、水的作用、风化作用、地形地貌、地震、地应力、人为因素等。

1）岩石性质

岩石的成因类型、矿物成分、结构和强度等是决定边坡稳定性的重要因素。由坚硬（密实）、矿物稳定、抗风化能力好、强度较高的岩石构成的边坡，其稳定性一般较好；反之，则稳定性较差。

2）岩体结构

岩体的结构类型、结构面性状及其与坡面的关系是边坡稳定的控制因素。

3）水的作用

水的渗入使岩体质量增大，岩土体因被水软化而抗剪强度降低，并使孔（裂）隙水压力升高；地下水的渗流将对岩体产生动水压力，水位的升高将产生浮托力；地表水对岸坡的侵蚀使其失去侧向或底部支撑作用等，这些都对边坡的稳定不利。

4）风化作用

风化作用使岩体的裂隙增多、扩大，透水性增强，抗剪强度降低。

5）地形地貌

临空面的存在及边坡的高度、坡度等都是直接与边坡稳定有关的因素，平面上呈凹形的边坡较呈凸形的稳定。

6）地震

地震使边坡岩体的剪应力增大，抗剪强度降低。

7）地应力

开挖边坡使边坡岩体的初始应力状态改变，坡角出现剪应力集中带，坡顶与坡面的一些部位可能出现张拉应力区。在新构造运动强烈地区，开挖边坡能使岩体中的残余构造应力释放，可直接引起边坡的变形破坏。

8）人为因素

不合理的边坡设计、开挖和加载，大量施工用水的渗入及爆破等都能造成边坡失稳。

2. 影响土质边坡稳定的因素

影响土质边坡稳定的因素有很多，如地形、地质、水文、气候等。由于重力作用的影响，土坡的稳定性随其高度及边坡的坡度而变化，高度越大，边坡越陡，其稳定性越低。土体内若有水流下渗，水对土起润滑作用，降低了土的抗剪强度，从而可降低土坡的稳定性，使土坡极易产生滑动，如边坡坍塌经常发生在雨季或暴雨之后，滑坡往往是由于地表水下渗或地下水渗流在土体内形成了软弱面所致。此外，边坡土层倾斜或夹有软弱土层、地面有张开裂缝、受动荷载或地震作用、砂土振动液化以及河流对土坡脚的冲刷淘蚀或人为开挖山坡下部等，也可能造成土坡失去平衡而发生坍滑。在各种外界因素中，水是影响土质边坡稳定的主要因素。土质边坡稳定的内因在于土的物理力学性质。其中，土的力学强度是土质边坡抵抗破坏的基本因素，对土质边坡稳定性起决定作用。

五、路基边坡病害的防治措施及技术

公路各边坡的地质、岩(土)性质、水文等条件不尽相同,边坡的防护措施也是多种多样,尤其是在生态防护技术广泛使用于边坡防护工程中后,边坡防护逐渐向注重生态环境恢复及开放式防护方向发展,一般均采用工程防护与生态防护相结合的方式进行边坡的治理。

1. 公路边坡工程防护技术

工程防护技术可分为工程加固措施与工程防护措施。工程加固措施可以对边坡起加固作用,如采用锚杆、抗滑桩和挡土墙等加固措施;工程防护措施用于对边坡坡面进行防护,只适用于稳定边坡,主要应用于岩石边坡,如干砌片石防护、喷射混凝土护坡等。其作用是防止岩石边坡坡面被风化、土质边坡坡面被雨水冲刷。

1)坡面防护

坡面防护措施主要有抹面、捶面、喷砂浆和喷混凝土、勾缝和灌浆、护面墙、干砌片石、浆砌片石等方式。

(1)抹面防护

抹面防护适用于易风化的软质岩层路堑边坡,在坡面上加设一层耐风化表层,以隔离大气的影响,防止风化。常用的抹面材料有各种石灰混合料灰浆、水泥砂浆等,如图 3-2-7 所示。抹面厚度一般为 3~7cm,可使用 6~8 年。为防止表面因产生微细裂缝而影响抹面使用寿命,可在表面涂一层沥青保护层。

(2)捶面防护

捶面防护适用于易受冲刷的土质边坡或易风化剥落的岩质边坡,且坡度不陡于 1:0.5。其防护性质与抹面防护相近,使用材料也大体相同。一般厚度为 10~15cm,捶面厚度较抹面厚度要大,相应强度较高,能抵抗较强的雨水冲刷,使用期限为 8~10 年。

抹面和捶面是我国公路建设中常用的防护方法,材料均可就地采集,造价低廉,但强度不高,耐久性差,手工作业,费时费工,在一般等级公路上使用时,该问题尚不明显,若在高速公路特别是边坡较高时使用就有一定的局限性。

(3)喷砂浆和喷混凝土防护

喷砂浆和喷混凝土防护(图 3-2-8)适用于坡面易风化、节理裂缝发育、坡面为碎裂结构的岩石坡面。其主要作用是封闭边坡岩石裂缝、节理,阻止地表水侵入坡体内部,防止岩石继续风化,增加边坡的稳定性和保护边坡不发生落石崩坍。喷射混凝土护坡具有质量轻、可防止风

图 3-2-7 抹面防护

图 3-2-8 喷射混凝土防护

化、施工简单等优点；同时，也具有费用高、厚度难控制、易偷工减料、对公路自然景观破坏大、封面阻水易引起边坡饱水坍塌滑坡的缺点。

(4) 勾缝和灌浆

勾缝和灌浆适用于较坚硬且不易风化的岩石路堑边坡，节理裂缝多而细者用勾缝，大而深者用灌浆。

(5) 护面墙

护面墙一般用于风化严重或易风化的软质岩，也可用于较破碎岩石的挖方边坡和坡面易受侵蚀或易发生小型坍塌的土质边坡。护面墙除承受自重外，不担负其他荷载，也不承受墙后的土压力，因此，护面墙必须建在符合稳定边坡要求的地段，且护面墙的基础应设置在稳定的地基上。其优点是既提高了挖方边坡的稳定性，又降低了边坡高度，同时还减少了边坡挖方数量，节省了工程造价。

(6) 干砌片石防护

干砌片石防护适用于土质、软岩及易风化、破坏较严重的填挖方路基边坡，以防止雨水冲刷，如图3-2-9所示。在砌面防护中，宜首选干砌片石结构，这不仅可以节省投资，而且可以适应边坡有较大变形的情况。但干砌片石受水流冲击时，细小颗粒易被流水冲刷带走而引起大的沉陷。其结构分单层铺砌和双层铺砌两种。为防止坡面土层被水流冲出和减小漂浮物的撞击力，应在干砌片石防护下设置碎石或砂砾构成的垫层（反滤层），垫层也可用土工织物代替。

(7) 浆砌片石护坡

浆砌片石护坡也是公路建设中常用的工程防护方法，一般适用于易受水侵蚀的土质边坡、严重剥落的软质岩石边坡、强风化或较破碎岩石边坡、残坡积较厚而松散的边坡（图3-2-10）。

图3-2-9　干砌片石防护

图3-2-10　浆砌片石护坡

干砌片石或浆砌片石防护在不适于采用植物防护或者有大量开山石料可以利用的地段最为适合。砌石防护的优越性是显而易见的，它坚固耐用、材料易得、施工工艺简单、防护效果好，因而在高速公路的边坡防护中得到了广泛的应用。

2) 锚杆加固防护

岩土锚固是一种把受力拉杆埋入地层的技术，该技术能充分发挥岩土能量，调用和提高岩土自身强度和自稳能力，大大减轻结构自重，节约工程材料，并确保施工安全和工程稳定，具有明显的经济和社会效益，因而广泛用于岩土工程加固。岩土锚固适用于坡面为碎裂结构的硬岩、层状结构的不连续地层、坡面岩石与基岩分离有可能下滑的挖方边坡。这种防护还特别适用于岩层倾角接近边坡坡角和有裂隙的厚层岩石(图3-2-11)。

3)土钉支护

目前,一般认为土钉支护的机理是以新奥法理论为基础,其支护用于土体开挖和边坡稳定,是一种新的挡土技术。由于其经济可靠且施工简捷,已在岩土工程中得到迅速推广和应用。土钉的特点是以群体起作用,与周围土体形成一个组合体,在土体发生变形的条件下,通过与土体接触面的黏结力和摩擦力使土钉被动受拉,并主要通过受拉工作以约束加固或使其稳定,如图3-2-12所示。

图3-2-11 预应力锚索技术

图3-2-12 土钉支护

4)支挡工程

(1)挡土墙

挡土墙是一种能够抵抗侧向土压力、防止墙后土体坍塌和增加其稳定性的建筑物。在公路工程中,可用以支撑路堤或路堑边坡、隧道洞口,防止水流冲刷路基,同时也常被用于处理路基边坡滑坡崩坍等路基病害,如图3-2-13所示。

抗滑挡土墙是整治滑坡常用的有效措施之一。抗滑挡土墙一般设置在滑坡前缘,挡土墙基础必须深埋于滑动面(带)以下的稳定地层中,以免随滑体被推走。抗滑挡土墙采用重力式、利用墙身重力来抗衡滑体,其优点是取材容易、机械化要求不高、施工方便、见效快。

(2)抗滑桩

抗滑桩又称锚固桩,是近年来应用广泛的一种新型抗滑支挡结构物,可穿过滑体在滑床的一定深度处锚固,具有抵抗滑坡推力的作用,如图3-2-14所示。工程实践表明,抗滑桩能迅速、安全、经济地解决一些比较困难的工程,因此发展较快。

图3-2-13 挡土墙

图3-2-14 抗滑桩

2. 公路边坡生态防护技术

生态防护即植物防护,是指在稳定的边坡上种草、铺草皮、植树等对公路进行绿化防护的形式。植物防护是综合防护措施的核心,主要作用是维持与恢复因修建公路而破坏的公路沿线生态系统平衡及美化环境、保护生态。

1)公路边坡防护植物选择的原则

土壤是防护植物生长的基础,土壤的水分、肥力及温度等因素,影响着植物的生长和发育。行车给中央分隔带、路基边坡、公路两侧土壤造成了严重的污染,给植物的种植带来了困难,且路堑都是生土多、贫瘠、硬度大的土壤,风、雨、冰、雪、霜冻都会对表层土壤产生侵蚀。因此,应慎重选择用于公路防护的植物物种,这是关系到防护成败的极为重要的基本工作,也是一项极其复杂且需反复探索的任务。而植物的培植生长受到光照、温度、湿度、降水、风等气候的影响。最高、最低气温决定植物能否正常发育、能否顺利过冬越夏。降雨时期,雨量是决定种植何种植物的重要依据。综合考虑,选择植物的原则主要有以下几点:

(1)从护坡功能考虑

植物防护,首先要求能加固稳定边坡,而且有绿化和改善公路环境的作用,所以防护植物应有以下特点:

①植物根系发达,有良好的固土和护坡效果。
②覆盖度大,密度大。
③绿期长,多年生,耐践踏,适宜于粗放管理,容易移植、繁殖,最好能自然繁殖衍生,易于管理。
④最好有较强的抗污染和净化空气的能力。

(2)从气候土质环境考虑

理想的防护植物应具有以下特点:

①适当的气候(主要是湿度和降水)条件。
②抗逆性强,易繁殖,有抗寒、耐热、抗旱等性能。
③具有抗病毒、抗倒伏性能,生长快,扩张性强,在短时间内就能封闭边坡。
④耐贫瘠,适合粗放型管理。
⑤能适应如盐碱等特殊环境条件。

2)植物防护技术的种类及特点

根据不同的边坡地质条件,可采用不同的施工方法和施工工艺。一般将边坡生态防护技术分为:种草防护、铺草皮防护、植树防护、土工网植草防护、行栽香根草防护、蜂巢式网格植草防护、客土植生植物防护、喷混植生植物防护、植生基质喷射防护、三维网植草防护、土工格室结合三维网植草防护、液压喷播植草防护等。

图 3-2-15　种草防护

(1)种草防护

种草防护(图3-2-15)适用于边坡稳定、坡面冲刷轻微且边坡不高、坡度不陡于1:1.25、适宜种草的土质边坡或经改良的边坡。一般要求边坡不高(<6m),不浸水或短期浸水,边

坡上已扎根的种草坡面防护可容许缓慢流水的短期冲刷。种草坡面防护一般不适于岩石边坡防护，若要适用于岩石边坡，需使用针对岩石边坡研发的生物防护技术。

(2) 铺草皮防护

铺草皮防护(图3-2-16)是通过人工在边坡面铺设天然草皮的一种传统边坡植物防护措施，适用于边坡坡度较陡、冲刷稍严重、需要迅速得到防护或绿化的土质边坡。铺草皮坡面防护方法的作用与种草坡面防护一样，可以迅速对施工完后的边坡实施坡面防护。

铺草皮的方法可根据坡面冲刷的情况、边坡坡度、坡面水流速度的具体条件，分别采用平铺(平行于坡面铺装)、水平叠铺(平行于水平地面)、垂直叠铺(垂直于坡面)、斜交叠铺(与水平坡面垂直或小于90°)等形式。

(3) 植树防护

植树应在1:1.5或更缓的边坡上，或在边坡以外河岸及漫滩处。其主要作用是加固边坡，防止和减缓水流的冲刷。林带可以防汛、防沙和防雪，调节气候、美化路容、增加木材收益。植树品种以根系发达、枝叶茂盛、生长迅速的低矮灌木为主。

(4) 土工网植草防护

土工网植草防护是国外近十多年新开发的一项集坡面加固和植物防护于一体的复合型边坡防护技术。该技术所用土工网是一种边坡防护新材料，是通过特殊工艺生产的三维立体网，该土工网不仅具有加固边坡的功能，在播种初期还可起到防止冲刷、保持土壤以利草籽发芽、生长的作用。随着植物生长、成熟，坡面逐渐被植物覆盖，这样植物与土工网可共同对边坡起到长期防护、绿化的作用。土工网植草护坡能承受4m/s以上流速的水流冲刷，在一定条件下可替代浆(干)砌片石护坡。目前，国内土工网植草护坡在公路、堤坝边坡防护工程中使用较多，铁路部门使用相对较少。

(5) 行栽香根草防护

香根草是近十多年才被人们"重新发现"的一种禾本科植物，其长势挺立，在3~4个月内可长成茂密的活篱笆；根系发达、粗壮，一年内一般可深入地下2~3m；根系抗拉强度大，达75MPa；耐旱、耐涝、耐火、耐贫瘠、抗病虫，适应能力极强。行栽香根草护坡充分利用了香根草的优良特征，具有显著增强边坡稳定性和理想的固土护坡功能，如图3-2-17所示，大有取代传统片石护坡之势。目前在国内应用较少，尚有待于在公路、铁路、堤坝、城市建设等边坡防护工程中进一步试验推广。

图3-2-16 铺草皮防护

图3-2-17 行栽香根草防护

(6) 蜂巢式网格植草防护

蜂巢式网格植草防护(图3-2-18)是一项类似于干砌片石护坡的边坡防护技术，是在修整

图 3-2-18 蜂巢式网格植草防护

好的边坡坡面上拼铺正六边形混凝土框砖形成蜂巢式网格后,在网格内铺填种植土,再在砖框内栽草或种草的一项边坡防护措施。该技术所用框砖可在预制场批量生产,其受力结构合理,拼铺在边坡上能有效地分散坡面雨水径流,减缓水流速度,防止坡面冲刷,保护草皮生长。这种护坡施工简单,外观齐整,造型美观大方,具有边坡防护、绿化双重效果,工程造价适中,略高于浆砌片石骨架护坡,多用于填方边坡的防护。

(7)客土植生(客土喷播)植物防护

客土植生植物护坡,是在边坡坡面上挂网机械喷填(或人工铺设)一定厚度、适宜植物生长的土壤或基质(客土),并喷播种子的边坡植物防护措施。客土喷播是一种融合土壤学、植物学、生态学理论的生态防护技术。在这些理论的指导下,精心配制适合于特殊地质条件下的植物生长基质(客土)和种子,然后用挂网喷附的方式覆盖在坡面,从而实现对岩石边坡的防护和绿化。该技术首先根据地质和气候情况确定边坡的植物生长基质配方,同时确定喷播厚度(一般为 0.03~0.1m);然后根据坡面稳定性确定锚杆的长度和金属网的尺寸,多用于普通条件下无法绿化或绿化效果差的边坡。施工工序为:清理坡面、钻孔打锚杆、挂网、喷射客土。

(8)喷混植生植物防护

喷混植生植物防护(图3-2-19)是类似于客土喷播的一项生态防护技术,是在稳定岩质边坡上施工短锚杆、铺挂镀锌铁丝网后,采用专用喷射机,将拌和均匀的种植基材喷射到坡面上,植物依靠"基材"生长发育,形成植物护坡的施工技术。其具有防护边坡、恢复植被双重作用,可以取代传统的喷锚防护、片石护坡等圬工措施。该技术已广泛应用于铁路、公路、水利等各类岩石边坡绿化防护工程中。与客土喷播相比,此项技术的缺点是保水、保肥效果较差,植物演替及隔热性能较低。

(9)植生基质喷射防护

岩石边坡生态防护工程技术,对称植生基质喷射技术(简称 PMS 技术),可应用于坡度小于 1∶0.5 的软岩、硬岩边坡及酸性、强酸性土质边坡,如图 3-2-20 所示。

图 3-2-19 喷混植生植物防护

图 3-2-20 植生基质喷射防护

PMS 技术是利用活性物材料即植生基质(PGM),结合土工合成网等工程材料,在岩石坡面构建一个具有自我生长能力的功能系统,利用植生基质按设计厚度喷射到岩石坡面上,通过植物的生长活动和其他辅助工程措施进行边坡加固的一门高新技术。

3. 路基边坡防排水

在对路基边坡进行防护时，一个很重要的环节就是路基边坡的防排水处理。其处理方法可概括为"疏、堵、绿、补"。

1)"疏"

"疏"就是有效地疏导路面积水，使其及时排出路基。要做好水流疏导工作，必须保持跌水槽、急流槽、截水沟、排水沟、边沟等排水设施的有效性和完好性，保证路面不积水，排水系水位不受自然因素影响，以确保路堤的稳定。

如何疏导路面积水是边坡排水工作的重点，是保证边坡稳定的根本。合理的排水设施是至关重要的。边坡排水设施及适用条件，见表3-2-1。

边坡排水设施及适用条件　　　　　　　　　　　　表3-2-1

名称	定义	适用条件
边沟	为汇集和排除路面、路肩及边坡的流水，在路基两侧设置的纵向排水沟	设于挖方路段及低路堤坡脚外侧
截水沟（天沟）	为拦截山坡上流向路基的水，在路堑边坡坡顶以外设置的排水沟	(1)设于挖方路基边坡坡顶； (2)设于山坡路堤上方适当处
排水沟	将边沟、截水沟和路基附近低洼地处汇集的水引向路基以外的水沟	(1)将边沟、截水沟的水引到路基外； (2)设于地面沟渠曲折或低洼处积水影响路基稳定处； (3)适于相邻涵洞，减少涵洞数量
急流槽	在陡坡或深沟地段设置的坡度较陡、水流不离开槽底的沟槽	(1)设置于高差较陡或坡度较陡，需设置排水沟的地段； (2)设于高路堤路段设有拦水缘石的出水口处
跌水槽	在陡坡或深沟地段设置的沟底为梯形、水流呈瀑布跌落式通过的沟槽	(1)涵洞进出水口处； (2)急流槽之间的连接处； (3)截水沟与边沟连接的内槽
蒸发池	在气候干燥且排水困难地段，于公路两侧每隔一定距离，为汇集边沟流水任其蒸发所设置的积水池	雨量不大，气候干燥，日照较强，排水困难地段
挡水缘石	为避免高路堤边坡路面排水冲刷，在路肩设置的排水带	设于高路堤路肩上

2)"堵"

"堵"就是要堵住已损毁的圬工、砌体的孔隙和裂缝等处的渗漏水，同时还需要降低路基边沟水位，防止地下水位升高渗入路基，对路基造成侵蚀而降低路基强度。"堵"是对"疏"的补充，所谓大水要"疏"，小水要"堵"。要堵塞住漏水和渗水，就要使硬路肩与土路肩压顶之间、土路肩压顶与边坡防护砌体之间紧密连接，密不透水。对没有土路肩压顶的路基，要做好土路肩横坡整理。根据路面宽度，等距离增设排水沟，保持路面排水顺畅。对因材料、结构、沉降、气候、雨水等原因引起的各种收缩缝、沉降缝、裂缝以及沉陷损坏等，要根据不同情况，分别采用沥青麻絮、砂浆、细粒式混凝土等进行填补修复，保证不漏水、不渗水。

3)"绿"

"绿"就是在路基边坡种植低矮灌木类植物，通过植物的根系来固土护坡，并利用植物的枝叶减弱雨水对路基边坡的直接冲刷，保证边坡的稳定性。按公路养护技术规范和GBM工程的要求，做好边坡绿化种植，可以避免雨水冲刷造成的边坡坍塌。

4)"补"

"补"就是要及时填补边坡缺土。当天气恶劣、土质含水率大或边坡较陡时,可外掺适量水泥或生石灰粉,用来降低土的含水率,提高边坡填土初期稳定性。补土时,应先将松散、潮湿的土方挖掘出来,整出台阶,然后分层填筑、夯实。每层填土厚度控制在10cm左右,夯击应采用均匀、密集的"鱼鳞夯"法,保证填土密实;回填完毕后,整理好坡面,恢复好原坡形并适时补种植物。补土是对绿化工作的一种补充和辅助,两者相辅相成。造成缺土病害的原因大都是由于原路基填土不密实或人为破坏、绿化不到位等,因此,及时补土、适时绿化就显得非常重要。

"疏、堵、绿、补"这4种防治边坡水害的方法,是通过实践总结出来的行之有效的方法。"绿"和"补"可以通过植物防护技术实现,前两种方法可结合工程防护技术中的其他技术共同实现路基边坡的防护。在实际防护工程中要结合具体情况,因地制宜,灵活应用,尽可能发挥其造价省、见效快、防治效果好的优点。

4. 公路边坡综合防护技术

公路综合防护技术是指将生态防护与工程防护技术有机结合起来,实现共同防护的一种方法。基于加固边坡、提高边坡水土保持及生态恢复能力,通常采用三维网、混凝土、浆砌片(块)石、浆砌卵(砾)石等做骨架形成框格,框格内采用种草或铺草皮的方法,并同时进行边坡防排水处理。其特点是可充分发挥植物防护与工程防护的优点,取长补短,施工简单,施工速度快,效果好。

1) 三维植被网结合植被护坡技术

三维植被网结合植被护坡技术(图3-2-21)是最近几年发展起来的一种边坡防护技术,在我国山区已被广泛应用,正在向内陆地区推广。该技术具有施工方便、工期较短、造价低廉、护坡效果好等优点,可在短期内绿化、美化边坡,使公路与周围环境景观融为一体,并有利于生态平衡的恢复与维持。

2) 框格结构结合植草护坡

框格护坡可采用混凝土、浆砌片块石、卵(砾)石等材料做骨架,框格内宜采用植物防护或其他辅助防护措施,如图3-2-22所示。这种形式适用于土质或风化岩石边坡防护,能有效地防止路基边坡在坡面水冲刷下形成冲沟;同时,提高可边坡表面地表糙度系数,减缓水流速度,并且与植草等生物防护相结合,能取得很好的景观效果。

图3-2-21 三维植被网

图3-2-22 浆砌片石(拱式)骨架植物防护

框格的骨架宽度宜采用20~30cm,嵌入坡面深度应视边坡土质和当地气候条件来确定,一般为15~20cm。框格的大小应视边坡坡度、边坡土质来确定,并应考虑与景观的协调。骨架一般采用方格形,与边坡水平线成45°夹角,方形框格尺寸宜为1.0m×1.0m~3.0m×3.0m。如做成拱形骨架的形式,拱圈的直径宜为2~3m。采用框格的边坡坡顶(0.5m)及坡脚(1.0m)应采用与骨架部分相同的材料镶边加固,加固条带的宽度宜为40~50cm。

单元训练

1. 路基下沉病害的成因是什么?
2. 路基下沉病害预防措施及处治技术有哪些?
3. 路基边坡病害的成因是什么?
4. 路基边坡病害预防措施及处治技术有哪些?

单元三 软土地区路基病害成因识别及处治

单元要点

(1)软土的性质;
(2)软土地区路基病害成因;
(3)软土地区路基病害的防治。

相关知识

一、软土的含义

1. 软土的定义

软土是指以水下沉积的饱水的软弱黏性土或淤泥为主的地层,有时也夹有少量的腐泥或泥炭层。根据软土的孔隙比及有机质含量,并结合其他指标可将其划分为软黏性土、淤泥质土、淤泥、泥炭质土及泥炭五种类型。习惯上常把淤泥、淤泥质土、软黏性土总称为软土,而把有机质含量很高的泥炭、泥炭质土总称为泥沼。

2. 软土地基的特点

软土在我国滨海平原、河口三角洲、湖盆地周围及山间谷地均有广泛分布。在软土地基上修筑路基,若不加处理,往往会发生路基失稳或过量沉陷,导致路基病害的产生,继而影响路基的稳定和道路正常运行。我国各地成因不同的软土都具有近于相同的特性,主要表现在以下几方面:

(1)天然含水率大,孔隙比大。含水率为34%~72%,孔隙比为1.0~1.9,饱和度一般大于95%,液限一般为35%~60%,塑性指数为13~30,天然重度为16~19kN/m³。
(2)透水性差。大部分软土的渗透系数均为10^{-8}~10^{-6}cm/s。
(3)压缩性高。属于高压缩性土。
(4)抗剪强度低。其快剪黏聚力在10kPa左右,内摩擦角为0°~5°。
(5)具有触变性。一旦受到扰动,土强度明显下降,甚至呈流动状态。
(6)流变性显著。其长期抗剪强度只有一般抗剪强度的40%~80%。

对修建在软土地基上的路堤,要考虑稳定和沉降两方面的问题。为保证路堤在施工过程中和完工后的稳定,要对路堤填筑荷载可能引起的软土地基滑动破坏进行稳定性计算,必要时应采取相应的稳定措施;为使工后剩余沉降量控制在路面的容许变形范围内,要计算软土地基的总沉降量和沉降速度,必要时应考虑变更工期或采取减少沉降、加速固结等措施。

二、软土地基的危害

在软土地区修建高等级公路,多年来一直是公路建设中的一个重大技术课题。软土因稳定性差、沉降过大,在荷载作用下常使高等级公路发生变形,使其功能受到影响或破坏,同时还危害到通道、桥台等横向构造物和挡土墙等纵向构造物的安全使用。又由于计算理论、数学模式的不同,各地软土性质的差异以及勘探手段、施工工艺等的差别,使软土地基问题更为复杂和突出,软土地基沉降控制是高等级公路建设中必须解决的一个问题,也是影响工期、造价的重要因素,因此软土地基处理是非常重要的。

软土地基对高等级公路的危害主要体现在以下5方面。

1. 对路基的影响

(1)过大的工后沉降导致路堤整体变差,易发生剪切变形破坏,高路堤时尤为危险。

(2)在路堤横断面上,过大的工后不均匀沉降会导致路拱变形,结构层开裂,路面错台、裂缝、坑洞、翻浆等,影响正常的通行,容易造成堵车、滑溜、撞尾翻车等事故。

2. 对路面的影响

工后不均匀沉降引起的路面裂缝,尤其是混凝土路面断板、裂缝,极大地缩短了维修周期。

3. 对排水的影响

路堤底面沿横向产生盆形沉降曲线,使横坡变缓,影响排水,雨水容易渗入路基。

4. 对结构物的影响

(1)台下软土地基不均匀沉降增加了桥台承受的水平推力,严重的可能导致桥台错位或断裂。

(2)过大的不均匀沉降导致通水管涵(节)错位,过水断面减小,降低了管涵的通水能力。

5. 对行车的影响

(1)桥路连接处频繁加减速影响交通的迅速流动,降低了单位时间内的交通量;小型结构物及桥梁至桥梁引道间工后沉降差过大会造成跳车,危及行车安全。

(2)桥头路堤差异沉降引起汽车的冲击荷载,加速了桥头路面及桥梁伸缩缝的破坏。

(3)高低不平的路面增加了车辆的损耗和废气排放,影响运营效率和空气质量。

显然,高等级公路软土地基的沉降问题不仅影响了乘车的舒适性及行车的平顺性,而且使车辆无法快速行驶,达不到快速、安全、舒适的目的。此外,过大的工后沉降大大增加了公路维修养护费用。

可见,软土地基沉降问题是影响建成公路路面质量、行车速度、使用寿命、工程造价的关键性问题,务必引起高度重视。

三、软土地区路基病害原因分析

(1)软土的工程性质

软土的工程性质是病害内因(略)。

(2)地下水和地表水

水是公路的天敌,对路基更是危害无穷。当水进入路基后,导致路基填料含水率增大,强度、稳定性降低,造成路基沉陷等一系列公路病害。

(3)设计方面

由于前期地质勘测资料不全、不细,未能真实反映软土地基的情况,或者由于设计部门设计不完善甚至未制订任何地基处理措施,导致在路基填筑施工过程中或者工程完工后出现不同程度的沉陷。

(4)施工方面

在填筑路基过程中,由于加载过快,未能及时进行沉降位移速率观测,当接近或超过临界填土高度时,仍快速填筑,荷载超过地基承载能力,导致路堤失稳。另外,软土地区路堤施工计划中未考虑地基固结工期,以及在施工过程中,对质量把关不严,未能达到软土路基处理的设计要求,都会直接导致路基下沉。

四、软土地区路基病害的处治

由于软土地基的承载力较低,如果不作任何处理,一般不能承受较大的荷载。在软土地区,路堤可能会因为过大的沉降引起开裂甚至剪切破坏。因此,在软土地基上修建路基,要求对软土地基进行处理。软土地基处理的目的,主要是改善地基的工程性质,包括改善地基土的变形特性和渗透性,提高其抗剪强度。

软土地基处理有许多方法,如换土法、挤压法、排水固结法、胶结硬化法、调整路基结构法。各种方法都有各自的特点和作用机理。没有哪一种方法是万能的,对于每一个工程都必须进行综合考虑,通过对几种可能采用的地基处理方案的比较,选择一种技术可靠、经济合理、施工可行的方案,既可以是单一的地基处理方法,也可以是多种地基处理方法的综合。

1. 换土法

(1)开挖换土法

当软土地基的承载力和变形不能满足设计要求,而软土层的厚度又不是很大时,将路基底面下处理范围内的软弱土层部分或全部挖去,然后分层换填强度较大的砂(碎石、素土、灰土、二灰土等)或其他强度较高、性能稳定、无侵蚀性的材料,并用人工或机械方法压(夯、振)实至要求的密实度为止,这种地基处理的方法称为换土法。

换土法按回填材料的不同,命名为不同的垫层,如砂垫层、碎石垫层、素土垫层、灰土垫层、二灰土垫层等。虽然垫层材料不同,其应力分布稍有差异,但通过试验分析其极限承载,结果还是比较接近的。通过沉降观测资料,发现不同材料垫层的特点基本相似,故可以近似按砂垫层的计算方法进行计算。换土法的处理深度通常宜控制在3m以内,但不宜小于0.5m,如果垫层太薄,则换土垫层的作用也不显著。

(2)抛石挤淤法

抛石挤淤法是借助换填材料的自重或利用其他外力,如压载、振动、爆炸、强夯等,使软弱层遭受破坏后被强制挤出而进行的换填处理。采用这种施工方法,不用抽水、挖淤,施工简单,一般用于厚度小于3.0m,其软弱层位于水下,表层无硬壳,软土液性指数大,呈流动状态的泥沼及软土中。一般来说,抛石挤淤比较经济,但技术上不成熟,当淤泥较厚时需慎重使用。

抛石挤淤应采用不易风化的石料,片石大小随软土稠度而定,对于容易流动的泥炭或淤泥,片石宜稍小些,但不宜小于30cm,且小于30cm的粒料含量不得超过20%。抛石时应自堤中部开始,逐次向两旁展开,使淤泥向两旁挤出。在片石露出水面后,应用较小石块填塞垫平,用重型机械碾压紧密,然后在其上铺设反滤层再进行填土,见图 3-3-1。

(3)爆破挤淤法

爆破挤淤法适用于换填深度超过 3m,需要快速施工且允许爆破的场合。对于稠度较大的软土,可先爆破后填;对于稠度小的软土,可以先填后爆破,见图 3-3-2。

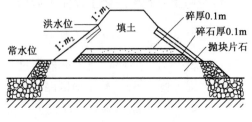

图 3-3-1 抛石挤淤法示意图

图 3-3-2 爆破挤淤法示意图

2. 挤压法

(1)碾压法

土是三相体,通过碾压机械,夯击或碾压填土、疏松土层,使其孔隙体积减小、密实度提高,这种作用称为压实,这种处理软土地基的方法称为碾压法(图 3-3-3)。压实能降低土的压缩性、提高其抗剪强度、减弱土的透水性,使经过处理的表层弱土成为能承担较大荷载的地基持力层。

大量工程实践和试验研究表明,影响土的压实效果的主要因素是:土的含水率、土层厚度、压实机械及其压实功能等。土的压实效果常用压实度来衡量。

(2)强夯法

强夯法是 20 世纪 60 年代末至 70 年代初首先在法国发展起来的,国外称之为动力固结法,以区别于静力固结法。它一般是通过 10~40t 的重锤采用 10~20m 的落距(最高可达 40m)夯击地基,对地基土施加强大的冲击能,在地基土中形成冲击波和动应力,使地基土压密和振密,以加固地基土,达到提高强度、降低压缩性、改善砂土的抗液化条件、消除湿陷性黄土的湿陷性的目的。强夯法主要适用于加固砂土和碎石土、低饱和度粉土与黏性土、湿陷性黄土、杂填土和素填土等地基。强夯法以其适应性广、效果好、造价低、工期短等特点,成为我国广泛采用的一种地基处理技术,如图 3-3-4 所示。

图 3-3-3 碾压法

图 3-3-4 强夯法

(3)砂桩、碎石桩(振冲桩)

砂桩和碎石桩又称粗颗粒土桩,是指用振动、冲击或水冲等方式在软弱地基中成孔后,再将碎石或砂挤压入桩孔中,形成大直径的碎(砂)石所构成的密实桩体。

①砂桩。它适用于松散砂土、人工填土、粉土或杂填土等地基,可以提高地基的强度,减少地基的压缩性,或提高地基的抗震能力,防止饱和软弱土地基液化,如图3-3-5所示。

目前国内外砂桩常用的成桩方法有振动沉管法和锤击成桩法。振动沉管法是使用振动打桩机将桩管沉入土层中,并振动挤密砂填料。锤击成桩法是使用蒸汽或柴油打桩机将桩管引入土层中,并用内管夯击密实砂填料,实际上这也就是碎石桩的沉管法。

②碎石桩。它适用于挤密松散的砂土、粉土、素填土和杂填土地基(图3-3-6)。在复合地基的各类桩体中,碎石桩与砂桩同属散体材料桩,加固机理相似。对不同加固土质,其机理有所差别:对砂土、粉土和碎石土,具有置换和挤密作用;对黏性土和填土,以置换作用为主,兼有不同程度的挤密和促进排水固结的作用。碎石桩在工程中主要应用于软弱地基加固、堤坝边坡加固、消除可液化砂土的液化性、消除湿陷性黄土的湿陷性等方面。

图3-3-5 砂桩施工

图3-3-6 碎石桩施工

碎石桩按其制桩工艺分为振冲(湿法)碎石桩和干法碎石桩两大类。利用振动水冲法施工的碎石桩称为湿法碎石桩;干振碎石桩和锤击碎石桩统称为干法碎石桩。

(4)CFG桩

CFG桩是水泥粉煤灰碎石桩(Cement Fly-ash Gravel Pile)的简称,由碎石、石屑、粉煤灰掺加适量水泥加水拌和,用振动沉管打桩机或其他成桩机具制成的一种具有一定黏结强度的桩,如图3-3-7所示。其桩体主体材料的碎石、石屑为中等粒径集料,可改善级配;粉煤灰作为细集料,可以与低强度水泥作用。通过调整水泥掺量和配合比,桩体强度可在C5~C20之间变化,一般为C5~C10。

图3-3-7 CFG桩成桩

CFG桩由于桩身具有一定的黏结性,故可在全长范围内受力,能充分发挥桩周摩阻力和端承力,桩土应力比一般为10~40,复合地基承载力的提高幅度较大,有沉降小、稳定快的特点。CFG桩可用于加固填土、饱和及非饱和黏性土、松散的砂土、粉土等,对塑性指数高的饱和软黏土使用应慎重。

(5)石灰桩

在打桩机成孔过程中,沉管对土体的挤密作用和新鲜的生石灰成桩时对桩周土体的脱水挤密作用使周围土体固结(图3-3-8);同时,由于一系列的物理、化学反应,桩身和桩与土硬壳层组成变形模量较大的桩体,以置换部分软土,与原地基土形成复合地基,从而提高了地基的

图 3-3-8 石灰桩施工

承载力。石灰桩适用于含砂量低、没有滞水砂层的软土。

3. 排水固结法处理技术

排水固结法处理软土地基是在路基施工前,对天然路基或已设置竖向排水体的路基加载预压,使土体固结沉降基本完成或大部分完成,从而提高地基土强度,减少地基工后沉降的一种地基加固方法。排水固结法由排水系统和加压系统两部分组成。

排水固结系统由竖向排水体和水平排水体构成,主要作用是改变地基的排水边界条件,缩短排水距离和增加孔隙水排出的途径。当软土层靠近地表且较薄或土的渗透性好且施工周期较长时,可在地面铺设一定厚度的砂垫层,不设竖向排水通道。土中的孔隙水在外荷载作用下排至砂垫层,从而产生固结。若软土层较厚时,为加快排水固结,应在地基中设置砂井等竖向排水体,与水平砂垫层一起构成排水系统。常见的排水系统有普通砂井、袋装砂井(图3-3-9)、塑料排水板(图3-3-10)、砂垫层、滤管等。加压系统是指对地基施加的荷载布置。

图 3-3-9 袋装砂井施工

图 3-3-10 塑料排水板施工

排水系统与加压系统总是联合使用的。如果只设置排水系统,不施加固结压力,土中的孔隙水没有压差,不会发生渗透固结,强度也不会提高。如果只施加固结压力,不设排水体,孔隙水就很难排出来,地基土的固结沉降则需要较长的时间。因此,要保证排水固结法的加固效果,从施工角度考虑,主要应做好以下3个环节:铺设水平垫层、设置竖向排水体和施加固结压力。排水固结法一般适用于饱和软黏土、吹填土、松散粉土、新近沉积土、有机质土及泥炭土地基。

4. 化学加固法(胶结硬化法)

化学加固法是指利用水泥浆液、黏土浆液或其他化学浆液,通过灌注压入、高压喷射和机械搅拌,使浆液与土颗粒胶结起来,以改善地基土的物理力学性质的地基处理方法。

化学加固法能否获得预期的效果,主要取决于两方面的因素:一是根据地基土体的特征,选择适当类型的化学浆液;二是选用合适的施工工艺。目前,根据化学加固法中常用的浆液类型,可将其划分为以下几种:

①水泥浆液,即由高强度等级的硅酸盐水泥和速凝剂等组成的常用胶结浆液,它是目前使用最广泛的浆液。

②以水玻璃($Na_2O \cdot nSiO_2$)为主的浆液,这类浆液有较多的配方形式,较常用的是将水玻璃浆液与氯化钙浆液配合使用,该类浆液价格较贵,较少使用。

③以丙烯酰胺为主的浆液,是一种以类似有机化合物为主的浆液,其价格昂贵,难于广泛应用。

④以纸浆液为主的浆液,如重铬酸盐类,其加固效果较好,但有毒性,易污染地下水源,故使用上受到限制。

化学加固法对地基的处理有如下3种具体方法:

(1)灌浆法

灌浆法是指利用液压、气压或电化学原理,通过注浆管把浆液均匀地注入地层中,浆液以填充、渗透和挤密等方式,赶走土颗粒间或岩石裂隙中的水分和空气后占据其位置;经一定时间后,浆液将原来松散的土粒或裂隙胶结成一个整体,形成一个结构新、强度高、防水性能好和化学稳定性良好的"结石体"。灌浆法按加固原理又可分为渗透灌浆、挤密灌浆、劈裂灌浆和电动化学灌浆四种方法。

(2)高压喷射注浆法

高压喷射注浆法是用工程钻机钻至预定深度后,用高压泥浆泵等发生装置,通过安装在钻杆机端的特殊喷嘴,向周围土体喷射化学浆液(常用水泥浆液),同时钻杆以一定的速度徐徐提升,高压射流破坏了附近的土体结构,并强制与化学浆液混合,在地基中硬化成直径均匀的圆柱体的方法。可根据工程需要调整钻杆的提升速度,变化喷射压力,或变换喷嘴的直径,从而改变流量,使固结体成为所需要的设计形状。固结体的形态与喷射流移动方向有关,一般分为旋转喷射(旋喷)、定向喷射(定喷)和摆动喷射(摆喷)3种,如图3-3-11所示。

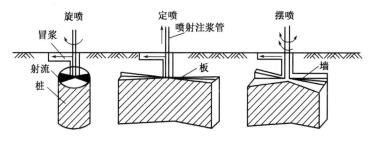

图3-3-11 高压喷射注浆的3种方式

采用旋喷法施工时,喷嘴一边喷射一边旋转并提升,固结体呈圆柱状。该法主要用于加固地基、提高地基的抗剪强度、改善土的变形性质;也可组成闭合的帷幕,用于截阻地下水流和治理流沙。旋喷法施工后,在地基中形成的圆柱体,称为旋喷桩。20世纪60年代后期,日本首创单管旋喷法,开始应用于黏土,当时桩径约为30cm,引起了世界各国的关注。单管喷射法虽加固质量好,施工速度快且成本低,但存在固结体小的问题,因而进一步产生了高压浆液喷射流与外部环绕的气流同轴喷射的二重管旋喷法;之后又产生了压注水、气和浆三种介质的三重管旋喷注浆法。现已研制出九重管喷射技术和超高压(400MPa)喷射大直径加固体技术。

采用定喷法施工时,喷嘴一边喷射一边提升,喷射的方向固定不变,固结体形如板状或壁状,通常用于基坑防渗,改善地基土的水流性质和稳定边坡等工程。

采用摆喷法施工时,喷嘴一边喷射一边提升,喷射的方向呈较小角度来回摆动,固结体形如较厚的墙体。

定喷及摆喷两种方法通常用于基坑防溜、改善地基土的水流性质和稳定边坡等工程。

高压喷射注浆法(图3-3-12)适用于砂土、粉土、黏性土、淤泥、淤泥质土、黄土、湿陷性黄土和人工填土地基。它既可用于工程修建前的地基加固,又可用于工程使用期中的基础托换。对于砾石直径过大、含量过大及纤维质的腐殖土,高压喷射法的施工质量则难以保证,有时甚至达不到静压灌浆法的效果。当地下水流速过大时,喷射浆液无法在注浆管周围凝固。无充填物的岩溶地段,永冻土地基及对水泥有严重腐蚀的地基,均不适宜选用高压喷射注浆法。

(3)水泥土搅拌法

水泥土搅拌法(图3-3-13)是用于加固饱和黏性土地基的一种方法。它是利用水泥(或石灰)等材料作为固化剂,通过特制的搅拌机械,在地基深处就地将软土和固化剂(浆液或粉体)强制搅拌,由固化剂和软土间所产生的一系列物理和化学反应,使软土硬结成具有整体性、水稳定性和一定强度的水泥加固土,从而提高地基强度和增大变形模量。

图3-3-12 高压喷射注浆

图3-3-13 水泥土搅拌法

根据施工方法的不同,水泥土搅拌法可分为水泥浆搅拌法(国内俗称深层搅拌法,又称为湿法)和粉体喷射搅拌法(又称为干法)两种。前者是用水泥浆(有时添加减水剂如木质素等和速凝剂)与地基土搅拌,后者是用水泥粉或石灰粉与地基土搅拌。两种方法各有相应的适应性和利弊。从概念方面看,前者搅拌较均匀,易于复搅,但加固体硬化时间长,天然含水率过高时,桩间土多余的孔隙水需较长时间才能排除。对后者来说,虽搅拌均匀性欠佳,难于全程复搅,但水泥硬化时间短,且在一定程度上降低了桩间土的含水率,在一定范围内提高了桩间土的强度。

由于粉体喷射搅拌法采用粉体作为固化剂,不再向地基中注入附加水分,反而能充分吸收周围软土中的水分,因此加固后地基的初期强度高,对含水率高的软土加固效果尤为显著。它为软土地基加固技术开拓了一种新的方法,可在铁路、公路、市政工程、港口码头、工业与民用建筑等软土地基加固方面广泛使用。

5.调整路基结构法

(1)反压护道法

反压护道法是指在路堤两侧填筑一定宽度和高度的护道,使路堤下的淤泥或泥炭向两侧隆起的趋势得到平衡,从而保证路堤的稳定性。采用反压护道加固地基,不需特殊的机具设备和材料,施工简单,但占地多,用土量大,后期沉降大,养护工作量大,如图3-3-14所示。

反压护道法适用于非耕作区和取土不困难的地区以及路堤高度不大于2倍极限高度的情况。

①反压护道一般采用单级形式,因为多级式护道增加稳定力矩较小,作用不大。

②反压护道高度一般为路基高度的1/3~1/2。为保证护道本身的稳定,其高度不得超过天然地基所容许的极限高度。

③反压护道宽度一般采用圆弧稳定分析法通过稳定性验算决定。在验算中,软土或泥沼地基的强度指标采用快剪法测定,或采用无侧限抗压强度的1/2,或采用十字板现场剪力试验所测得的强度。

④两侧反压护道应与路堤同时填筑。

⑤当软土层或泥沼土层较薄,且其下卧硬层具有明显的横向坡度时,应采用两侧不同宽的反压护道,横坡下方的护道应较横坡上方的护道宽一些。

(2)路堤加筋法

路堤加筋法即通过带状拉筋与填土的摩擦力来平衡、减小作用于挡土墙的土压力。其适用范围是人工填土、砂土路堤、挡墙、桥台、水坝等,如图3-3-15所示。

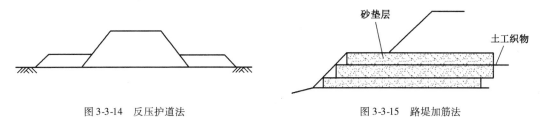

图3-3-14 反压护道法　　　　图3-3-15 路堤加筋法

(3)侧向约束法

侧向约束法是在路堤两侧坡脚附近打入钢筋混凝土桩或者设置毛石齿墙等的方法,可限制基底软土的挤动,从而保持基底的稳定。地基在施侧向约束后,对路堤的填筑速度可不加控制,较反压护道节省了土方,占耕地少,但需耗费一定数量的钢筋、水泥、木材等,成本较高,如图3-3-16所示。

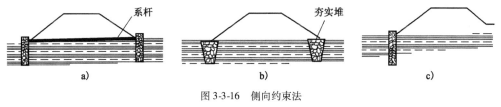

图3-3-16 侧向约束法

单元训练

1. 软土路基常见的病害成因有哪些?
2. 软土路基常见的病害处治技术有哪些?

单元四　黄土地区路基病害成因识别及处治

单元要点

(1)黄土的性质;

(2)黄土地区路基病害成因;

(3)黄土地区路基病害的防治。

相关知识

一、黄土的含义

黄土是在干燥气候条件下，形成的具有多孔性并有垂直节理的黄色粉土。湿陷性黄土受水浸湿后会产生较大的沉陷。

黄土具有湿陷性，即受水浸湿后会产生较大的沉陷，属低液限黏土，$w_L < 40\%$。其主要特征为：颜色以黄色为主，有灰黄、褐黄等色；含有大量粉粒（粉粒含量一般大于55%）；具有肉眼可见的大孔隙，孔隙比一般为1；富含碳酸钙成分及其结核；无层理，导致黄土地区的路基容易产生各种特有的工程地质问题和病害。

黄土是一种分布较广的特殊土，在我国分布面积约有64万km^2，广泛分布于黄河中游的河南西部、山西、陕西和甘肃大部分地区，以及青海、宁夏、内蒙古的部分地区，以黄土高原的黄土分布最为集中。这些地区的黄土分布厚度大，地层全面而连续，发育亦较典型。此外，在河北、山东、新疆以及东北三省亦有分布。

黄土因沉积地质时代的不同，在性质上有很大的差别。可将黄土分为新黄土、老黄土和红色黄土3类，见表3-4-1。

黄土的工程分类　　　　　　　表3-4-1

分类名称	地层名称	地质符号	地质年代	按成因划分类型
新黄土	马兰黄土2	Q_4	全新世（近代）	(1)风积；
	马兰黄土1	Q_3	晚更新世（新第四纪）	(2)冲积或洪积； (3)坡积
老黄土	离石黄土上部	Q_3	早更新世（新第四纪）	不分
	离石黄土下部	Q_2		
红色黄土	午城黄土	Q_1	早更新世（新第四纪）	

二、黄土的工程特性

1. 黄土的结构与构造

(1) 黄土的结构

黄土的颗粒组成以粉粒（粒径为0.05～0.005mm）为主，粉粒含量可达50%以上，其中粗粉粒（粒径为0.01～0.05mm）含量大于细粉粒（粒径为0.01～0.05mm）含量。

(2) 黄土的多孔隙性

黄土结构中的孔隙可分为以下3类：

①大孔隙。基本上是肉眼可见的，孔隙直径为0.5～1.05mm。

②细孔隙。是架空结构中大颗粒的粒间孔隙，肉眼看不见，可在双目放大镜下观察。

③毛细孔隙。由大颗粒与附在其表面上的小颗粒所形成的粒间孔隙，肉眼更看不见。

这3种孔隙形成了黄土的高孔隙度，故又称黄土为"大孔土"。

黄土的孔隙率变化在35%～60%之间，有沿深度逐渐减少的趋势；在地理分布上则有着自东向西、自南向北孔隙率增大的规律。

黄土中的孔隙呈垂直或倾斜的管状，以垂直为主，上下贯通，其内壁附有白色的碳酸钙薄膜；碳酸钙的胶结对黄土起着加固的作用。

(3)黄土的节理

黄土节理以垂直为主。一般在干燥而固结的黄土层中比较发育,土层上部较下部发育,有时在黄土层中也发现有斜节理。

2. 黄土分区工程特征

根据黄土地区黄土分布的特点,黄河中游黄土可分为以下4个区。

Ⅰ东南区:介于吕梁山与太行山之间。本区黄土多分布成零星小块,厚50m左右,由西向东逐渐减薄。黄土主要分布在盆地边缘或河谷阶地上,下伏基岩地形起伏较大,山顶与谷底相对高差一般在300m以上,地形不够开阔。

Ⅱ中部区:介于六盘山与吕梁山之间。黄土在整个地区连续覆盖,仅在沟底部及少数山顶才有基岩出露。黄土厚度一般为100~150m,中间地区最厚。黄土的沉积覆盖了原基岩地形,起伏地形已不易辨认,但仔细分析黄土地貌,仍可见到黄土塬的下伏基岩比较平坦。

Ⅲ西部区:介于乌鞘岭与六盘山之间。除较高的山顶、大河河谷及深切沟谷下部有基岩出露外,大都为黄土覆盖。黄土厚度一般为50~100m,以新黄土为主,并由东向西逐渐减薄。本区下伏基岩的起伏较大,基岩山顶和谷底的相对高差大都在300m以上,有时可达500m。

Ⅳ北部区:位于上述三区的北部。北接沙漠,气候干旱,多分布有沙黄土。

3. 黄土的水理特性

(1)渗水性

由于黄土具有大孔隙及垂直节理等特殊构造,其垂直方向的渗透性较水平方向为大。黄土经压实后大孔构造被破坏,其透水性也大大降低。此外,黏粒的含量也会影响黄土的渗透性,黏粒含量较多的埋藏土及红色黄土,经常成为透水不良或不透水的土层。

(2)收缩和膨胀

黄土遇水膨胀,干燥后又收缩,多次反复胀缩形成裂缝及剥落。由于黄土在堆积过程中,土的自重力作用使粉粒在垂直方向的粒间距离变小,所以具有天然湿度的黄土在干燥后,水平方向的收缩比垂直方向的收缩大,一般可大50%~100%。

(3)崩解性

各类黄土的崩解性相差很大,新黄土浸入水中后,很快就全部崩解,老黄土则要经过一段时间才能崩解,红色黄土浸水后不崩解。

4. 黄土的抗剪强度

原状黄土的各向异性:由于垂直节理及大孔隙的存在,原状黄土的强度随方向而异,黄土水平方向的强度一般较大,45°方向居中,垂直方向强度较小。但是,冲积、洪积黄土则因存在水平层理的关系,以水平方向强度为最低,垂直方向强度最大,45°方向居中。

原状黄土的抗剪强度的峰值和残值差值较大,是黄土地区多崩塌性和高速滑坡的重要原因。

5. 黄土的湿陷性

黄土受水浸湿后,土的结构受到破坏,在外荷载或土自重作用下,发生显著的下沉现象,称为湿陷。黄土受水浸湿后在土的自重压力下发生湿陷的,称为自重湿陷性黄土;在自重压力下浸湿不发生沉陷,但在附加压力下发生湿陷的,称为非自重湿陷性黄土。黄土湿陷对路基工程的危害很大。《湿陷性黄土地区建筑规范》(GB 50025—2004)中规定:湿陷性黄土地基的湿陷等级,应根据湿陷量的计算值 Δ_s 和自重湿陷量的计算值 Δ_{zs} 等因素,按表 3-4-2 判定。

湿陷性黄土地基的湿陷等级　　　　　　　表 3-4-2

场地	非自重湿陷性场地	自重湿陷性场地	
指标(mm)	$\Delta_{zs} \leq 70mm$	$70mm < \Delta_{zs} \leq 350mm$	$\Delta_{zs} > 350mm$
$\Delta_s \leq 300$	Ⅰ(轻微)	Ⅱ(中等)	—
$300 < \Delta_s \leq 700$	Ⅱ(中等)	Ⅱ(中等)或Ⅲ(严重)*	Ⅲ(严重)
$\Delta_s > 700$	Ⅱ(中等)	Ⅲ(严重)	Ⅳ(很严重)

注:* 指当湿陷量的计算值 $\Delta_s > 600mm$,自重湿陷量的计算值 $\Delta_{zs} > 300mm$ 时,可判为Ⅲ级;其他情况可判为Ⅱ级。

三、黄土地区路基病害原因分析

1. 黄土陷穴的成因

黄土陷穴的产生是黄土的湿陷性及水的潜蚀淋溶作用的结果。黄土的湿陷性是产生陷穴的内在原因,水的潜蚀作用是产生陷穴的外部诱因。湿陷性黄土是一种质地疏松、具有大孔隙和裂隙的土,水较容易在黄土中渗流。当渗透水流的水力梯度较大时,水流将黄土中的黏土粒和粉土粒带走,从而扩大了黄土的裂隙或大孔管道。渗透的水流断面扩大后,渗透流速加快,更加提高了水流的侵蚀和搬运作用。这种由于渗透水流从黄土中携带走细颗粒的过程称为机械潜蚀。除此之外,水在渗透过程中将土中易溶盐溶解并带走,使黄土固结强度下降,这种作用称为化学溶蚀作用。黄土的自身特点,为陷穴的产生提供了本质条件。

2. 影响黄土路基稳定的因素

路基破坏的影响因素主要有内因和外因两方面;人为因素也是直接原因。

1) 内在因素

(1) 黄土的成因。松散结构的新黄土和密实结构的黄土,具有不同的密实性和物质组成,稳定性也不一样。一般坡积的松散结构黄土最不稳定。

(2) 黄土的结构和构造。黄土中存在不同节理且特性不同,组成结构的均匀程度、结构孔隙特征、夹层及构造的变动等都影响着路基的稳定。

(3) 下卧层。下卧层的岩性、产状、风化程度及其与黄土的接触关系等,也影响着路基的稳定。

(4) 物质成分。由于易溶盐含量的变迁,矿物组成不同,土体的变形状况也不一样,这些都会引起土体强度的变化,从而影响路基的稳定。

(5) 物理力学性质。与黄土路基稳定性有关的物理力学指标有:黏粒和砂粒含量、干密度、液限、塑性指数、天然含水率、孔隙率和抗剪强度等物理力学指标。

2) 外界因素

环境条件的改变是促使边坡变形发生、发展的外界原因。

(1) 地貌单元和微地貌特征。路基在阶地上所处位置、坡顶的汇水条件及陷穴、暗洞、坑沟、低洼积水、冲沟的位置和分布状况等,对路基的稳定性有直接影响。

(2) 水文条件。它包括地下水的出露,地表水对坡面、坡脚、截水沟和边沟的浸湿和冲刷等。渗入土体中的水将引起土体重力增加及强度的降低,渗入裂隙和节理中的水产生的静水压力,将促进冲沟、陷穴的发展,对路基的稳定极为不利。

(3)风化与振动等自然外力。由于黄土节理发育,受大气雨水和地震及车辆行车引起的振动等,都有可能促使边坡变形,导致路基失稳。

3)人为因素

设计、施工和养护不当,人为对边坡的破坏,都是引起路基破坏的直接原因。

四、黄土地区路基病害的处治

1. 黄土陷穴的防治

黄土陷穴的防治采取预防和处治相结合的原则,首先要查明陷穴的位置和导致其产生的水源,并作出定性和定量分析,根据具体情况分别对待。

陷穴的预防主要是加强地表和路基排水,改善地表性质,整平坡面,消除坑洼,减少水的积聚和渗透;加强植被保护和水土保持,加强路基外雨水的截排和路基的防渗防漏(如采用土工合成材料等);开展巡查,对容易发生陷穴的地带定期检查。

黄土陷穴的处治主要是根据陷穴的大小分别采用灌浆、开挖回填等措施。对于陷穴较小的,采用明挖,原土夯填;对于陷穴较大的,采用灌泥浆,分两次进行,待第一次灌满泥浆并干燥收缩后再进行第二次灌浆塞空。

2. 黄土路基病害的防治

黄土地区极易发生路基破坏变形,对公路建设危害极大。对于这些病害,应坚持预防为主的原则。对于剥蚀破坏,一般可以采取工程措施来防护,而对滑塌破坏,必须在路基设计过程中对边坡滑塌稳定性作出正确预测,并采取相应的工程措施来控制。

目前,处治湿陷性黄土路基的方法很多,通常采用的有密实法、置换法、复合地基法等,再配合排水措施,形成一个体系。这些方法的特点是技术可靠、经济适用、施工简单、有较好的处理效果,便于掌握及推广应用。

1)密实法

密实法是对非饱和湿陷性黄土在动载冲击荷载作用下,使土体的孔隙减少、密实度提高、地基土的承载力增加、压缩性降低的方法。目前,主要有强夯法和冲击压实法等。

(1)强夯法

强夯法处理湿陷性黄土是一种很好的方法。该方法简单实用,易于施工,效果良好,适用于厚度为 3~6m 的湿陷性土层,如图 3-4-1 所示。施工前,应按设计要求在现场选点进行试夯。当地质条件相同时,可在一处试夯。若有差异,应按地段分别进行选点试夯。用试夯的办法确定单击夯击能、单位面积夯击能、夯击遍数及夯点间距,以此数据确定是否达到了设计要求的承载力、模量、有效加固影响深度。若达不到,可调整夯锤质量、落距或夯点间距等,也可修改设计方案。

对于要夯实的湿陷性黄土,其含水率宜低于塑限含水率 1%~3%。当其含水率低于 10%时,宜加水至塑限含水率;当含水率大于塑限含水率 3%时,应采取措施将含水率降低至塑限含水率。

(2)冲击压实法

冲击压实法即采用冲击压实机处理湿陷性黄土地基。冲击压实机由牵引车拖动,靠凸轮瓣对土进行冲击压实(图 3-4-2),压实次数以 20~40 次为宜,其击实能可达 2 000~3 000kJ,有效压实深度为 2m。冲击压实机对土击实后,土的密度超出了常规压路机的压实效果,且使天然土在压实过程中完成了沉降要求,具有压实和击实两种功效,适用于处理浅层湿陷性黄土。

图 3-4-1　强夯法　　　　　　　　　　　　图 3-4-2　冲击碾压施工

2）置换法

置换法是将基础地面下一定范围内的湿陷性黄土挖除,然后分层换填强度和模量相对较高的砂石、碎石、灰土、素土等,并夯实至要求的密度,形成一个较好的持力层,以达到提高承载力和减少变形的目的,如图 3-4-3 所示。置换法主要适用于浅层湿陷性黄土,其厚度一般不大于 3m,具体方法有灰土垫层、土垫层等。

灰土垫层是将基础地面下一定范围内的湿陷性黄土挖除,按一定体积配比将灰土拌和均匀,并控制灰土含水率在最佳含水率附近。分层回填夯实或压实,可以消除被置换部分土的湿陷性,同时也可防止地表水渗透到地下湿陷性黄土层中,造成地基过大的沉降。

土垫层是指采用黏性素土制作的垫层。在湿陷性黄土地区,为消除浅层地基的湿陷性,施工时应使土的含水率接近于最佳含水率。土垫层要分层填筑,每层厚度应根据夯实机具有的能量决定,一般每层厚度为 20~25cm;土料应过筛,有机质含量不得超过 5%。

3）复合地基法

复合地基法是在天然地基中设置一定比例的增强体(桩体),使桩土共同承担荷载,并具有密实法和置换法的效应,如图 3-4-4 所示。具体方法有高压旋喷法、粉喷桩法、灰土挤密桩法等。

图 3-4-3　置换法　　　　　　　　　　　　图 3-4-4　复合地基法

高压旋喷法注浆是利用钻机将带有喷嘴的灌浆管钻进至土层预定深度后,以 20~40MPa 的压力把浆液或水从喷嘴中喷射出来,形成喷射流冲击破坏土层。当能量大、速度快、脉动状的射流动压力大于土层结构强度时,土颗粒便从土层中剥落下来,一部分细颗粒随浆液或水冒出地面,其余土颗粒在射流的冲击力、离心力和重力等作用下,与浆液搅拌混合,并按一定的浆土比例和质量大小有规律地重新排列。浆液凝固后,便在土层中形成一个固体,固体与土体共同承担荷载,形成复合地基,可提高地基的抗剪强度,改善土的变形性质,使土体在上部附加应力的作用下,不产生破坏或过大的变形。高压旋喷所采用的硬化剂一般为水泥浆,其固结性能良好,质量较好,来源广。用高压旋喷法处理湿陷性黄土,在选定注浆管类型及喷射参数和注浆材料时,要根据工程目的而定,布孔间距及布孔方式也是如此。采用高压旋喷法处理湿陷性黄土不仅能提高地基土的承载力,也能减少沉降量,施工方法简单快捷。该法可处理深层湿陷性黄土。

4）预浸水法

利用自重湿陷性黄土地基的自重湿陷性,在结构物修筑之前,将地基充分浸水,使其在自重作用下发生湿陷,然后修筑建筑物。这样可以消除地表以下数米黄土的自重湿陷性,对于更深的土层需另外处理。但这种方法需水量大,处理时间长（3~6个月）,可能使附近地表发生开裂、下沉。

5）植被防护

目前,在黄土地区常用的边坡植被防护方法有直接植草防护、拱式砌石或3m×3m浆砌片石结合植草防护、六角形预制块边坡防护及土工网植被防护等。这些方法各有其优缺点。

（1）直接植草防护。它具有方法简单、施工方便、成本低廉的优点,但在黄土地区有着不宜植物生长的致命缺点。在宁夏黄土地区,撒播草籽后,草籽容易受风吹雨淋等因素的影响而大量流失,导致坡面植草覆盖率很低。同时,坡面又没有任何加筋处理,雨季时,在暴雨和径流的冲蚀下最终导致坡面破坏。因此,直接植草防护可靠度极低,不适宜于黄土边坡防护。

（2）拱式砌石或3m×3m浆砌片石结合植草防护。该方法由于施工烦琐、速度慢、劳动强度大、造价高等缺点,不宜推广应用。

（3）六角形预制块防护。它是上述3m×3m骨架防护的改进。由于六角形预制块中间空格面积较小,最大限度地减小了坡面防护对植草绿化的依赖性。换言之,即使坡面绿化效果不好,也不容易产生太严重的冲蚀现象,目前应用较多。

（4）土工网植被防护。为了满足护坡和绿化的要求,近年来多采用土工网（CE131）与植被结合的方法。土工网的厚度为5mm,开孔尺寸为27mm×27mm,其开孔率为70%,即30%的坡面被土工网覆盖,以免受雨水的直接冲击。该方法的优点是造价较低,施工方便,能满足一定的护坡绿化要求;缺点是由于其厚度只有5mm,所以在草皮未长成之前草籽易被风雨冲蚀,致使表面绿化效果参差不齐。同时,由于其网眼较大,导致草根的连接和啮合作用较小,这样就削弱了护坡的整体效果。因此,可靠度较低,在暴雨的冲刷下容易产生冲沟。

上述4种方法的比较,见表3-4-3。

各种护坡方法的比较　　　　　　　　　　　　　　　　　　　表3-4-3

边坡防护方法	优　点	缺　点	造价（元/m²）	可靠度	适用条件
直接植草防护	方法简单,施工方便	初期草籽易流失,植被覆盖率低,防护效果差	5	最低	坡底很小,坡面较短
拱式砌石或3m×3m浆砌片石结合植草防护	耐久性和外观较好	由于冲刷而使结构架空	30	较高	一般坡面

续上表

边坡防护方法	优 点	缺 点	造价（元/m²）	可靠度	适用条件
六角形预制块	耐久性和防护性较好	施工复杂,劳动强度大	50	高	各种限制性坡面
土工网植草防护	施工方便,能满足一定防护要求	网眼大,初期易被风雨冲蚀	15	一般	普通坡面防护

由表 3-4-3 可以看出,虽然有多种边坡防护方式,但由于黄土具有不宜植物生长以及极易冲刷的特殊性,用于黄土地区的公路边坡防护,都不能取得有效的护坡效果。

6）土工格室换土稳定边坡结合三维网垫植草护坡

将土工织物置于土体表面或相邻土层之间,可以有效地阻止土颗粒通过,从而防止由于土颗粒的过量流失造成土体的破坏。同时,允许土中的水或气体穿过织物自由排出,以免由于孔隙水压力的升高而造成土体的失稳等不利后果。

土工网垫是由单层或多层塑料凹凸网和平面网经热熔后黏结成的一种稳定立体结构。面层外观凸凹不平,材质疏松柔韧,留有约 90% 的空间填充土壤及砂粒;底部平面网延伸率较低,强度较高,能防止土体滑坡,植物根系可穿过土壤深入地下 0.5～2m 深,使植被、网垫和土形成牢固的嵌锁。因此,土工网垫一方面具有防止水土流失的作用,同时又具有保持水流通畅的效果,能够起到护坡的作用。

土工格室是目前国内外较为流行的一种新型高强度土工合成材料。它是由强化的 HDM 片经高强力焊接而形成的一种三维网状格室结构,具有伸缩自如、运输可缩叠、施工时可张开成网状的特点。展开后的格室壁形成一层层挡墙,可以缓解水流流速,避免坡面径流的形成;格室内可填充土壤,上面可以植草或灌木,具有理想的绿化效果。另外,土工格室因具有整体性和一定的柔性,大大弥补了片石骨架防护具有的松动、塌陷、架空等缺陷,并且具有施工快捷、造价低等优点。

黄土地区公路边坡形成的雨水径流,可能使边坡土体产生严重渗透和冲刷而导致破坏。利用土工格室,可以通过换土改变边坡土的性质,保证坡面的整体稳定性;利用土工网垫的过滤、排水及防冲刷机理,结合生物防护,通过对地表水形成的径流的疏排、截阻、封闭等,可防止地表水的冲刷和渗入,起到护坡和美化环境的作用。如果将两者结合使用,不仅可以保护路基边坡表面免受雨水冲刷,减缓温差及温度变化的影响,还能防止坡面失稳,保证路基边坡的整体性,并达到路基美化和协调自然环境的效果。

单元训练

1. 黄土路基常见的病害成因有哪些？
2. 黄土路基常见的病害处治技术有哪些？

单元五　膨胀土地区路基病害成因识别及处治

单元要点

（1）膨胀土的性质；
（2）膨胀土地区路基病害成因；

(3)膨胀土地区路基病害的防治。

 相关知识

一、膨胀土的含义

膨胀土是土中黏粒成分主要由亲水性矿物组成,同时具有显著的吸水膨胀和失水收缩开裂两种变形特性的黏质土。膨胀土分布十分广泛,在世界五大洲中的40多个国家都有分布。在我国,已有广西、云南、湖北、安徽、四川、河南、山东等20多个省份180多个市县发现了膨胀土的分布。

二、膨胀土的特征

在自然条件下,膨胀土一般呈黄、褐、棕及灰绿、灰白等颜色,土体发育有各种特定形态的裂隙,常见光滑面和擦痕,裂缝随气候变化张开和闭合,并具有反复胀缩的特性;膨胀土多出露于二级及二级以上的阶地,山前丘陵和盆地边缘,一般地形平缓,无明显自然陡坎,最典型的垄岗式地貌。

膨胀土对公路工程的危害形式是多样的,而且变形破坏具有多次反复性。在膨胀土地区,路基边坡常大量出现坍方、滑坡,有"逢堑必滑、无堤不坍"之说。我国过去修建的公路一般等级较低,膨胀土引起的工程问题不太突出。然而,近年来兴建的高等级公路,在不少膨胀土地区都遇到严重的路基病害,造成了重大的经济损失,开始引起广泛关注。应注意的是,在有条件时,即使规范规定的自由膨胀率为40%以下的弱膨胀土,也不要轻易采用,以减少疑似质量病害的发生。

三、膨胀土路基病害原因分析

1. 胀缩性与收缩性

影响膨胀土胀缩性的因素有矿物成分、颗粒组成、初始含水率、压实度及附加荷重等。其中,除了矿物成分和颗粒组成的内因因素影响外,初始含水率、压实度及附加荷重的外因因素影响也很大。

(1)初始含水率的影响

膨胀土的膨胀量与含水率成反比,含水率越小,遇水后土体吸水越多,膨胀量越大。收缩量与含水率成正比,含水率越小,干燥失水后收缩量越小。公路沿线土体的天然含水率是变化的,各处膨胀土的膨胀量和收缩量不是定值,同一种土的膨胀量随当地土的含水率变化而变化。

(2)压实度的影响

采用重型压实标准,由不同压实度下膨胀量试验可知,压实度增大,膨胀量有所增加,而压实度对收缩量影响很小。

(3)附加荷重的影响

土体膨胀量受附加荷重(压力)控制,压力越大,膨胀量越小,当压力为 $0\sim0.05\mathrm{MPa}$ 时,影响最显著。工程施工中可采用增加上覆压力来减少膨胀量。膨胀土填方路堤因土的自重压力作用,下部、内部的膨胀是很小的,膨胀量大的部位是路堤顶部和边坡表层,路堤破坏往往先从这些地方发生。

2. 抗剪强度特性

(1) 膨胀土胀缩等级的影响

膨胀土随胀缩等级的提高，土体内摩擦角反而降低，黏聚力却与等级无关。因此，为保证膨胀土路基的稳定性，对膨胀等级不同的膨胀土应加以区别对待，分别采取相应措施。强膨胀土不能作为路基填料。

(2) 含水率的影响

无论哪种等级的膨胀土，含水率减小，摩擦角、黏聚力则随之增大。当最佳含水率减小到塑限时，抗剪强度成倍地增长。膨胀土变湿时抗剪强度下降很多。所以，当采用膨胀土修筑的路基边坡无覆盖时，其抗剪强度可能全部丧失，是造成边坡溜坍、坍塌和浅层滑动的主要原因。

(3) 上覆压力的影响

膨胀土随土层深度加大，其摩擦角、黏聚力值也增大。利用膨胀土的这种特性，填筑路堤时应充分考虑增大压力来提高抗剪性。许多路基产生变形，从坍肩开始就是由于没有上覆压力而造成的。

(4) 填筑条件的影响

土体填筑干密度越大，抗剪强度越大；含水率越高，抗剪强度越低。但击实土在膨胀后摩擦角和黏聚力的最大值却是出现在最佳含水率击实到最大干密度的条件下。因此，为保证用膨胀土填筑的路基在施工中及建成后都具有较高的强度和稳定性，仍应采用在最佳含水率条件下压实到最大干密度来控制施工。

3. 渗透特性

膨胀土的体积变化主要是土中水分变化引起的，了解土的渗透性对分析已成路基和边坡水分变化的原因有重要意义。膨胀土渗透性差，其渗透性与上部压力、土体密实度有关。压实度增大，膨胀性越强的土，渗透性越小。但膨胀土一经暴露于大气，在风化营力作用下，失水收缩开裂后，透水性将会显著增大，这点在工程设计中应充分考虑。

四、膨胀土路基病害的处治

1. 膨胀土滑坡预防

(1) 膨胀土滑坡的防治原则

①防水。水不仅是滑坡的直接诱发因素，而且是胀缩循环的直接因素，在膨胀土滑坡中具有双重危害作用。因此，防治膨胀土滑坡必须本着"治坡先治水、防滑先防水"的原则，一是防止地表水和大气降水渗入边坡土体，二是及时疏导地下水。

②防风化。膨胀土的抗风化能力很低，尤其是地表浅层土体在大气风化营力作用下，容易形成风化软弱层，常是产生滑坡的危险结构面。

③防反复胀缩循环。膨胀土反复吸水、失水，产生胀缩循环效应，常在地表浅层形成胀缩变动带，使土体结构破坏，强度降低，导致滑坡的产生。

④防强度衰减。土体抗剪强度衰减，是造成边坡渐进破坏、产生滑坡的直接原因。

(2) 膨胀土滑坡预防

预防膨胀土滑坡的产生，必须立足于"先发治坡"的原则基础上，从勘察选线与选址开始，通过设计、施工和养护维护等各个阶段，层层设防，最终实现。

①勘察阶段。详细查明线路位置和建筑场地的工程地质条件，对勘察区内膨胀土边坡的

整体稳定性作出正确的分析判断,如果预测有发生大型滑坡的严重危害,或有可能出现滑坡群时,应详细做好工程地质选线和选址(场)工作,采取坚决绕避方案。

②设计阶段。充分应用工程地质资料,结合已有工程或滑坡的稳定性情况进行设计,尽量减少滑坡发生的可能性。具体做到如下几点:

a.正确选择设计方案,作出深挖长路堑与隧道的比较、高填长路堤与桥的比较;

b.选择适合于膨胀土特性的合理边坡形式、坡度、高度;

c.选择必要的有效工程措施等。

③施工阶段。在膨胀土地区,由于施工方法不当引起的滑坡屡见不鲜。因此,施工中必须充分掌握膨胀土所具有的卸荷膨胀、风化膨胀和遇水膨胀等重要工程地质特性与规律,选择适合于膨胀土特性的正确施工方法与季节。

膨胀土地区的一般工点应尽量做到在旱季施工,并集中力量一气呵成。其施工顺序应严格遵循先排水、后主体,快速开挖,及时支挡,自上而下,分层逐级施工的原则。

对于支挡建筑物,施工时应从两端开始,跳槽开挖基坑,采取边挖边砌基础边修建的方法,及时恢复力的平衡状态,增强坡脚支撑。

④养护维修。膨胀土滑坡的发生,大多有一个从量变到质变的发育过程。边坡一旦出现变形,排水沟就产生破坏等,如不及时治理与维修,则有进一步使其变形扩大的可能。因此,应经常注意边坡与防护工程设施的工作状态。发现问题及时采取措施进行养护维修,是防止滑坡不可忽视的经常性工作。

⑤观测预报。对于危害性大的滑坡,应建立观测系统,监视滑坡的活动,进行紧急预报,以防止突然灾害的发生。

2.膨胀土边坡治理技术

1)膨胀土边坡工程防护与加固

膨胀土路堑边坡防护与加固措施,可以分为表水防护、坡面防护和支挡结构防护3类;工程中大多是三种方法结合使用。

(1)表水防护

设置各种排水沟,建立地表排水网系,截排坡面水流,使表水不致渗入土体和冲蚀坡面。

排水包括地表排水与地下排水两个方面。地表排水以防渗和拦截滑体以外地表水、及时旁引为原则;地下排水以尽快汇集、及时疏导引出为原则。

由膨胀土的水文地质特征,决定了膨胀土中的地下水多为浅层裂隙水性质,而且具有极不均一性。在膨胀土滑坡整治中,一般采用综合排水的措施,可以收到好的效果。归纳膨胀土滑坡整治中采用的各种设施,有防渗和侧沟(图3-5-1)、截水沟(图3-5-2)、吊沟、排水沟、跌水(图3-5-3)、急流槽(图3-5-4);有疏导相结合的支撑渗沟、渗水井、渗水暗沟,挡墙后盲沟和泄水隧洞等。

①建立好地表排水网。加强地表排水措施,建立地表网系,对于整治膨胀土滑坡具有特殊重要意义。以往成功的经验是:截水沟、侧沟、排水沟紧密相连,三沟汇水齐归涵;同时,要求所有排水系统应一律浆砌,随时检查维修,防止积水或淤塞,保证排水畅通。

水是膨胀土产生胀缩变形与风化的直接重要因素,同时,是坡面冲蚀的直接外营力。因此,表水防护的目的是要截排坡面水流,使表水不致渗入土体和冲蚀坡面。因此,可以分级设置各种排水沟,建立地表排水网系。常用的地表排水设施有截水沟、边坡平台排水沟、侧沟、急流槽。

图 3-5-1　侧沟

图 3-5-2　截水沟

图 3-5-3　跌水

图 3-5-4　急流槽

②建筑好支撑渗沟。支撑渗沟整治膨胀土滑坡，用于疏导滑坡体内地下水，效果显著，是一种使用较普遍的排水措施。支撑渗沟一方面疏导地下水，同时又对边坡土体起支撑作用，以增加其稳定性，常同抗滑挡墙联合使用。

支撑渗沟的平面布置和深度，应视滑体内地下水系的分布、埋藏条件等，结合地形合理布置。一般将渗沟按主沟和支沟布置成地下水排水网系，将滑体内的地下水由支沟引入主沟后，排出滑坡体外。

③因地制宜地建筑好渗水井、渗水暗沟和泄水隧洞。采用渗水井、渗水暗沟和泄水隧洞进行表水防护，一般施工和养护维修都较困难，在整治膨胀土滑坡中，只用于少数几处地下水量大、埋藏较深的滑坡。

（2）坡面防护

膨胀土边坡因开挖而产生的施工效应特别明显，挖方使原来处于稳定的膨胀土裸露在边坡表面或大大降低了上覆压力。由于膨胀土边坡比其他土质边坡更易风化、易胀缩变形，由此引起的边坡变形危害就更加普遍而严重。因此，对膨胀土坡面的防护加固显得特别重要。坡面防护的类型很多，主要应根据边坡膨胀土类别及风化程度等特性合理选择。

①骨架护坡。它主要是用以防止坡面表土风化，同时加强风化层土体的支撑稳固作用，实际上这是一种将长大坡面分割为由若干骨架支撑的小块土坡，进行分而治之的有效措施。在膨胀土边坡防护加固中，常用的骨架护坡形式主要有方格骨架护坡和拱形骨架护坡。此外，还有人字形骨架护坡等。

用浆砌片石或预制块做成格式或拱式形状的护坡，正在得到大量的应用，它具有得体的几何形状,当中间的草长起来的时候,绿白相间,很美观,与它相比,满铺式则显得单调。骨架的作用在于支撑和分割坡面,消除坡面较大范围内的相互渐变牵引的影响。骨架的宽度及其间距,可视坡体土性好坏调整,常用的骨架宽度为0.5m,间距2m或3m。骨架嵌镶入坡体表面的深度是确保其防护能力的关键,一般不应小于0.5m,即应该嵌固在表层松土或强风化层以下较坚实的土层上。埋置较浅的骨架,其隆起变形,往往从坡中开始,逐渐牵引而上,导致整个骨架的破坏。

②片石护坡。它主要用于整治边坡膨胀土体已产生的局部溜塌、塌滑等变形。整治措施包括干砌片石护坡和浆砌片石护坡两类。

a. 干砌片石护坡,主要用于边坡产生局部溜塌变形后,可以及时清除溜塌体,用片石嵌补,以迅速恢复原有坡面的完整。同时,对受溜塌牵动影响的局部土体,可以起到一定支护作用;对于调整坡面表土胀缩作用、承受变形,均有一定效果。

b. 浆砌片石护坡,大多用于边坡土体产生局部塌滑后的整治。由于浆砌片石护坡整体强度较高,自重较大,对于边坡土体可以起到反压和部分支挡作用。同时,可以及时封闭坡面,防止土体继续风化。因此,采用浆砌片石护坡可以增加边坡稳定性,在路堑与路堤边坡加固中均有使用。

满铺式浆砌片石护坡是一种刚性结构,主要靠其自重或片石与砂浆的黏结力阻止坡面的膨胀变形。它的防冲刷性强,能抵御较大能量的集中水流的侵蚀冲刷,施工简单。缺点是,雨水浸入(总有薄弱部位可进入)后,往往聚集在边坡的表层,来不及蒸发造成坡面土层软化膨胀,易造成较大的膨胀力,致使护坡变形开裂直到损坏。所以,不建议采用封闭式的满铺浆砌片石护坡。

③植被护坡。常见的植被护坡有种草、撒草籽、铺草皮和种树等。植被防护的意义为:

a. 可以通过植被储蓄和蒸发水分调节坡体土的湿度,减少和降低干湿循环作用效应,增加坡面防冲刷、防变形能力。

b. 造价低。

c. 植物是天然的过滤器,可以净化空气。

d. 恢复因修建道路而破坏了的原地表植被,既绿化美化了路表,又使生态平衡免遭破坏。

e. 有利于水土保持。

植被防护作用主要是通过以下几个方面的作用实现的:

a. 缓和雨滴的冲击。

b. 截留雨水,减少坡面径流量。

c. 降低水流的速度。

d. 根系、匍匐茎等束缚土壤颗粒。

e. 植被的生长能改变膨胀土的不良性质。

膨胀土表面生长植被后,能够保证土壤温度、湿度的相对稳定,避免水分的大幅度变化,从而大大减少膨胀土干缩湿胀的发生,增强路堤、路堑的稳定性。

④土质边坡轻型防护——水泥土护坡。水泥土是用无机土按比例掺入硅酸盐水泥和水,均匀搅拌,捶实成形,经过适当养护,硬化而成的一种新型建筑材料。

它的机理是:无机颗粒与土粒间发生化学反应,产生新的化合物。其凝结与硬化有如下3种成因:

a. 水泥的水解和水化反应。

b. 离子交换和团粒作用。

c. 硬凝反应。

水泥土的凝结,是大量硅酸盐水泥与水化合生成的硅酸钙、硅铝酸钙水化物,以纤维状微粒构成凝胶而结合,与混凝土的凝结机理相似。

工程实践证明,水泥土的变形和强度、耐久性、抗干湿循环、抗渗性、抗冲耐磨性等都能达到工程要求。

(3) 支挡结构防护

支挡结构是为了防止边坡的坍塌失稳,确保边坡稳定的构筑物。其主要应用于两方面:对于开挖的强膨胀土或中等膨胀土的边坡采取的预防支挡措施,以便防止滑坡的发生;对于已发生滑动的边坡进行治理的支挡措施,使工程运行正常。关于支挡结构物类型的选择,要根据边坡计算滑动推力和滑动面或软弱结构的位置而定。或者说,按照地形地貌、土层结构与性质、边坡高度、滑体的大小与厚度,以及受力条件和危害程度而采取相应的形式进行治理。

①挡土墙。挡土墙的设计是否符合膨胀土边坡的实际情况,关系到边坡治理费用和安全的问题。因此,对挡土墙形式、土压力核算及作用,滑动破坏形状等方面的试验研究具有十分重要的意义。

挡土墙分为坡脚墙、坡腰墙和坡顶墙。

a. 坡脚墙。用在路堑和路堤坡脚,起稳定坡脚土体的作用。其中,路堑坡脚墙宜与边沟同时构筑,浑然一体,可以起到增加基底摩阻和侧向支撑的作用。

b. 坡腰墙。对于坡面过长(堤高、堑深大于 8m)或坡体在开挖、填筑过程中,坡面土层产生过滑移或有滑移可能的坡体,常在坡面的中部增设一级或多级挡土墙,也称坡腰墙。其作用在于压缩坡长、减缓坡率,分而治之。宜黄路的实践证明,多级挡土墙对加强坡体稳定、减少变形效果较好,特别是对于那些已经产生过滑动、坡体表面松散的坡面所起到的稳定作用特别显著。

c. 坡顶墙。对于挖方路基,称为坡顶墙;对于填方路基,则称路肩墙。填方路堤因边部压实度不够,往往引起纵裂缝的产生,水分的进入导致肩部土体湿软,抗剪强度降低,引起坍肩现象。路肩墙常作为补救措施之一。

②加筋挡土墙。加筋挡土墙由填料、加筋、面板、土钉墙几部分组成。

③土钉墙。"土钉"是一种加固原位土体的方法,用以形成挡土墙结构物和边坡加固。

"土钉"是用规则排列的金属杆体使土在原位得到加固,它由面板(或挂网砂浆)、金属杆件、砂浆和土体所组成,共同形成一个"挡土墙"。工程施工是自上而下、分层、边开挖边加固,等到开挖一旦完成,加固也立即结束。故土体还来不及膨胀或不能充分膨胀,"土钉"就对土体进行锁固,使整个堑坡的稳定性得到保障。但该法只适用于干坡,且要注意坡内排水,对经常浸水或地下水位较高、经常有水流渗出的膨胀土坡不宜使用。

④抗滑桩。若路堑边坡已经产生滑动,采用多级抗滑挡墙无法阻止,或因施工困难,如挖基很深,边挖边塌,并能造成更大的滑动趋势者,应酌情考虑改用抗滑桩。

用抗滑桩来阻抗边坡土体下滑和治理滑坡,具有破坏滑体少、施工方便、工期短、省工省料等优点,是治理深层滑坡的有效方法。抗滑桩一般采用钢筋混凝土钻孔桩或人工挖孔桩,断面直径 $500 \sim 1000mm$,桩间距一般为桩直径的 $3 \sim 5$ 倍,桩深入滑动面以下深度为桩长的 $1/2$。

抗滑桩一般布置 $2 \sim 3$ 排,为梅花形布置,以免滑体从桩间滑出。在重要边坡,抗滑桩间可以横向连接构成一个护坡的空间结构,这种抗滑桩系统稳固性较好,例如南水北调中线陶岔渠首发生13处滑坡,主要是采用混凝土抗滑桩进行治理。其采用抗滑桩直径1000mm,呈梅花形布置2排,桩的纵横间距为5m,桩深入滑坡面以下4~6m,一般深度为9~11m。

⑤锚杆、钢筋网、喷射混凝土护坡。对于强膨胀土边坡,可采用锚杆、钢筋网、喷射混凝土护坡。

2)膨胀土边坡植被建植技术

植被防护包括播草籽、植草皮、植生带和种树等几项内容。实践证明,植被防护不仅仅是绿化美观的问题,重要的是可以通过植被、储蓄和蒸发水分,调节坡体土的湿度,减少和降低干湿循环作用效应,增加坡面的防冲刷、防变形能力。通过对膨胀土边坡上植被的观察,也可以判定其边坡是否达到了稳定或初步稳定。植被防护是整个综合治理中的一个环节。

(1)植被种类的选择

宜黄路曾对结缕草、小黑麦、狗牙根、野年草、高羊茅、鸭茅、草地早熟禾、假俭草、多年生黑麦草和多花黑麦草、地被植物类小冠花和白三叶等12种植物的生长特性及在当地的适应性进行试验。结果表明,狗牙根、假俭草、结缕草、高羊茅、多年生黑麦草、多花黑麦草、鸭茅、白三叶能够适应当地的气候条件和膨胀土的土壤条件。襄荆高速公路沿线气候条件与江宜段类似,其试验结果可作为参考。以上植物可作为襄荆高速公路边坡植被防护的候选植物材料。

(2)植被生长基盘的改良

①翻耕和施肥。对膨胀土进行翻耕,能够有效地改善膨胀土的物理结构,增加孔隙度。

②在边坡表面覆盖种植土。膨胀土土质差,不管是挖方还是填方,植物生长都很困难,短时间内难以形成自然植被。边坡施工时表面覆盖一层种植土,杂草就很容易生长起来。这是因为种植土不仅肥力条件好,而且土壤中混有大量的杂草种子,只要天气条件合适,就能生长繁殖。相反,膨胀土挖方或填方不仅肥力差,而且都是生土,基本不含植物种子,因此,要形成自然植被,往往需要较长的时间。

(3)植被防护的时机

①工期安排。从防护的角度来说,植被种植宜早不宜迟,植被越早覆盖坡面,就能越早起到防护效果。因此,植被防护的施工期最好安排在坡面形成后,即一期工程(土方工程)完成后,马上采取工程防护措施并种植植被。对于膨胀土路堑来说,及时开挖、及时防护尤其重要。这样,才能避免膨胀土的水分变化大起大落,从而减少危害。

另一方面,植被容易受其他施工影响,路面施工的废渣可能破坏已建立的植被。尽管存在着交叉施工影响的问题,本着工程质量第一的原则,植被防护的施工最好还是在土方工程完成后立即进行。这样,虽然部分植物可能被破坏,需要返工,但对于路基的稳定是有利的。同时,要加强协调,尽量减少其他工程对植被的破坏。

②种植季节。就植被而言,最适宜的种植时间是在温度和水分条件最好的、最适于生长的季节之前。此时播种可使幼苗在不利的环境条件到来之前能很好生长。应根据植物特点,选择种植季节。

3)植被与膨胀土边坡综合防护

(1)膨胀土边坡不宜采取单一的防护措施

由于膨胀土干缩湿胀的特殊性,单一地采用刚性防护措施如浆砌片石护坡,在雨水的作用下,坡面上的保护层会发生鼓肚、开裂、变形、外挤等现象。

植被防护是膨胀土边坡防护的重要措施之一,植被生长能够保持土壤温度和水分的相对稳定，减少膨胀土干缩湿胀现象的发生。植被还能缓和雨滴的冲击，减少径流量和流速，根系等能够束缚土壤颗粒，使土壤不易流失。植被的生长能够促进微生物的活动，改变膨胀土的不良性质。植物的生长使得边坡表面土壤成为一个整体，是一种柔性结构，能承受膨胀土干缩湿胀引起的较小位移。

但是，植被防护的作用也有其局限性。由于植物根系一般较浅，只能防止坡面冲蚀和表面溜塌，在边坡本身不稳定或存在集中水流的情况下，仍可能发生塌滑和水毁现象。

所以，植被防护必须在边坡稳定的基础上使用，需要与工程防护相结合。对于膨胀土边坡防护，需要采取综合治理措施。

对于路堤来说，强膨胀土不得作为填土材料。膨胀土路基的填土施工应按规范逐层压实，严格控制含水率。对于膨胀土路堤边坡，除了植草防护，还应辅以护肩与支撑，在路堤较高或土质较差的地段还应设置支撑骨架，土路肩予以封闭。这样既可防止雨水侵入基层，又可防止路肩被冲蚀或边坡滑塌。

（2）植被防护与工程防护相结合，其防护效果好

①坡比是膨胀土边坡稳定的重要因素。坡比对于膨胀土边坡的稳定是很重要的。若坡比太大，如1∶1，仅仅采取骨架护坡等措施，仍然是不稳定的，同时采取植草的措施则防护效果会大大提升。而当坡比较小，如1∶2时，即使不进行植被防护，边坡也基本稳定。

②在拱形骨架内植草护坡效果好。在拱形骨架内植草，拱形骨架起到支撑和加固作用，可避免大面积的表面滑塌。植被则有效地固结表土，能够防止冲刷、局部塌陷和土块崩落等。因此，两者的结合应用能很好地保护边坡。

③膨胀土用少量石灰土改性后可进行植被防护。膨胀土用少量石灰处理后，虽然碱性增加，但仍可种植植被。这样，不仅膨胀土的不良性质被改变，增加了稳定性，而且植被能防止冲刷，进一步提高防护效果。

④膨胀土边坡防护应在稳定的基础上进行。

综上所述，如果坡比合理，采取工程防护（矮挡墙、封闭式平台、骨架护坡、表层土壤添加石灰等）措施，加上植被防护（在拱内建立草皮），刚柔相济（工程措施为刚性结构，植被为柔性结构），能够有效地防护膨胀土路堑边坡。

单元训练

1. 膨胀土路基常见的病害成因有哪些？
2. 膨胀土路基常见的病害处治技术有哪些？

任务驱动综合实训1

1. 实训目标

能正确地对路基病害进行调查分析及评价。

2. 实训内容

结合路基各类病害的特点及成因，调查指定路基病害情况；根据现行规范，填写《路基病害调查表》（附表1）；计算路基技术状况指数 SCI 值，并分析病害成因。

3. 实训要求

（1）小组成员集体行动，分工协作，对照病害特征，识别病害。

（2）正确填写路基病害调查表，计算路基技术状况指数。

(3)每小组提交一份调查报告。
(4)以小组为单位陈述调查过程、心得及结论等。
4.培养目标及方法
(1)培养团队协作精神。
(2)注重口头表述能力以及自信心的培养。
(3)掌握路基病害识别技能。
(4)掌握路基病害成因分析技能。
(5)学习和掌握路基技术状况调查、记录及评价技能。

任务驱动综合实训2

1.实训目标
能正确地对特殊地区路基进行养护。
2.实训内容
(1)综合特殊地区路基养护的内容,分组研究。
(2)每组由教师指定一种综合特殊地区路基。
(3)学生查阅教材、规范、网上相关资料,完成一篇研究报告。
(4)将报告内容做成PPT,全班汇报。
3.实训要求
(1)每组的研究报告应该有病害现象、原因分析、治理措施、预防措施。
(2)小组成员集体行动、分工协作,每小组填写工作分工计划。
(3)以小组为单位,用PPT向全班同学汇报特殊地区路基病害研究。
4.培养目标及方法
(1)培养团队协作精神。
(2)做到理论实践结合,课堂课外结合,基于工作过程的教学开发。
(3)以任务驱动,锻炼查阅资料并分析总结的能力。
(4)注重口头表述能力以及自信心的培养。

项目四　沥青路面工程的养护作业

▶ 学习目标

（1）能够描述沥青路面的特点；
（2）能够描述沥青路面日常养护的工作内容、基本要求；
（3）能够制订沥青路面维护对策。

▶ 任务描述

巡查一段沥青路面，填写沥青路面状况调查表；根据调查情况计算路况技术指标，制订出完整的沥青路面维护对策。

▶ 学习引导

沥青路面常见病害的分类和分级→路况调查→路况技术指标→路况评价→路面维护对策。

单元一　沥青路面的特点及其使用性能的基本要求

单元要点

（1）沥青路面的特点；
（2）沥青路面使用性能的基本要求。

相关知识

一、沥青路面的特点

路面是在路基上铺筑成的一定厚度的结构层，沥青路面则是用沥青材料作结合料，黏结矿料修筑面层与各类基层和垫层所组成的路面结构。与水泥混凝土路面相比，沥青路面具有表面平整、无接缝、行车舒适、耐磨、振动小、噪声低、施工期短、养护维修简便、适于分期修建等优点，因而获得越来越广泛的应用。目前，沥青路面是我国高速公路的主要路面形式，随着交通路网的进一步完善，沥青路面将会有更大的发展。

二、沥青路面使用性能的基本要求

沥青路面的使用性能除了影响行驶的舒适性外，还直接影响行驶的安全性。如果路面的使用性能不好，将增加行驶难度，降低运输效率，增加油耗，对营运车辆的磨损增加，直接影响交通运输和经济发展，并带来严重的负面社会影响。因此，除了在设计、施工时保证沥青路面具有良好的使用性能外，更要在道路使用期内进行定期的检查和维修，保证其良好的使用性能。沥青路面使用性能的基本要求，主要包括以下6个方面。

(1)路面应具有足够的承载能力

由于路面是直接承受交通荷载作用的结构层,若承载能力不足,将导致路面首先在轮迹带小范围内产生细小裂缝,随着荷载的作用,形成通过轮迹带的横向裂缝,最后形成网裂、变形,进而导致整个行车道的结构性破坏。

(2)路面应有较高的抗变形能力

路面的抗变形能力越高,在其使用期间则越不容易产生严重的辙槽。在路面基层不发生破坏的情况下,路面的抗变形能力可通过选择高温下强度高的沥青混合料面层材料以及保证面层有足够的厚度等方法来提高。

(3)路面面层应明显无泛油现象

沥青面层出现泛油现象时,由于空隙率的减小,路表的构造深度会明显下降,甚至出现光面,路面的摩擦系数相应显著下降,严重影响车辆的行驶速度,特别是在雨天行驶时,极易引起安全事故。

(4)路面面层应无明显水破坏现象

所谓沥青路面水破坏,是指沥青路面施工完成后,水和空气通过混合料中的空隙和与外界连通的孔隙进入混合料内部;如果水分不能及时排出,水就会存留在混合料内,在车辆荷载的动水压力和温度的共同作用下,循环反复,将使沥青和矿料发生剥离,造成强度下降。如果水损坏进一步发展,就会导致其他一系列诸如唧浆、松散、坑槽、车辙等多种形式的破坏。

造成路面面层水破坏的因素,主要是大量自由水的存在和车轮的反复搓揉作用。一方面,在降水次数多、降雨时间长、降雨量大的地方,路面的自由水可能会通过沥青面层渗透到基层的表面,导致沥青面层与结构层的黏结力遭到破坏,进而致使路面结构的强度降低、路面脱空、沥青与集料剥落等。另一方面,在面层的孔隙中或面层与基层的交界面上滞留有自由水时,由于车辆(特别是重载货车)的高速运行,在车轮经过时就会形成相当大的水压力,驶离时则形成相当大的抽吸力,在水压力和抽吸力的反复作用下,基层顶面半刚性材料中的细料受到冲刷形成浆水并被挤出;在浆水被挤出的过程中,沥青混凝土中较大颗粒上的沥青膜逐渐剥落,沥青面层向下变形形成网裂或坑洞。压力和抽吸力的反复作用还会使沥青混凝土孔隙中的自由水往复运动,并促使沥青先从较大颗粒上剥落,并逐渐使沥青混凝土强度降低,直至发生路面松散。

因此,在雨天,路面面层由于有水的存在,在车辆高速行驶下,在行车道特别是重车道上易造成水破坏现象,各种水破坏将使路面的平整度降低、表面粗糙度遭到破坏等,大大降低了沥青路面的使用性能。为尽量减少水破坏现象,在设计和施工时应保证路面具有良好的排水性能,以及沥青混合料应有较强的黏结能力;另外,控制车辆的载货量也是有效措施之一。

(5)路面结构应强度均匀、整体性好

路面结构在施工时,应保证各结构层厚度均匀且符合要求,各结构层之间联结良好,并在一定的宽度和深度内形成一个完整的整体;其路面结构质量应符合相应要求,且应保证各部位强度均匀。当然,各结构层厚度均匀,且整体性好是强度均匀的前提。

(6)尽量减少路面的横向温度裂缝,避免早期纵向裂缝

横向温度裂缝的产生不仅与沥青面层材料的均匀性有关,还与其压实度相关。对于沥青面层,由于横向的温度裂缝是不可避免的,而自然产生的横向裂缝一般都富含锐角,在车轮的反复荷载作用下,横向裂缝缝口两侧边缘极易产生碎裂,致使路面加速破坏;而当横向裂缝较

宽时,还会导致路面面层的平整度下降。因此,为了尽量减少沥青路面的横向裂缝,可选用重交通道路石油沥青,或较稀的重交通道路石油沥青以及富沥青,以利于增加沥青面层的抗温度裂缝能力。

路面早期纵向裂缝则通常是由路基产生横向不均匀沉陷引起的,其裂缝开口一般较宽,长度较大。路面一旦产生纵向裂缝,其平整度首先受到影响;若不及时采取灌缝、封缝或其他方法加以处治,雨水便会通过裂缝进入路面结构层甚至是路基中,导致路面产生破坏。

单元训练
1. 沥青路面的特点有哪些?
2. 沥青路面使用性能的基本要求有哪些?

单元二　沥青路面养护的工作内容和要求

单元要点
(1)沥青路面养护要求与内容;
(2)沥青路面日常养护的要求。

相关知识
沥青路面在使用过程中,在行车荷载和自然因素的反复作用下,路面将产生各种各样的破损。对于半刚性基层的沥青路面,由于行车压密和半刚性基层材料强度随路龄增长,其强度和刚度在使用初期(1~2年)呈增长趋势,表现为整体回弹弯沉的降低;此后,由于路面材料的逐渐疲劳,其强度和刚度逐年降低,而沥青路面的表面破损车辙逐年加剧,抗滑性能和平整度逐年衰减。

近年来,道路交通量日益增大,车辆迅速大型化且严重超载,使公路路面面临严峻考验。许多高等级公路沥青路面建成通车不久,由于不适应交通快速发展的需要,发生了较为严重的早期破损现象。路面的破损对车辆的行驶速度、荷载能力、机械磨损、燃油消耗、行车舒适性、交通安全以及环境保护会造成较大的影响,因此路面的养护与维修就成为保证其服务质量和使用寿命的重要手段。对路面进行预防性的、经常性的、及时性的、周期性的保养维修,使其保持平整完好、横坡适度、排水畅通,具有足够的强度和抗滑性能。同时,对路面的养护应避免对高速公路和沿线设施的污染,做到干净整洁,达到高等级公路路面养护的质量标准,以适应交通运输的发展需求。

沥青路面养护的目的:
(1)及时预防和处理路面存在的各种病害,采取正确的养护措施,经常保持路面各部分完整,尺寸符合标准要求。
(2)保持路况良好,保证路面各项指标符合要求,为车辆提供舒适、安全、畅通的行车环境。
(3)采取正确的技术措施,提高路面养护的工作质量,以延长路面使用寿命。

一、沥青路面养护工作的基本要求

(1)沥青路面必须强化预防性、经常性和周期性养护,加强路况日常巡视,随时掌握路面使用状况;根据路面的实际情况制订日常小修保养和经常性、预防性、周期性养护工程计划。对于较大范围路面损失和达到或超过设计使用年限的路面,应及时安排大中修或改建工程。

(2)应及时掌握路面的使用状况,加强小修保养,及时修补各种破损,保持路面处于整洁、良好的技术状况。

(3)沥青路面养护工程使用的沥青、粗集料、细集料和填料的规格、质量要求、技术指标、级配组成及大修、中修、改建工程的设计、施工、质量控制,均应符合现行《公路沥青路面设计规范》(JTG D50—2017)和《公路沥青路面施工技术规范》(JTG F40—2004)的有关规定。

(4)沥青路面的技术状况,应符合现行《公路技术状况评定标准》(JTG H20—2007)的有关规定。

对沥青路面采取中修、大修、改建时,除遵守现行《公路沥青路面养护技术规范》(JTJ 073.2—2001)的相关技术规定外,还应遵守现行《公路沥青路面施工技术规范》(JTG F40—2004)、《公路路基施工技术规范》(JTG F10—2006)、《公路路面基层施工技术细则》(JTG/T F20—2015)的有关规定。

二、沥青路面养护作业内容

沥青路面的养护可分为日常巡视与检查、小修保养、中修、大修、改建和专项养护工程等。各类养护工作的内容如下。

1. 日常巡视与检查

为及时掌握路面的技术状况,必须对路面进行经常性的检查与巡视。其内容如下:

(1)路面上是否有明显的坑槽、裂缝、拥包、沉陷、松散、泛油、波浪、麻面、冻胀、翻浆等病害,分析其危害程度及趋势。

(2)路面上是否有可能损坏路面或妨碍交通的堆积物等。

2. 小修保养

对沥青路面进行的预防性保养和轻微损坏部分的维修工作,小修保养又可分为日常保养和小修。

(1)日常保养

①清除路面泥土、杂物,保持路面清洁。

②排除路面积水、积雪、积冰、积砂,铺防滑料、灭尘剂或压实积雪维持交通。

③修理车辙。

④处理沥青路面的泛油、拥包等病害。

⑤路缘石的修理和刷白。

(2)小修

①修补沥青路面的坑槽、沉降,处理波浪、局部龟裂、裂缝、啃边、松散等病害。

②桥头、涵顶跳车的处理。

3. 中修工程

中修工程是对沥青路面的一般性磨损和局部损坏进行修理加固或局部改善。其内容如下:

(1)沥青路面整段(500m 以上)铺装、罩面或封面(稀浆封层)。

(2)沥青路面严重病害处理。

(3)整段(500m 以上)更换路缘石,整段维修路肩。

4. 大修工程

大修工程是对沥青路面较大范围内的损坏部分进行的综合性修理工作,以全面恢复原设计标准或原技术等级。大修工程的内容包括沥青路面加宽、翻修、补强等。

5. 改建工程

改建工程是对公路及沿线设施因不适应现有交通量增长和荷载需要而进行全线或逐段提高技术等级指标,显著提高其通行能力的较大工程项目。

对原有沥青路面因不适应现有交通要求而进行的翻修、加固补强、局部改线等较大的工程项目,其内容包括:翻修、补强、局部改线等。

(1)翻修

沥青路面出现大面积病害,破损严重时,应采用机械铣刨或挖除,然后重新铺筑沥青面层。

(2)补强

沥青路面强度不足,应在原有路面上进行补强,以提高路面技术状况,改善路面的使用性能。

(3)局部改线

对不适应交通要求、不符合路线标准的路段,通过局部改线,提高公路等级,使其符合技术标准要求。

6. 专项养护工程

专项养护工程是沥青路面因遭受突然自然灾害,而需要申请专款修复受损害路段的工程项目。

三、沥青路面养护质量标准

1. 沥青路面的平整度、抗滑性及路面状况与强度等的养护质量标准

(1)沥青路面的平整度、抗滑性能及路面状况的养护质量标准,应符合表 4-2-1 的规定。

平整度、抗滑性及路面状况的养护质量标准　　　　　表 4-2-1

序号	项目		高速公路、一级公路	其他等级公路
1	平整度(mm)	平整度仪 σ	≤1.2	≤2.5(≤3.5 或 4.5)①
		3m 直尺 h	—	≤5(≤8 或 10)②
		IRI(m/km)	≤2.0	≤4.2
2	抗滑性能	横向力系数 SFC	≥40	≥33.5
3	路面状况指数 PCI		≥80	≥70

注:①对于其他等级公路的平方差 σ:沥青碎石取 2.5,贯入式取值 3.5,沥青表面处治取值 4.5。
②对于其他等级公路的平整度,3m 直尺指标:沥青碎石取值 5,贯入式取值 8,沥青表面处治取值 10。

(2)沥青路面强度的养护质量标准,应符合表 4-2-2 的规定。

沥青路面强度的养护质量标准　　　　　表 4-2-2

评价指数	高速公路、一级公路	其他等级公路
路面强度指标 SSI	≥0.8	≥0.6

(3)沥青路面车辙的养护质量标准,应符合表4-2-3的规定。

沥青路面车辙的养护质量标准　　　　表4-2-3

评价指数	高速公路、一级公路	其他等级公路
路面车辙深度(mm)	≤15	—

注:对于其他等级公路,不对车辙深度作要求。

(4)沥青路面应保持横坡适度,以利排水。各种路面类型的路拱坡度,应符合表4-2-4的规定。

沥青路面路拱坡度　　　　表4-2-4

评价指数	高速公路、一级公路	其他等级公路
路拱坡度(%)	1.0~2.0	—

注:对于高速公路、一级公路路拱横坡度的养护标准,路面结构排水良好的可视情况按表列值减0.5%;其他等级公路的路拱横坡度的养护标准,可视情况按现行《公路工程技术标准》(JTG B01—2014)中相应的设计值减0.5%作为养护标准。

2.中修、大修、改建及专项工程的质量标准

(1)对沥青路面采取大修补强、中修罩面、改建及实施专项养护工程时,除参照本章的相关技术规定外,还应满足现行《公路路基施工技术规范》(JTG F10—2006)、《公路沥青路面施工技术规范》(JTG F40—2004)、《公路路面基层施工技术细则》(JTG/T F20—2015)、《公路工程质量检验评定标准(土建工程)》(JTG F80/1—2017)等有关技术规范的规定。

(2)沥青路面平整度、抗滑性能、路面状况、强度、车辙及路拱横坡度的养护,若达不到表4-3-1~表4-3-4的规定标准时,应采取适当的措施对其进行处治和修复,以达到规定的要求。

四、沥青路面日常养护的要求

沥青路面的质量和使用寿命很大程度上与日常养护有关,通过及时的、良好的日常养护可有效减缓路面损坏状况的发展,延长路面的寿命(结构和使用功能)。对于沥青路面的养护管理,应加强经常性、预防性、小修保养,对局部轻微的初始破损必须及时进行修理。我国公路养护技术规范通常把清扫保洁,处理泛油、拥包、裂缝、松散等病害作为保养作业;修补坑槽、沉陷,处理啃边、波浪等病害作为小修作业。小修保养分初期保养、日常养护和预防性季节保养修理。可把其统称为预防性养护措施。

沥青路面经一段时间的使用后,在行车荷载和自然因素的作用下,可能会出现各种损坏现象。及时进行养护和维修,可使路面的强度和使用性能保持良好的状态,确保行车安全和畅通,延长道路使用年限。延迟养护和延期养护可能会加重路面的破损程度,不仅路用性能较差,而且会导致维修费用增加,所以延迟养护将付出高昂的代价。

(1)路面日常养护工作应符合下列要求:

①建立路面巡视检查制度,配备日常的检测仪器,建立完善的信息网络,及时、准确地掌握路面状况及信息。科学、客观地评价路面状况,有依据、有计划、有针对性地安排养护项目。

②树立高度的服务意识和安全意识,在路面养护作业中,应满足正常行车的需要,尽量避免完全封闭交通。

③严格按照有关技术规范和标准进行养护作业。高速公路应采取机械化养护作业方式,迅速、优质、高效地处理各类路面损害和障碍,确保运行质量。

④不断探索和应用新材料、新设备、新技术、新工艺,提高养护作业的时效性、机动性、安全性和可靠性。

(2)路面上出现的各类病害,必须及时、快速处理。当发现有危及行车安全的病害时,应立即修复或采取临时修复措施,并按有关规定安排修复。

(3)路面的日常养护应根据实际需要配置适用的机具,做好适当的材料储备,并建立可靠的养护材料供应网络,以确保路面养护作业正常进行。

(4)在高速公路上进行路面养护作业的人员,必须岗前接受专门的安全教育和养护作业规程的培训。

(5)在日常养护中,应注意收集、利用气象信息和交通信息等相关信息。

①每天应记录天气情况。在多风、多雨、多雾、多雪、多冰冻季节,应随时注意天气的变化。必要时应与当地的气象台、站取得并保持联系,随时获得最新气象信息,以便及时采取相应措施。

②每月应进行交通量调查统计。

(6)对修建于软土地基上和高填方路段上的公路沥青路面,应定期进行路面高程测量。

五、一般公路沥青路面日常养护作业

为了保证路面经常处于良好的使用状态,应对沥青路面进行经常性和季节性的日常养护。一般公路沥青路面的日常养护,包括初期养护和日常养护两部分。

1. 沥青路面初期养护规定

(1)热拌沥青混合料路面的初期养护

①摊铺、压实后的热拌沥青混合料路面,待摊铺层自然冷却,混合料表面温度低于50℃后方可开放交通。

②纵横向施工接缝是沥青路面的薄弱环节,应加强初期养护,随时用3m直尺查找暴露出来的轻微不平,铲高补低,经拉毛后,用混合料垫平、压实。

(2)沥青贯入式路面的初期养护

①路面竣工后,开放交通时,行驶车辆限速在15km/h以下,根据表面成形情况,逐步提高到20km/h。

②设专人指挥交通或设置临时路标,按先两边、后中间的原则控制车辆行驶,达到全面压实。

③应随时将行车驱散的嵌缝料回扫、扫匀、压实,形成平整密实的上封层。当路面泛油后,要及时补撒与最后施工的一层矿料相同的嵌缝料,并控制行车碾压。

(3)沥青表面处治路面的初期养护

①层铺法施工的沥青表面处治路面,其初期养护与贯入式路面的要求基本相同。

②拌和法施工的沥青表面处治,其路面初期养护与热拌沥青混合料的要求相同。

(4)乳化沥青路面的初期养护

乳化沥青路面的初期稳定性差,压实后的路面应做好初期养护工作,设专人管理,按实际破乳情况,封闭交通2~6h;在未破乳的路段上,严禁一切车辆、人、畜通过;开放交通初期,应控制车速不超过20km/h,并不得制动和掉头。当有损坏时应及时修补。

2. 沥青路面日常养护规定

(1)加强路况巡查,及时发现病害,研究病害产生原因,并有针对性地及时对病害进行维

修处理。

（2）路面清扫应该按如下规定进行：

①巡查过程中，发现路面上有杂物，要及时清扫，保持路面清洁。

②沥青路面的日常清扫，应根据公路等级，采用机械或人工的方法进行清扫。高速公路和一级公路应以机械清扫为主，其他等级可以机械和人工相结合进行清扫。

③二级和二级以上公路路面的清扫作业频率，宜不少于1次/d；其他等级公路可根据路面污染程度、交通量大小及其组成、气候及环境等因素而定，但不宜少于1次/周；路面分隔带内的杂物清理宜不少于1次/月；长隧道内和大型桥梁的清扫频率应适当增加。

④为了防止清扫路面时产生扬尘而污染环境、危及行车安全，机械清扫时若缺少洒水装置，应适当配备洒水装置，并根据路面扬尘程度，确定适当的洒水量。

（3）严禁履带车和铁轮车在沥青路面上直接行驶，如必须行驶，应采取相应措施后才能行驶。

（4）雨后对路面有积水的地方要及时扫除，以免下渗，破坏路面。

（5）排水设施的养护。

在春融期，特别是汛前，应全面检查、疏通。雨天必须上路巡查，及时排除堵塞并疏通，防止水流直接冲刷路基、路面及路肩。暴雨过后应重点检查排水设施，如有冲刷、损坏，应及时修补。

（6）除雪防滑。

①当降雪影响正常通行时，应组织人员与机械清除路面积雪，对重要道路要争取地方政府组织沿线人员、设备除雪。

②在冬季降雪或下雨后，路面上有结冰现象时，应在桥面、陡坡、急弯、桥头引道撒一层砂等防滑料，以增大路面摩擦系数。在环保允许的情况下，下雪时也可以采用撒布药剂（氯化钙、氯化钠等），以降低冻结温度，达到行车安全的目的。

3. 沥青路面预防性季节性养护

沥青路面对气温比较敏感，应根据不同季节的气候特点、水和温度变化规律，按照"预防为主、防治结合"的原则，结合本地区成功经验，针对季节性病害根源，因地制宜，采取有效的技术措施，做好预防性季节性养护工作。

（1）春季

春季气温较暖，路基内的水分开始转移，是各种病害集中暴露的季节，所以春季应抓住时机，及时防治路面病害。春季容易出现的病害如下：

①路基含水率较大的路段，随着路基土解冻，路基强度减弱，在行车组合作用下，面层容易出现裂缝；含水率已达饱和、强度和稳定性差的路段，经车辆碾压容易出现翻浆。

②施工质量差的路段，在气温回升时容易变软，矿料经碾压产生松动，油层不稳，容易出现油包、波浪等。

③秋末冬初低温施工路段，随着温度的上升，容易出现泛油。

④春融季节路面出现网裂后，如不及时处理，容易发展为坑槽。

（2）夏季

夏季气候炎热，地面水分蒸发快，是沥青路面各种病害全面发展的季节。养护中要充分利用夏季气温高、操作方便的条件，及时消灭病害。夏季容易出现的病害如下：

①新铺沥青路面在高温作用下容易出现泛油。

②基层含水率较大或质量差的路段，在行车作用下容易造成路面发软或产生车辙。
③沥青用量过多、矿料过细或沥青黏度差的沥青路面容易出现拥包、波浪、发软等病害。

(3)秋季

秋季气温逐渐降低，而雨水较多，应及时处理病害，为冬季沥青路面的正常使用打下基础。秋季容易出现的病害如下：

①雨水较多、容易积水的路面，如果有裂缝和基层不密实，容易出现坑槽。
②强度不够的路肩受雨水侵蚀或积水影响，在行车碾压下，易产生啃边。
③基层含水率较大、强度不够，或地基受水泡发软的路段，路面稳定受到影响，在行车碾压下容易出现网裂。

(4)冬季

冬季气候寒冷，路基路面冻结，是沥青路面比较稳定的季节，但是也要注意路面的养护。
①冬季沥青路面在低温下发生不同方向的收缩，容易产生横向、纵向裂缝。
②积雪地区应做好除雪防滑工作。

冬季容易出现的病害，主要是由冰雪和沥青路面低温收缩而导致的。

六、沥青路面的养护对策

沥青路面养护对策应根据公路等级、交通量及分项路况评价结果及自然灾害等特殊情况的需要确定。分项路况评价包括路面破损状况、行驶质量、路面强度和抗滑性能。维修养护对策包括：小修保养、中修罩面、大修补强、路面的改建和恢复，因自然灾害造成的破坏应进行的专项工程等。

根据公路等级、交通量、分项路况的评价结果及自然灾害等特殊情况，可制订如下维修养护对策。

1. 小修保养对策

在满足强度要求的前提下，当高速公路及一级公路的路面损坏状况指数(PCI)评价为优、良，行驶质量指数(RQI)也评为优、良，或者二级及二级以下公路的路面损坏状况指数评价为优、良、中时，行驶质量指数(RQI)也评为优、良、中的路段，以日常养护为主，并对局部破损进行小修。

2. 中修对策

对高速公路和一级公路路面状况指数(PCI)评价为中，或行驶质量指数(RQI)评价为中的路段；对于其他等级公路，路面状况指数(PCI)评价为次、差，或行驶质量指数(RQI)也评价为次、差，但强度满足要求的路段，宜安排中修罩面等措施改善路面的平整度。

3. 大修对策

对于强度不满足要求的路段(路面结构强度指数为中等以下时)，应采取大修补强措施以提高其承载能力。

4. 抗滑处理

高速公路及一级公路的抗滑能力不足(SFC<40)的路段，或二级及二级以下公路抗滑能力不足(SFC<35.5)的路段，应采取加铺罩面层等措施提高路表面的抗滑能力。

5. 改建对策

因路面不适应现有交通量或载重的需要，应提高现有路面的等级，或通过加宽等措施提高道路的通行能力。

6. 专项养护

因自然灾害致使路面遭受严重的损坏,可申请专款对路面进行修复。

大、中修及改建工程的路面结构类型和厚度,可根据公路等级、交通量、当地经济条件和已有经验,通过设计确定,具体要求应符合有关规定。对于专项工程,采取的维修养护对策应符合相关规范的相应技术规定。

结合路面管理系统的使用,公路养护管理部门应根据路况评价结果和所选择的养护维修对策,以及养护资金的情况,统筹安排路段的养护优先次序;重点考虑交通量大、等级较高、破损较严重路段的养护维修工作,制订好各年度的养护工作计划。

 单元训练

1. 公路沥青路面日常养护的要求是什么?
2. 沥青路面初期养护和日常养护有哪些规定?
3. 预防性季节性养护的具体工作内容有哪些?

项目五　沥青路面病害识别及处治

▶ **学习目标**

（1）能够判断沥青路面病害的类型、等级；
（2）能够分析产生病害的原因；
（3）能够制订完整的维修处治方案；
（4）能够正确完成病害的维修处治工作；
（5）能够记录维修处治工作过程，完成总结报告。

▶ **任务描述**

参加某沥青路面某病害的维修处治工作；根据病害的现象，分析其产生的原因，制订相应的维修处治方案；指导维修处治操作，并记录维修处治操作的过程，最后进行总结。

▶ **学习引导**

观看沥青路面常见病害现状与养护后的图片，引发学生兴趣→学习沥青路面常见病害的基础知识→参加沥青路面某病害的维修处治工作→讨论制订合理的维修处治方案→进行维修处治→填写工作过程记录→编写总结报告。

▶ **相关知识**

由于路面是直接承受交通荷载作用的结构层，同时也受气候、水文等自然因素的影响，所以路面应具有良好的抗滑性、耐磨性及耐久性。然而，在使用过程中，沥青路面在行车荷载和自然因素的反复作用下，将产生各种各样的破损，尤其是近年来道路交通量的日益增大，车辆迅速大型化且普遍存在严重超载的现象，致使许多沥青路面在建成通车后不久就发生了较为严重的早期破损现象。路面的破损对车辆的行驶速度、荷载能力、机械磨损、燃油消耗、行车舒适性、交通安全以及环境保护会造成较大的影响。

随着交通的进一步发展，我国公路建设正以前所未有的速度、庞大的建设规模不断完善着交通路网，而修建起来的沥青路面的损坏问题也日益凸显。分析沥青路面各种病害产生的原因具有重要的意义，一方面可进一步完善沥青路面的设计和施工，另一方面可根据其产生的原因采用相应的处治措施及时进行处理，保证沥青路面服务质量和使用寿命。

单元一　沥青路面常见病害类型

 单元要点

（1）沥青路面常见病害及其表现形式；
（2）沥青路面损坏的分级标准。

相关知识

根据《公路技术状况评定标准》(JTG H20—2007)中对沥青路面病害分类的规定,并参考《公路沥青路面养护技术规范》(JTJ 073.2—2001)的相关规定,将沥青路面病害类型划分为以下10类。

1.龟裂(图5-1-1)

根据散落情况、缝宽及裂缝块度情况,龟裂分为轻、中、重三个等级。其分级情况,见表5-1-1。

龟裂分级表　　　　　　　　　　　　　　　　　　　　　　表5-1-1

分级	外观描述	计量单位
轻	初期裂缝,裂区无变形、无散落,缝细,主要裂缝宽度在2mm以下,主要裂缝块度为0.2~0.5m;损坏按面积计算	m²
中	龟裂的发展期,龟裂状态明显,裂缝区有轻度散落或轻度变形,主要裂缝宽度为2~5mm,部分裂缝块度小于0.2m;损坏按面积计算	m²
重	龟裂特征显著,裂块较小,裂缝区变形明显、散落严重,主要裂缝宽度大于5mm,大部分裂缝块度小于0.2m;损坏按面积计算	m²

2.块状裂缝(图5-1-2)

根据散落情况、缝宽及裂缝块度情况,块状裂缝分为轻、重两个等级。其分级情况,见表5-1-2。

块状裂缝分级表　　　　　　　　　　　　　　　　　　　　　表5-1-2

分级	外观描述	计量单位
轻	缝细,裂缝区无散落,裂缝宽度在3mm以内,大部分裂缝块度大于1.0m;损坏按面积计算	m²
重	缝宽,裂缝区有散落,裂缝宽度在3mm以上,主要裂缝块度为0.5~1.0m;损坏按面积计算	m²

图5-1-1　龟裂

图5-1-2　块状裂缝

3.纵向裂缝

纵向裂缝指与行车方向基本平行的裂缝,根据散落情况、缝宽及有无支缝等情况分为轻、重两个等级。其分级情况,见表5-1-3。

4.横向裂缝

横向裂缝指与行车方向基本垂直、缝宽不一、缝长有贯穿或不贯穿路幅的裂缝;根据散落情况、缝宽等情况分为轻、重两个等级。其分级情况,见表 5-1-4。

纵向裂缝分级表　　　　　　　　　表 5-1-3

分级	外　观　描　述	计量单位
轻	缝细,裂缝壁无散落或有轻微散落,无支缝或有少量支缝,裂缝宽度在 3mm 以内,损坏按长度计算,检测结果要用影响宽度(0.2m)换算成面积	m^2
重	缝宽,裂缝壁有散落、有支缝,主要裂缝宽度大于 3m,损坏按长度(m)计算,检测结果要用影响宽度(0.2m)换算成面积	m^2

横向裂缝分级表　　　　　　　　　表 5-1-4

分级	外　观　描　述	计量单位
轻	缝细,裂缝壁无散落或有轻微散落,裂缝宽度在 3mm 以内,损坏按长度计算,检测结果要用影响宽度(0.2m)换算成面积	m^2
重	缝宽,裂缝贯通整个路面、裂缝壁有散落并伴有少量支缝,主要裂缝宽度大于 3mm,损坏按长度计算,检测结果要用影响宽度(0.2m)换算成面积	m^2

5. 坑槽(图 5-1-3)

坑槽是路面受破坏而形成的深坑。根据坑的深度和有效坑槽面积分为轻、重两个等级。其分级情况,见表 5-1-5。

坑　槽　分　级　表　　　　　　　　　表 5-1-5

分级	外　观　描　述	计量单位
轻	坑浅,有效坑槽面积在 $0.1m^2$ 以内(约 0.3m×0.3m),损坏按面积计算	m^2
重	坑深,有效坑槽面积大于 $0.1m^2$(约 0.3m×0.3m),损坏按面积计算	m^2

6. 松散(图 5-1-4)

根据路面粗细集料散失情况等,松散分为轻、重两个等级。其分级情况,见表 5-1-6。

松　散　分　级　表　　　　　　　　　表 5-1-6

分级	外　观　描　述	计量单位
轻	路面细集料散失,出现脱皮、麻面等表面损坏,损坏按面积计算	m^2
重	路面粗集料散失,出现脱皮、麻面、露骨等表面损坏,表面剥落、有小坑洞,损坏按面积计算	m^2

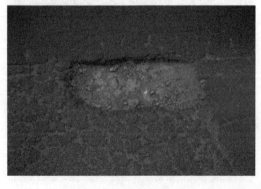

图 5-1-3　坑槽

图 5-1-4　松散

7. 沉陷(图 5-1-5)

沉陷指大于 10mm 的路面局部下沉,根据其深度情况等分为轻、重两个等级。其分级情况,见表 5-1-7。

沉 陷 分 级 表　　　　　　　　　　　　　　表 5-1-7

分级	外 观 描 述	计量单位
轻	深度为 10~25mm,正常行车无明显感觉,损坏按面积计算	m²
重	深度大于 25mm,正常行车有明显感觉,损坏按面积计算	m²

8. 车辙(图 5-1-6)

车辙指轮迹处深度大于 10mm 的纵向带状凹槽(辙槽),根据辙槽深度情况等分为轻、重两个等级。其分级情况,见表 5-1-8。

车 辙 分 级 表　　　　　　　　　　　　　　表 5-1-8

分级	外 观 描 述	计量单位
轻	辙槽浅,深度为 10~15mm,损坏按长度计算,检测结果要用影响宽度(0.4m)换算成面积	m²
重	辙槽深,深度在 15mm 以上,损坏按长度计算,检测结果要用影响宽度(0.4m)换算成面积	m²

图 5-1-5　沉陷

图 5-1-6　车辙

9. 波浪拥包(图 5-1-7)

图 5-1-7　波浪拥包

根据波峰波谷高差大小等情况,波浪拥包分为轻、重两个等级。其分级情况,见表 5-1-9。

波浪拥包分级表　　　　表 5-1-9

分级	外 观 描 述	计量单位
轻	波峰波谷高差小,高差为 10～25mm,损坏按面积计算	m²
重	波峰波谷高差大,高差大于 25mm,损坏按面积计算	m²

10. 泛油(图 5-1-8)

　　泛油指路面沥青被挤出或表面被沥青膜覆盖形成发亮的薄油层。其损坏按面积计算。

　　上述 10 种沥青路面病害类型如龟裂、坑槽、松散、沉陷、车辙等需进行修补。修补面积或修补影响面积通过计算确定(裂缝修补按长度计算,影响宽度为 0.2m),如图 5-1-9 所示。

图 5-1-8　泛油

图 5-1-9　修补

单元训练

1. 沥青路面常见的病害有哪些?
2. 沥青路面的病害如何分级?

单元二　沥青路面裂缝类病害成因识别及处治

单元要点

(1)沥青路面裂缝类病害成因;
(2)沥青路面裂缝类病害产生的影响因素;
(3)沥青路面裂缝类病害处治方法。

相关知识

　　路面裂缝是路面早期破损最常见的病害之一。龟裂、块状裂缝、横向裂缝和纵向裂缝均属裂缝类病害。它的危害在于水分从裂缝中不断地进入,使基层甚至路基软化,导致路面承载能力下降,加速路面的破坏。裂缝是沥青路面最主要的病害。

一、裂缝类病害产生的成因识别

　　考虑到沥青路面裂缝形式的多样性,下面对常见的裂缝成因逐一作具体分析。

1. 龟裂、块状裂缝

龟裂是沥青路面的一种主要结构损坏类型,是目前沥青路面普遍存在的病害,也是养护中比较难以处理的病害之一,它严重影响到沥青路面的使用品质和使用寿命。沥青路面产生龟裂的原因较复杂,并有隐蔽性,单从表面不易看到。

1)土基和路面基层病害导致的龟裂

土基和路面基层软化、稳定性不良等病害或路面整体强度不足,在行车荷载作用下产生龟裂现象。

(1)路基不均匀沉降,引起沥青路面龟裂。

①路基填料控制不好,路基用土材料性质不均匀或填土层厚不一致等,造成早期沉降的不均匀。

②半填半挖路基的接合部处理不当,路基的压实度不足。

③特殊地基路段、路基防护排水不完善,造成土基的不均匀沉陷、水流不畅,引起路基变形。

(2)桥梁涵洞两端及桥梁伸缩缝的跳车,引起沥青路面龟裂。在我国,现有的公路都不同程度地出现了一些问题。其主要表现为:

①桥梁、涵洞的台背填土,由于压实机械的作业面狭小而压实不到位,通车后,引起路基的压缩沉降。

②台背填料与台身的刚度差别大,造成不均匀沉降。

③在桥梁、涵洞与路基结合处,常会产生细小缩裂缝,雨水渗入后,使路基产生病害,导致该处路基发生沉陷、龟裂。

(3)基层不平整,引起沥青路面龟裂。

2)由沥青性能导致的龟裂

因沥青性能不好或路龄较长,从而产生较大面积龟裂。

2. 横向裂缝

通常横向裂缝发生在温差变化较大的地区。按其成因,横向裂缝可分为荷载型裂缝(图5-2-1)和非荷载型裂缝两大类。其中,非荷载型裂缝是横向裂缝的主要形式,非荷载型裂缝又包含沥青面层温度收缩型裂缝和基层反射型裂缝(图5-2-2)。

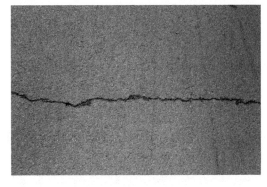

图 5-2-1　荷载型裂缝

图 5-2-2　基层反射型横向裂缝

1)荷载型横向裂缝产生的原因

(1)路面设计不当,如沥青标号未达到使用要求的质量标准或不适合本地区气候条件。

(2)施工质量低劣,如施工缝未处理好,接缝不紧密,结合不良。

(3)车辆严重超载,致使沥青面层或半刚性基层内产生的拉应力超过其疲劳强度而产生裂缝。

2)非荷载型裂缝产生的原因

(1)沥青路面位于温差变化较大的地区,导致沥青面层形成温度收缩型裂缝。

(2)半刚性基层收缩裂缝导致路面形成基层反射型横向裂缝。

(3)桥梁、涵洞或通道两侧的填土产生固结或地基沉降。

3. 纵向裂缝

纵向裂缝产生的原因有以下几种:

(1)由于路基压实度不均匀,路面不均匀沉陷而引起纵向裂缝的产生,例如发生在半填半挖处的裂缝。

(2)沥青路面分幅摊铺时,对先后摊铺幅相接处的冷接缝未按有关规范要求认真处理,两幅接茬没有处理好,在行车荷载作用下,较容易形成纵缝,见图5-2-3。

(3)由于纵向沟槽回填土压实度不足,发生沉陷而引起。

(4)由于拓宽路段的新老路面交界处沉降不一引起。

(5)由于结构承载力不足,偶尔在车辙边缘也会出现纵向裂缝,见图5-2-4。

图 5-2-3　分幅处纵向裂缝　　　　　　图 5-2-4　车辙边缘纵向裂缝

不均匀沉降引起的纵向裂缝,通常断断续续绵延很长;施工搭接引起的纵向裂缝,其形长且直;而结构承载力不足引起的纵向裂缝多出现在路面边缘。

二、裂缝类病害产生的影响因素分析

造成龟裂、横向裂缝、纵向裂缝等裂缝类病害的影响因素一般可归结为以下四个方面。

1. 材料因素

(1)沥青

沥青路面温度型裂缝的产生,很大程度上受沥青混合料性质的影响,沥青混合料的性质又很大程度上取决于沥青性质的好坏。例如,沥青劲度是决定沥青混合料劲度的关键,而沥青混凝土低温的劲度是决定其是否开裂的根本因素。因此,沥青老化越严重,劲度越大,其裂缝出现得越早。另外,沥青含蜡量高会使沥青的拉伸应变减小,脆性增加,其温度敏感性也随之变大,而沥青的温度敏感性对裂缝的产生也有较明显的影响,沥青的温度敏感性越大,则越容易开裂。

(2)矿料组成级配

矿料的组成级配也与开裂有一定的关系,一般来说,当用油量偏低、矿粉含量高时,其更易产生裂缝。

(3)基层类型

半刚性基层与级配碎石、沥青稳定碎石等柔性基层相比,其热容量小,与沥青表面层的附着黏结性能差,尤其是本身收缩的附加影响,使面层的横向裂缝要多些。特别是当我国高速公路分期修建、施工较快时,有相当部分的半刚性基层养生不足,修筑后不久便开裂了,这些裂缝在荷载和温度的作用下,由下层逐渐反射到表面。

2. 设计因素

裂缝的产生和路面结构的设计也有很大的关系。在进行路面设计时,通常情况下,沥青面层厚度越大,裂缝就越少,反之,裂缝就越多;沥青质量越好,裂缝也越少。即对同一种沥青混合料,厚度大的比薄的裂缝率要小,而采用质量好的沥青,即使铺筑较薄的路面,其产生的裂缝也可能比厚度大而沥青质量差的路面要少。

3. 施工因素

施工质量的好坏对沥青路面裂缝的产生有直接的影响。优良的施工质量,特别是各结构层的压实度达到规范要求,稳定性优良、排水性能好、面层接缝处理完善等是保证裂缝特别是纵向裂缝和龟裂不出现的前提条件。

4. 气候交通条件

在气候因素方面,温度和降雨是重要的影响因素。其中,极端最低温度、降温速率、低温持续时间、升温和降温循环次数是温度收缩型裂缝出现的四大影响因素。在气温的交替变化中,裂缝逐渐形成,而降雨量的大小和持续时间的长短又不同程度地加速了裂缝形成、扩大甚至是路面的破坏。另外,由于裂缝中水的存在,在行车荷载的作用下,致使路面加速破坏。

三、裂缝类病害的处治方法

沥青路面裂缝是常见病害之一,龟裂、块状裂缝、纵向裂缝、横向裂缝等裂缝类病害的成因各有不同,但不论是哪种形式的裂缝,都应及时进行修补,否则雨水将会通过裂缝进入基层,使基层甚至路基软化,造成基层、路基强度降低,最终导致沥青路面承载能力下降,进而造成路面局部或成片损坏,严重影响行车舒适性,并使路面寿命大大降低。裂缝破损属于沥青路面结构性破坏,更多的是影响沥青路面的耐久性。

1. 裂缝处治的最佳时期

裂缝的修补具有很强的时限性,安排修补时间不当,将大大影响灌缝质量和效果。裂缝维修的最佳时期为秋末深冬季节。

2. 裂缝对维修材料的要求

要想使裂缝维修的质量和寿命提高,维修材料就必须满足以下3个条件:

(1)应具有良好的黏结力(和沥青混合料相融合)。

(2)低温状态下具有优良的延伸性和弹性。

(3)应具备持久的抗老化和抗疲劳能力。

目前普遍采用的裂缝填缝材料可分成下列3种类型。

(1)热灌式橡胶沥青

因热灌式橡胶沥青价格低廉,对施工人员的要求不苛刻而受到广泛采用。其主要工艺包括普通热沥青灌缝、改性沥青灌缝。

(2)有机硅树脂

有机硅树脂由于其黏度太大,不易充分渗入裂缝,且对施工条件要求高,既费时又昂贵,故大多用于密封新建混凝土路面的接缝。

(3)冷灌式填缝料

冷灌式填缝料是以乳化沥青为基本物质的填缝料。其受限制条件较少,不需加热使用,可用在潮湿的路面、有灰尘的壁面,这些对其性能影响较小,典型材料是乳化沥青材料和改性乳化沥青。

近几年,随着沥青改性技术的发展,不断研制出以改性沥青为基本物质的新型填缝料。美国公路部门研究出一种 CRF-PM 聚合物改性乳液,具有很好的弹性、流动性和黏结力,不受季节和气候的影响,填缝后能牢牢地黏附在勾缝壁上,和路面连成一体。施工时只要将 CRF-PM 聚合物改性乳液放到一个专业壶中,由人工浇入裂缝中,再铺砂子,即可开放交通。美国 CRAFCO 公司也研制了适用于不同场合的改性沥青密封胶,有加热施工的,也有只需冷施工的,有适合寒、温、热三种不同气候带使用的,灌缝效果优于普通热沥青和改性热沥青,但是价格较高。

3.裂缝的处治措施

沥青路面裂缝修补方法很多,一般可根据裂缝的宽度和深度确定具体的修补工艺。根据规范推荐,其处治方法主要有以下几种。

1)高温季节下能愈合的裂缝

对于在高温季节能够全部或大部分愈合的裂缝可以不加以处治。

2)按裂缝宽度进行处治的裂缝

对于在高温季节不能愈合的轻微裂缝,或由于路面基层温缩、干缩而造成的纵向裂缝、横向裂缝、块状裂缝等,应按裂缝的宽度分别予以处治。

(1)注射封缝

该方法适用于裂缝宽度小于或等于2mm的轻度裂缝。材料可采用硅酮、聚氨酯、聚硫胶等。

其施工工艺为:清缝→加热除湿→注射封缝→养生→现场清理。

其具体作业要求如下:

①清缝。用钢丝刷清除表面污物和裂缝边缘松散物,使用工业吸尘器将缝内杂物吸出,或使用森林灭火器将缝内杂物吹干净(图5-2-5)。现场技术人员检查清缝,合格后方可进行下道工序。

②加热除湿。使用液化气热气喷枪(图5-2-6)与路面保持约10cm距离,对缝壁进行均匀加热烘干,确保裂缝内部干燥。

③注射封缝。使用注射枪将密封材料

图5-2-5 清缝

沿裂缝一端向另一端缓慢均匀地封闭于裂缝顶面，外观应饱满、平整、平顺、宽窄一致(图5-2-7)。

④养生。按照材料使用说明要求养生。

⑤清理现场。用扫帚将施工现场的灰尘、散落物清理干净，杂物放入垃圾桶中。

图5-2-6 液化气热气喷枪

图5-2-7 注射封缝

(2)贴缝带封缝

该方法适用于沥青路面裂缝宽度小于5mm的裂缝顶面封闭，贴缝材料采用专用沥青路面贴缝带。

其施工工艺为：清缝→裁剪贴缝带→涂刷黏结剂→加热、粘贴→碾压→现场清理。

其具体作业要求如下：

①清缝。使用钢丝刷、工业吸尘器或森林灭火器对选择使用贴缝带的裂(接)缝进行清洁干燥处理，将路面裂缝以及裂缝两侧200mm范围内的路面同时清理干净。裂缝表面须平整、无突起、无凹陷、无松散、无碎石或油痕、油脂及其他污物，如有坑槽，必须填补。

②裁剪贴缝带。根据裂缝宽度选择适当宽度的贴缝带;贴缝带长度按照裂缝两端各放长15cm计算。

③涂刷黏结剂。使用贴缝带说明要求的黏结剂;由缝的一端向另一端均匀涂刷，不得漏涂和多涂。

④加热、粘贴(图5-2-8)。揭去贴缝带保护膜，将高黏结材料层朝下对准裂缝，用手指按压贴缝带和裂缝两侧，从一端向另一端粘贴，直至覆盖整个裂缝;要求贴缝带中间不能有气泡及褶皱。如遇不规则的裂缝，可用剪刀将贴缝带切断，按裂缝的走向跟踪粘贴。在贴缝带的接合处，宜形成80~100mm的重叠。

若气温低于15℃时，应使用热气喷枪对贴缝带进行适当加热，以不流淌为宜。加热后再按照上述方法粘贴。

⑤碾压(图5-2-9)。粘贴完贴缝带后用铁制推辊碾压，将贴缝带熨贴至地面，以确保贴缝带同路面接合成为一体，不能有气泡、皱褶，以保证贴缝带和路面充分接合。

⑥清理现场。用扫帚将施工现场的灰尘、散落物清理干净，杂物放入垃圾桶中。

(3)开槽灌缝

该方法适用于沥青路面裂缝宽度大于或等于5mm且小于10mm的重度裂缝。灌缝材料可采用改性沥青砂或橡胶沥青灌封胶。

其施工工艺为：开槽→清缝→加热除湿→灌缝→冷却养生→现场清理。

其具体作业要求如下：

图 5-2-8 粘贴贴缝带

图 5-2-9 碾压贴缝带

①开槽(图 5-2-10)。开槽机沿裂缝中心线从一端向另一端匀速进行。开槽过程中应保持开槽壁完整,开槽宽度为 10~15mm,深度宜为 2 倍的缝宽。

②清缝。使用清缝机由缝一端向另一端清理,清理时不要人为损伤槽壁。使用工业吸尘器将缝内杂物吸出,或使用森林灭火器将缝内杂物吹干净。现场技术人员检查清缝,合格后方可进行下道工序。

③加热除湿。使用液化气热气喷枪与路面保持约 10cm 距离,对缝壁进行均匀加热烘干,确保裂缝内部干燥。

④灌缝(图 5-2-11)。使用改性沥青砂灌缝时,沥青砂温度应大于 120℃,从保温桶中取出沥青砂,沿裂缝一端向另外一端连续填筑并紧跟采用捣棍或自制夯实器械夯实,表面微高于原路面不超过 3mm,要求表面饱满、均匀、密实平整。

使用专用灌封胶时,采用热熔灌缝机将加热到适用温度的灌封胶沿裂缝一端向另一端灌注,外观要求饱满、无气泡、均匀、平整、无流淌。对于表面不平整或多余灌封胶,宜用灰刀进行修整。

图 5-2-10 开槽

图 5-2-11 灌缝

⑤冷却养生。使用改性沥青砂灌缝时,开放交通温度应低于 50℃。使用专用灌封胶时,按照专用灌封胶使用说明要求养生。

⑥清理现场。用扫帚将施工现场的灰尘、散落物清理干净,杂物放入垃圾桶中。

(4)直接灌缝

该方法适用于沥青路面裂缝宽度大于或等于 10mm 重度裂缝。灌缝材料可采用改性沥青砂或橡胶沥青灌封胶。

其施工工艺为:清缝→加热除湿→灌缝→冷却养生→现场清理。
其具体作业要求如下:

①清缝。用钢丝刷清除表面污物和裂缝边缘松散物,使用工业吸尘器将缝内杂物吸出,或使用森林灭火器将缝内杂物吹干净。现场技术人员检查清缝,合格后方可进行下道工序。

②加热除湿。使用液化气热气喷枪与路面保持约10cm距离,对缝壁进行均匀加热烘干,确保裂缝内部干燥。

③灌缝。使用改性沥青砂灌缝时,沥青砂温度应大于120℃,从保温桶中取出沥青砂,沿裂缝一端向另外一端连续填筑并紧跟采用捣棍或自制夯实器械夯实,表面微高于原路面不超过3mm,要求表面饱满、均匀、密实平整。

使用专用灌缝胶时,采用热熔灌缝机将加热到适用温度的灌封胶沿裂缝一端向另一端灌注,外观要求饱满、无气泡、均匀、平整、无流淌。对于表面不平整或多余灌缝胶,宜用灰刀进行修整。

④冷却养生。使用改性沥青砂灌缝时,开放交通温度应低于50℃。使用专用灌缝胶时,按照专用灌缝胶使用说明要求养生。

⑤清理现场。用扫帚将施工现场的灰尘、散落物清理干净,杂物放入垃圾桶中。

3)大面积的裂缝(含网裂)

对于因沥青性能不好,或路面设计使用年限较长、油层老化等原因出现的大面积裂缝(包括网裂),如果基层强度尚好,通过技术经济比较,可选用下列维修方法:

(1)乳化沥青稀浆封层,封层厚度宜为3~6mm。

(2)加铺沥青混合料上封层,或先铺设一层土工合成材料后喷洒沥青,再在其上加铺沥青混合料上封层。

(3)采用改性沥青薄层罩面。

(4)采用单层沥青表处。

4)严重龟裂

对由于土基、基层强度不足或路基翻浆等引起的严重龟裂,应先处治好基层后再重做面层。

单元训练

1. 沥青路面裂缝类病害有哪几种?
2. 沥青路面各种裂缝产生的原因及防治措施有哪些?

单元三 沥青路面松散类病害成因识别及处治

单元要点

(1)沥青路面松散类病害成因;
(2)沥青路面松散类病害产生的影响因素;
(3)沥青路面松散类病害处治方法。

相关知识

根据《公路沥青路面养护技术规范》(JTJ 073.2—2001)的规定,坑槽、松散等都属于松散类病害。其中,沥青路面磨损,表面粗麻,粗细集料散失、脱皮、露骨、路表皮脱落或有小坑洞等都属于松散。

一、坑槽

坑槽是沥青路面最为常见的一种病害,它是路面受破坏而形成的深坑,坑的深度一般大于2cm。除特殊原因外,沥青路面的坑槽一般不会直接形成,而是起初在路表出现局部龟裂松散,在受到行车荷载和雨水等自然因素综合作用下逐步形成的。

1.坑槽类型及形成原因

1)按形成原因分

根据坑槽成因,可将坑槽分为以下4种类型。

(1)压实不足型坑槽(图5-3-1)

压实不足型坑槽有两种情况:第一种是由于施工时混合料温度过高,使沥青老化,其黏结力下降、脆性增加,导致沥青混合料压实不够,黏结不牢,在车辆荷载的作用下形成坑槽。第二种是由于混合料温度太低,使得沥青混合料摊铺不均匀,压实不充分,导致压实度不够,形成坑槽。

(2)厚度不足型坑槽(图5-3-2)

厚度不足型坑槽的形成,一般情况下是由于在施工过程中,对路面下面层的高程局部控制不严格,使得沥青表面层个别地方厚度不够,在车轮行驶作用下,部分混合料易被带走,最终形成坑槽。

图5-3-1 压实不足型坑槽

图5-3-2 厚度不足型坑槽

(3)水损坏型坑槽(图5-3-3)

水损坏型坑槽通常指沥青路面在水和车辆荷载的共同作用下,出现小面积松散或裂缝等病害后未能及时修补,而进一步形成的坑槽。这种坑槽是沥青混凝土路面早期破坏中最常见的病害。

坑槽的形成过程:在开始阶段,水分侵入沥青与集料的界面,以水膜或水汽的形式存在,影响沥青与集料的黏附性;在反复荷载的作用下,沥青膜与集料开始剥离,渐渐地路面开始出现麻面、松散、掉粒,最后形成坑槽。

(4)其他类型坑槽(图5-3-4)

路面尚未成型时,受到机动车紧急制动或受外力冲击出现坑槽,如:机械碰撞,使路面遭到破坏形成的坑槽。一般情况下,该种原因引起的坑槽病害较少。

图 5-3-3　水损坏型坑槽

图 5-3-4　其他类型坑槽

2）按形成坑槽的部位分

坑槽根据其出现的部位可分为以下 4 种。

(1)表面层产生坑槽

由于沥青路面上面层混合料局部空隙率较大,沥青与石料间的黏附力不强,路表水(雨水或雪水)进入并滞留在表面层沥青混合料中,在行车荷载尤其是重载车辆的不断作用下,产生的动水压力使表面层的沥青从石料表面剥落下来,沥青路面便会出现局部松散破损。散落的石料被车轮甩出,路面自上而下逐渐会形成坑槽。这类坑槽通常深度为 2～5cm,在我国沥青路面早期破坏中是各类坑槽中最早产生,也是产生数量最多的一类。

(2)表面层和中面层同时产生坑槽

当沥青路面表面层和中面层都是空隙率较大的半开级配沥青混合料,而底面层为空隙率较小的密级配沥青混合料时,路表的自由水较易渗入并滞留在表面层和中面层内。行车荷载的作用使得中、上面层内的沥青剥落,沥青混合料失去黏结强度,导致路表面产生网裂、形变(局部沉陷)和向外侧推挤,并最终出现粒料分离。粒料被行车作用带走,最终形成坑槽,此类坑槽完全形成后深度一般为 8～10cm。由于近年来高速公路的中上面层均采用密级配混合料,同时对预防性养护愈发重视,以及对坑槽及时修补,因而,此类坑槽的产生越来越少。

(3)底面层和基层间产生坑槽

此类病害容易发生在翻浆现象非常严重的路面,在重载车辆作用下,自由水产生很大的压力,冲刷基层混合料表层细料,形成灰白色浆。在动水压力和孔隙水压力的反复作用下,使得整个面层范围内的基层粒料出现松散,并反射到面层,形成恶性循环,最终会导致坑槽出现。这类坑槽完全形成后,通常深度都大于10cm,并且绝大多数都在车流量较大的行车道上或重载车辆较多的道路上。发生该类病害时,通常基层也已严重破坏,而且在形成坑槽之前,路面亦表现出其他破坏现象而需要治理。因此,该种病害相对来说很少。

(4)桥面铺装层等构造物产生坑槽

由于水泥混凝土梁与沥青铺装层的材料差异较大,层间黏结处的变形不一致,为了减少桥面的水损坏,对桥面防水层和黏结层的要求越来越高。但由于种种原因,使得层间局部黏附性较差,并出现分层,使得沥青铺装层在车辆荷载和水的共同作用下形成剥落和脱皮,最终产生坑槽。在日常养护中,桥面翻浆现象比较严重,当连续降雨后,桥面容易出现坑槽。由于桥面铺装层一般在10cm,因而该类坑槽相对来说都不算深,为3~5cm。

2.坑槽形成的影响因素

影响坑槽产生的因素很多,大致可归结为以下4个方面。

1)材料因素

(1)沥青

沥青与集料的黏附性和抗剥离性是防止路面剥离的基本条件,所以,在选用沥青时应选用具有较好黏附性和抗老化性能的沥青。

(2)集料

集料的酸碱性和吸水率是混合料抗剥离性的重要影响因素。一方面,由于碱性集料与沥青的黏附性较好,所以,通常情况下沥青混合料所用的集料都是碱性集料。如在特殊情况下使用酸性集料时,通常需添加一定数量的抗剥离剂以提高沥青与集料的黏附性和抗剥离性,而抗剥离性能的好坏则与抗剥离剂的优劣直接相关。另一方面,当集料的吸水率较大时,不仅会影响拌和机的生产能力,而且其残存的水分还会影响施工的压实度和空隙率,容易使混合料产生剥离。

2)设计因素

(1)级配

沥青混合料的空隙率和其级配设计密切相关,选用合理的级配可尽量减少空隙率,以防止或减少水分进入沥青混合料的内部,从而避免水损坏型坑槽的产生。如对沥青混凝土下面层尽量选用Ⅰ型沥青混凝土,而不选用水稳性较差的Ⅱ型沥青混凝土。

(2)防水设计

路面防水设计不当是造成雨水滞留在基层上面并最终形成坑槽的重要原因。在沥青面层结构组合设计中,应将其中一层按密级配要求来考虑,或专门设置一层隔水层来防水,以减少面层渗水。在干净的基层表面上再设置一层沥青膜下封层,一方面可减少基层直接受到水的冲刷;另一方面可形成一个光滑的界面,以利于渗入水的排除。

3)施工因素

在施工过程中,混合料温度过高或过低都可能导致压实度不足,因此,应控制好混合料的施工温度,确保混合料温度在规定要求的范围内,并保证压实度达到规范要求。另外,高程控制不严格可形成厚度不足型坑槽,因此,施工时还应确保沥青面层的厚度。

4)气候条件

气候条件中,雨水是坑槽特别是水损坏型坑槽的重要影响因素,它能加速坑槽的形成和路面的破损,特别是冬季后春融和雨季雨水的到来,更是对沥青路面水稳性的考验。

3. 坑槽的处治方法

由于坑槽是沥青路面最常见的一种病害,它具有突发性、高发性和蔓延性的特点。所以,路面一旦出现坑槽,应根据路面结构、坑槽的大小、坑槽的深度、坑槽出现的时间等及时地采取相应措施进行修复,以提高路面的服务水平和使用寿命。坑槽的处治方法,可分以下几种情况。

1)路面基层完好,仅面层有坑槽时的处治方法

路面基层完好,仅面层有坑槽时,可以按下面的方法进行维修。

(1)挖补法

挖补法是将小面积的、使用功能无法满足要求的原沥青路面挖除后,铺筑新的沥青混合料并压实成型,达到满足路面使用功能要求的养护施工方法。

其施工工艺为:标记作业轮廓线→切割或破碎坑槽→灌缝→清理坑槽→涂刷、喷洒乳化沥青→添加沥青混合料→摊铺、整平→压实。

其具体作业要求如下:

①标记作业轮廓线。根据病害部位,用涂料标记病害挖补范围,一般采用"圆洞方补、斜洞直补"法,把病害挖补处理范围标识成矩形,并使矩形任一边平行于路线中线方向。坑槽范围的标识应按照坑槽表面的长边与短边标识,把坑槽的修补面标识成矩形,标识的边界应大于坑槽边界5cm以上。标记完坑槽轮廓线后,摆放标尺,注明里程、位置后拍照。

②切割或破碎坑槽(图5-3-5)。使用液压镐或锯缝机配合液压镐将标识区域破除成矩形,也可采用铣刨机铣刨成槽。当坑槽处理深度较大时,需逐层破碎处理。

③清理坑槽(图5-3-6、图5-3-7)。将槽底、槽壁处已经松散的旧沥青料凿除并移出坑槽,用高压鼓风机吹风管将槽底、槽壁处的粉尘吹出,清理后的坑槽面必须无积水,用手指触摸后,指不留灰为宜。清理结束后,摆放标尺,注明里程、位置后拍照。

图5-3-5 切割破碎坑槽

图5-3-6 清理坑槽

④涂刷、喷洒乳化沥青(图5-3-8):

a.喷洒顺序。即先喷洒修补区域四周边缘部分,然后喷洒中间。

图 5-3-7 清理完的坑槽

b.喷洒方法。即喷洒时要轻轻扣动喷枪扳机,使乳化沥青成雾状喷出,不要使其形成喷射流。同时,必须在周围被加热的完好路面上适量喷洒乳化沥青。向旧沥青料喷洒少许乳化沥青并充分拌和。

c.乳化沥青用量。即视病害路面沥青含量而定,过少会影响沥青混合料再生能力及与周围老路面黏结,过多则会导致沥青路面空隙率降低并泛油,一般使碾压时光亮并不泛油为宜。参考喷洒量为 $0.45L/m^2$。

⑤添加沥青混合料。启动修补专用设备料仓螺旋输送器,给需修补的坑槽中添加新料,施工当天第一次出料应弃除先送出的少量冷料及被柴油污染的沥青料,保证添加新料的质量及均匀性。添加混合料时,应多次分批添加,避免离析。

⑥摊铺、整平(图 5-3-9)。沥青混合料摊铺之前,温度宜控制在 130℃以上,并合理安排施工,最终保证碾压终了温度大于等于 80℃。如发现摊铺温度稍低于 130℃,应加快施工,保证及时碾压,确保混合料温度大于等于 80℃时被压实。同时,根据混合料实测温度调整养护车保温系统,适当上调混合料摊铺温度。

图 5-3-8 涂刷、喷洒乳化沥青

图 5-3-9 摊铺沥青混合料

摊铺时,用耙将沥青料摊平,并将较大颗粒沥青混合料摊至修补区域的下层,四周边缘部分用较细颗粒料。注意从边缘开始向中间摊铺。

用沥青修整板整理修补区边缘,使其周围无缝隙和缺口,且饱满。整平、除去余料,并将路面修平。新铺路面的松铺厚度可根据试验和经验确定,确保压实后的路面与原路面衔接平顺。

摊铺过程中如发现花白料,需立即清除,采用拌和均匀的沥青混合料。同时,检查保温车中的混合料是否存在该情况,如存在,需废弃该料,采用合格的沥青混合料进行现场施工。对产生花白料的原因从沥青混凝土拌和楼的集料烘干效果,拌和时间等方面分析并解决问题,保证运输到现场混合料满足要求。

⑦压实(图 5-3-10、图 5-3-11)。用激振力 20kN 平板振动夯或手动单(双)钢轮振动压路机。

a.碾压顺序。由低处向高处碾压,先横缝后纵缝,最后碾压中间部分。

b.碾压方法。按照选定机械的试验工艺方法或使用说明推荐的碾压方法施工。

c.碾压注意事项。即碾压新旧料接缝时,至少要有 10~20cm 的过延伸量;一般压实后的新路面应比旧路面高出 1~3mm;如果坑槽的深度大于 6cm,则需分层填充沥青料,并分层压实;且边角处应用人力夯或手持式振动夯夯实;最后再精心整平压实路面,方法同前。

图 5-3-10　平板振动夯

图 5-3-11　碾压沥青混合料

（2）热再生法修补

热再生修补方法是先将高效热辐射加热板放置到待补区域,使旧沥青路面软化;然后耙松被软化的沥青旧料,喷洒乳化沥青使旧料现场再生,补充新沥青混合料,拌和、摊铺并压实。这种方法可对旧料进行现场再生利用,减少了环境污染、资源浪费,降低了维修成本,进行修补作业时不受气候变化影响。

其施工工艺为:清理病害区→加热病害区→耙松→添加新料→软化新料→压实。

其具体作业要求如下:

①清理病害区（图 5-3-12）。先观察旧面层是否能够再生利用,对不能再生利用的旧面层料进行清除,对可再生利用的旧面层料将病害区的尘土、松散粒料、积水等杂物清扫干净。

②加热病害区（图 5-3-13）。对病害区加热,为确保作业路面无老化现象发生,调好加热时间,一般控制在 5~10min 即可,加热至 140~170℃。其具体加热时间可因季节和具体环境条件的不同,通过加热试验后确定。

图 5-3-12　清理病害区

图 5-3-13　加热病害区

③耙松（图 5-3-14）。移走热再生修补机后,要立即对待修补的区域进行翻松,可先用齿耙和推板的背边在病害区周围刨出一个四方形,这个四方形距病害边缘不小于 15cm,对加热区域外边缘不小于 10cm,深度为 4~6cm。

④添加新料（图 5-3-15）。如果需要添加新混合料,把新料碎成小块后填充进修补区,新料和旧料混合使用,摊铺平整。

⑤软化新料。再次把热再生修补机置于修补区之上,加热 0.5~2min,使新料全部软化。

⑥压实。根据再生沥青料的氧化程度,在翻松后喷洒少许沥青再生剂或乳化沥青,新旧料

混合均匀、摊平;同时将边缘散落的沥青料整平,用小型压实设备压实即可。

图 5-3-14　耙松

图 5-3-15　添加新料

除了上述几种坑槽修补方法外,还有一些特殊的或新近发展的方法。比如采用沥青混合料预制块修补,沥青路面破损处开槽修补的尺寸应等于预制块的倍数,预制块之间的接缝用填缝料填塞。此种坑槽修补方法较为简单,修补料的配比较易控制,密实度能得到保证。日本研究出一种称为"荒川式斜削施工法",是在返土、压平和补铺沥青混合料前,先将被切坑槽的边缘用特制工具切成45°斜坡形,然后再用喷燃器将边缘烧成粗糙形状,接着再铺压沥青混合料。这样可使新料和旧料紧密吻合在一起,不易出现裂缝。

近年来,国内外竞相研制能够全天候使用、修补工艺更易于掌握的修补料——常温(冷)拌和沥青混合料。常温拌和混合料是一种预先加热拌和、储存,常温下使用的沥青混合料,通常添加一些特殊的外加剂,以保证其路用性能在储存期间不发生变化。混合料一般袋装或桶装储存,使用方便、修补迅速,特别是在寒冷、多雨季节,在传统热补法不易开展情况下,利用常温拌和混合料修补是一种较适宜的方法。

美国SHRP计划进行的坑槽修补研究推荐使用最好的材料,以减少重新修补的工作量。如在修补时使用质量不佳的材料,则重复修补同一个坑槽的费用将很快地抵消购买廉价修补用沥青混合料所节省的费用。因而当前趋向于在修补料中添加改性剂,研制专供补坑用的高性能改性沥青混合料,使其具有极强的抗湿性、低温和易性与坑洞的黏结力。

2)交通量较小路段,在低温寒冷或阴雨连绵的季节,无法采用常规方法,也无条件采用合适材料修补坑槽时的处治方法

对交通量较小的路段,在低温寒冷或阴雨连绵的季节,无法采用常规方法,也没有条件采用合适的材料修补坑槽时,为了防止坑槽面积的扩大,可以采取临时性的措施对坑槽予以处治,等天气好转后再按规范要求重新修补。

3)因基层局部强度不足等使基层破坏而形成的坑槽的处治方法

若是因基层局部强度不足等使基层破坏而形成的坑槽,应先处治基层,再修复面层。其方法参照上述有关做法。

二、松散

1.麻面、松散(图 5-3-16)

1)麻面与松散的原因

(1)使用的沥青稠度偏低,与矿料黏附力不足,或采用的酸性集料与沥青黏附性较差。

（2）沥青混合料油石比偏大，矿料级配偏粗，细料少，人工摊铺整平时粗集料集中，造成黏结力下降。

（3）沥青混合料潮湿，矿料与沥青黏结不牢，或冒雨摊铺，沥青黏结力下降，造成松散。

（4）基层或土基湿软变形，也可导致麻面与松散。

（5）沥青混合料低于摊铺和碾压温度，或碾压不及时，沥青结合料失去黏结力。

（6）低温施工，路面成形慢，在行车作用下，嵌缝料脱落，重者造成松散。

（7）沥青混合料炒制过火，即沥青老化，其结合料失去黏结力。

图 5-3-16　麻面

2）松散的处治方法

（1）基层稳定，仅面层出现麻面或松散时，按下列要求进行处治。

①路面因嵌缝料散失出现轻微麻面，可在高温季节撒适当的嵌缝料，并用扫帚扫匀，使嵌缝料填充到石料的空隙中。对于轻微麻面也可用稀浆封层处治。

②小面积麻面可用棕刷在麻面部位涂刷稠度较高的沥青，再撒铺矿料。

③大面积麻面应喷洒稠度较高的沥青，撒适当粒径的嵌缝料，并使麻面部分中部嵌缝料稍厚，周围与原路面接口要稍薄，定形要整齐，再控制机械碾压成形。

④因沥青量偏少或低气温施工造成的沥青面层松散，应采用以下方法处治：

a. 先将路面上已松动了的矿料收集起来；

b. 待气温升至15℃以上时，按 $0.8 \sim 1.0 \text{kg/m}^2$ 的用量喷洒沥青，再均匀撒上 3～6mm 的石屑或粗砂（$5 \sim 8 \text{m}^3 / 1\,000 \text{m}^2$）；

c. 用轻型压路机压实。

⑤如在低温潮湿季节，宜采用乳化沥青作封层处理。

⑥对于因油温过高、沥青老化失去黏结性而造成的松散，应将松散部分全部挖除后，再重做面层；重做面层的矿料不应再使用酸性石料。应在沥青中掺入抗剥离剂、增黏剂或使用干燥的生石灰、消石灰、水泥等表面活性物质作为填料的一部分，或采用石灰浆处理粗集料等抗剥离措施，以提高沥青与矿料的黏附力，并增加混合料的水稳性。

（2）由于基层或土基软化变形而造成的路面松散，应参照有关规定，先处理好基层后，再重做面层。

2. 脱皮（图 5-3-17）

沥青路面上面层与下面层或旧路上的罩面层与原路面的表面层呈块状或片状脱落的现象为脱皮。

1）脱皮形成的原因

（1）铺筑面层时，基层未洒透层油，面层与基层黏结不良，在行车作用下，面层发生推移现象，形成脱皮。

图 5-3-17　脱皮

（2）层铺法施工时，上、下层间有泥土、灰尘等或因潮湿而形成隔层，表层被行车推移。

（3）旧路面上加罩沥青面层时，原路表面未凿毛，未喷洒黏层沥青，使新面层与原路面黏结不良。

（4）摊铺时，混合料温度过低，未及时碾压，雨水渗入下层，上下层黏结不好。

（5）面层矿料含土量大，粉料多或矿料潮湿，施工中碾压过度，矿料被压碎，形成阻碍油料渗透的隔离层，破坏了嵌缝料和主层矿料的黏结，在行车作用下使面层矿料脱落。

（6）面层偏薄，厚度小于混合料集料最大粒径的2倍，难以碾压成形。

2）脱皮的防治方法

（1）预防措施

①铺设面层前，应彻底清除下层表面灰尘、杂物，并保持干燥；喷洒黏层沥青后，立即摊铺沥青混合料，使上下层黏结良好。

②在旧路面上加罩沥青面层时，宜在原路面上用风镐凿毛，清扫干净后，喷洒黏层沥青，再铺罩面层。

③单层式或双层式面层的上层压实厚度，必须大于集料最大粒径的2倍，利于压实成形。

（2）处治方法

①小面积脱皮，沿脱皮四周画线成矩形，沿线将脱皮切除，将下面层清扫干净，在洒黏层沥青的同时将侧壁涂刷沥青；然后按上面层同样的沥青混合料和压实厚度铺筑、碾压密实，待铺筑面层冷却后，开放交通。

②大面积脱皮路段，应将沥青面层全部除去，重新铺筑面层，严格控制摊铺和碾压温度，经雨淋的沥青混合料禁止使用。

③由于沥青面层与封层之间黏结不好，或初期养护不良引起的脱皮，应清除已脱落和已松动的部分，再重新做封层，所做封层的沥青用量及矿料粒径规格应视封层的厚度而定。

④面层与基层之间因黏结不良而产生的脱皮，应先清除掉脱落、松动的面层，分析黏结不良的原因。若面层与基层间所含水分较多，应晾晒或烘干；若面层与基层之间夹有泥层，则应将泥沙清除干净，喷洒透层沥青后，重做面层。

⑤如发现脱皮部位有基层松软等病害，先处治基层后，再铺筑沥青面层。

单元训练

1. 沥青路面松散类病害有哪几种？
2. 沥青路面各种松散类病害产生的原因及防治措施有哪些？

单元四　沥青路面变形类病害成因识别及处治

单元要点

（1）沥青路面变形类病害成因；

（2）沥青路面变形类病害产生的影响因素；

（3）沥青路面变形类病害处治方法。

相关知识

参照《公路沥青路面养护技术规范》(JTJ 073.2—2001)的划分,沉陷、车辙、波浪、搓板、拥包均属于变形类病害。变形类病害不仅在车辆荷载作用下增加了车辆和路面的磨耗,还在很大程度上影响了乘车的舒适度。因此,正确分析变形类病害产生的原因,并采取正确的防治措施进行处治具有很重要的意义。

一、沉陷

1. 沉陷的原因

沉陷是由于路基、路面产生竖向变形而导致路面下沉的现象。通常有下列 4 种情况。

（1）均匀沉陷

均匀沉陷是由于路基、路面在自然因素和行车作用下,达到进一步密实和稳定引起的沉落,一般不会引起路面破坏。

（2）不均匀沉陷

由于路基、路面不密实,碾压不均匀,沥青混合料在摊铺时厚度不均或粗细料不匀,在水的侵蚀下,经行车作用引起的沉陷(图 5-4-1),称为不均匀沉陷。

（3）局部沉陷

由于路基局部填筑不密实或路基有墓穴、枯井、树坑、沟槽等,局部强度薄弱,经雨水侵蚀和行车的作用,其结构遭到破坏,引起的路面沉陷(图 5-4-2),称为局部沉陷。

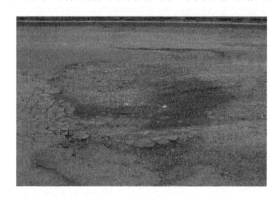

图 5-4-1　不均匀沉陷

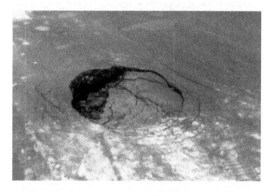

图 5-4-2　局部沉陷

（4）特殊部位沉陷

特殊部位沉陷如桥头路面沉陷,是因土质不好或含水率高,桥涵施工与路基开挖未同步进行而引起的。

2. 沉陷的防治

1）预防措施

（1）沥青面层宜采用机械摊铺,在铺筑过程中,摊铺机螺旋送料器应不停地转动,并保持在摊铺机全宽度断面上沥青混合料不发生离析。

（2）发现沥青面层有局部轻度网裂,应及时采取封面或挖补措施,以防雨水渗入基层和土基,破坏其结构强度。

（3）桥头填土必须按有关规定执行,对土质差、含水率高的填土一定要处理,必要时可以换土或掺少量的石灰等。

(4)在桥涵施工中,应与路基开挖相结合,做到桥台砌多高,填土填多高;分层压实到路基处理高度时,按路基处理标准进行施工,尽量减少桥涵建成后再开挖的局面,以保证填土的密实度。

2)处治方法

(1)因路基不均匀沉降而引起的局部路面沉陷,若土基和基层已经密实稳定,不再继续下沉,可只修补面层。此时应根据路面的破损状况,分别采取不同的处治措施。

①路面略有下沉,无破损或仅有少量轻微裂缝,可在沉陷处喷洒或涂刷黏层沥青,再用沥青混合料将沉陷部分填补到与原路面齐平并压实。

②因路基沉陷导致路面破损严重,矿料已松动、脱落形成坑槽的,应按照坑槽的维修方法予以处治。

(2)因土基或基层结构遭到破坏,引起路面沉陷较大,面层已形成龟裂的,应将面层、基层、土基一起挖除,重新做土基、基层,并保证其有足够的强度,然后再做面层。

(3)桥涵台背因填土不实出现不均匀沉降的处理方法:

①挖除沥青面层,在沉陷的部分加铺层后重做面层。对于台背填土密实度不够的,应重新进行压实处理,台背死角处的压实采用夯实机械。

②对含水率和孔隙比均较大的软土路基或含有机物质的黏性土层,宜采取换土处理。换土深度应视软层厚度而定。换填材料首先应选择强度高、透水性好的材料,如碎石土、卵砾土、中粗砂及强度较高的工业废渣,填料要求级配合理。

③在对台背填土重做压实处理的基础上,加设桥头搭板。

二、车辙

车辙是沥青混凝土路面特有的一种破坏形式,它是在行车荷载重复作用以及气候(高温)等因素综合作用下产生的一种永久性变形(图 5-4-3、图 5-4-4)。表现为沿行车轮迹产生纵向的带状凹槽,严重时车辙的两侧会有凸起形变,造成路面使用性能更加恶化。车辙始终是沥青混凝土路面的主要病害之一,车辙的出现,严重影响了路面的使用寿命和服务质量,给路面及路面使用者带来许多危害。其具体表现如下:

(1)影响路面的平整度,降低了行车舒适性。

(2)轮迹处沥青层厚度减薄,削弱了沥青层及路面结构的整体强度,从而易诱发各种病害,如网裂和水损坏等。

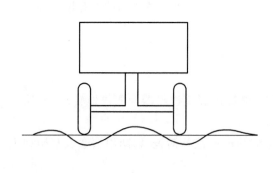

图 5-4-3 车辙示意图

图 5-4-4 车辙

(3)雨天路表排水不畅,降低了路面的抗滑能力,甚至会由于车辙积水而导致车辆漂滑;冬天车辙内存水凝结成冰,路面抗滑能力下降,影响行车的安全。

(4)车辆在超车或更换方向时失控,影响车辆操纵的稳定性。

1. 车辙的类型

根据车辙形成过程的不同,可将其分成以下 4 大类型。

(1)失稳型车辙

失稳型车辙指由于沥青混合料的高温稳定性不足,在高温条件下,沥青混合料中颗粒之间沥青膜在外力作用下产生了剪切变形,引起集料颗粒出现相对位移,车轮反复碾压作用荷载应力超过沥青混合料的稳定度极限,使流动变形不断积累形成车辙。一方面,车轮作用部位下凹,另一方面,车轮作用甚少的车道两侧反而向上隆起,在弯道处还明显向外推挤,车道线及停车线因此可能成为变形的曲线。对主要行驶双轮车的路段,车辙断面呈 W 形。失稳型车辙主要发生在大坡道长坡段、弯坡桥匝道及收费站出入口等,如图 5-4-5 所示。

(2)结构型车辙

结构型车辙指由于荷载作用超过路面各层的强度,发生在沥青面层以下包括路基在内的各结构层的永久变形。这种变形主要是由于路基变形传递到路面层而产生的。其车辙宽度较大,两侧没有隆起现象,横断面呈 V 字形,如图 5-4-6 所示。

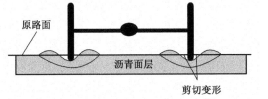

图 5-4-5 失稳型车辙示意图

图 5-4-6 结构型车辙示意图

(3)磨耗型车辙

当路面结构稳定,沥青路面结构顶层的材料在车轮磨耗和自然环境因素作用下不断地损失而形成的车辙为磨耗型车辙,如图 5-4-7 所示。其车辙深度一般在 5mm 以内,这类车辙属正常现象,不需处理。若汽车使用了防滑链和突钉(胶钉)轮胎后,这种车辙更易发生。

(4)压密型车辙

压密型车辙病害是由于施工质量控制不严,沥青面层本身压实度不足,致使通车后的第一个高温季节混合料继续压密;在交通荷载的反复碾压作用下,空隙率不断减小,达到极限残余空隙率才趋于稳定,如图 5-4-8 所示。它不仅产生压实变形,而且平整度迅速下降,形成明显的车辙,在我国也较普遍。

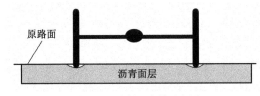

图 5-4-7 磨耗型车辙示意图

图 5-4-8 压密型车辙示意图

以上 4 种车辙中以失稳型车辙最为严重,其次为磨耗型车辙。由于我国大多数沥青路面都采用水泥或石灰粉煤灰稳定粒料做基层,也常采用其他半刚性材料做底基层,这些材料的强度模量都相当高,因此,沥青路面的车辙主要来源于沥青面层所产生的变形。结构型车辙较少,故一般情况下所指的车辙是失稳型车辙。

2. 影响车辙的因素

影响沥青路面车辙的因素,可分为内在因素和外在因素两个方面。

(1) 内在因素

影响沥青路面车辙的内在因素,包括路基路面结构类型、材料性能与组成(如集料、沥青结合料,沥青混合料等)、设计和施工因素等方面。

①路基路面结构类型。目前柔性路面大多采用沥青混合料作为路面材料。沥青层材料在路面结构中厚度越大,发生永久变形的变形量也越大。采用刚性基层或半刚性基层材料的沥青路面,由于具有较高的高温稳定性和抗剪变形能力,所以这类路面发生的车辙主要是沥青层产生的,而刚性基层和土基所发生的车辙只占一小部分。

路面结构层厚度的变化主要由于路面结构层材料的侧向位移引起。路基路面各材料的侧位移和附加压实在不同条件下可分别成为车辙产生的主要原因。磨耗层被车轮磨损,对磨耗层车辙形成产生一定的影响。在较厚的沥青面层的路面中,车辙深度更加明显。

②路面材料性能与组成。由于沥青混合料是一种弹性塑性材料,具有一定的蠕变和应力松弛现象。沥青路面在车辆荷载作用下,沥青混合料也受到一定的荷载作用。沥青混合料受力较大,即高于弹性极限或屈服点时,特别是受力作用时间短促时,材料呈现出弹性或兼有黏弹性的性质。而作用力相当大时,在相当长时间内,材料变形还存在黏滞性塑性流动变形。应力撤除后,这部分变形不再恢复,即塑性变形。在重复荷载作用下,塑性变形不断积累。另外,由于不断加载卸载,基(垫)层及土基都发生了不同程度的不可恢复的残余变形积累;其值可由加载时的总变形减去卸载时的回弹变形求得。不仅如此,由于路面的粒料材料如沥青混合料是一种空隙材料,在重复荷载作用下,材料发生侧移而被压密。这样,由于各结构层(包括土基)的变形积累,就形成了车辙。

③设计和施工因素。沥青混合料的配合比设计、基(垫)层材料配合比设计都可影响车辙的产生。沥青混合料在施工过程中,材料的质量控制、沥青混合料的材料与温度均匀性、各种材料用量的控制、压实温度及压实度的控制、层间的洁净度及黏结效果等都会影响路面的抗车辙能力。所以,合理的设计和施工可改善抗车辙性能。

(2) 外在因素

影响沥青路面车辙的外在因素,包括交通荷载条件、气候条件、水文地质条件及路线纵坡等。

①交通荷载条件。随着高等级公路的修建以及交通管制的日趋成熟,车辆的速度大幅提高,加之交通量越来越大,车辆荷载越来越集中地分布于道路某一中心线,引起交通渠化。交通量越大、轮载越重、轮胎气压越大、行驶速度越快、轮迹集中程度越大、交通渠化越严重,就越容易产生车辙。研究表明,车辙的发展速度随荷载作用次数的增加而减小。但车辙深度随累积荷载作用次数的增加而增加,以致道路丧失使用性能。另外,如果车辆行驶轮迹分布均匀,则车辙不断被消除而看不出明显的带状凹陷。但在现代交通中,这种现象是少见的。

②气候及水文地质条件。路面温度对车辙的产生有很大的影响。在寒冷地区,路面温度很低,即使在超重载的交通状况下,车辙出现的可能性也很小;而在炎热地区,沥青路面在一定气温和日照作用下,能吸收大量热量,导致路面温度升高。随着温度的升高,沥青的黏度呈对数级下降,沥青混合料的抗压强度和抗剪强度快速下降,在车辆荷载作用下极易产生车辙。另外,残留在路面内的水分会大大降低各结构层的抗变形能力,也容易导致过大车辙的产生。

通过对影响道路车辙产生的内外两方面因素的分析可知,路面的结构层次及材料条件作为内因,起着很大的作用。而外因如道路交通条件和气象条件,通过内因也起了不小的作用。

3. 车辙的处治措施

1)对车辙的处治方法

对于车辙的处治,《公路沥青路面养护技术规范》(JTJ 073.2—2001)中提出以下4点处治方法:

(1)车道表面因车辆行驶推移而产生的车辙,应将出现车辙的面层切削或铣刨清除,然后重铺沥青面层。在高速公路及一级公路上可采用沥青玛蹄脂碎石混合料(SMA)或SBS改性沥青混合料,或聚乙烯改性沥青混合料来修补车辙。

(2)路面受横向推挤形成的横向波形车辙,如果已经稳定,可将凸出的部分削除;在波谷部分喷洒或涂刷黏结沥青并填补沥青混合料并找平、压实。

(3)因面层与基层间有不稳定的夹层而形成的车辙,应将面层挖除;清除夹层后,重做面层。

(4)由于基层强度不足、水稳性能不好,使基层局部下沉而造成的车辙,应先处治基层。然后重做面层。

2)对面层失稳型车辙的处治方法

根据调查,沥青路面的车辙85%以上属于面层失稳型,10%的车辙属于基层或路基失稳型,5%的车辙属于磨耗型。因此,针对面层失稳型车辙,其处治方法又可参考以下4点:

(1)对于连续长度不超过50m、辙槽深度小于10mm、行车有小摆动感觉的,可先将车辙内及其周围的尘土杂物清除,洒水润湿;然后通过对路面烘烤、耙松,添加适当的与原路面相同的新料拌和填补并碾压密实即可。此种车辙病害的处理很适宜采用热再生技术与设备修复。

(2)车辙的连续长度超过50m、辙槽深度为10~30mm,有行车摆动且跳动感明显的或严重颠簸的,若基层完整,各面层接合良好,应采取铣刨拉毛工艺,即将隆起部分铣刨清除后,再洒布沥青再生剂或用乳化沥青稀浆封层处理;若是因基层施工质量差引起的车辙,在重新摊铺面层前应先行处理好损坏基层。

(3)车辙的面积较大、深度较深(大于30mm)时,应采用铣刨加铺工艺,即铣刨路面上面层或中上面层甚至全部面层,用与原路面相同的适当新料重新摊铺面层的方法。对于因基层施工质量差引起的车辙,在重新摊铺面层前应先行处理好损坏基层。

(4)路面车辙的面积较大,深度不统一,可采用改性乳化沥青稀浆封层处理车辙。其具体的方法为:先用铣刨机将路面高出的部分铣除,再用小型稀浆封层摊铺机对车辙进行填补。为了保证质量,摊铺后用轮胎式压路机进行稳压。

三、波浪及搓板

路表面出现轻微、连续的接近等距离的起伏状,形似洗衣搓板,称为波浪及搓板病害(图5-4-9)。

1. 波浪与搓板形成的原因

(1)旧路面上原有的波浪(搓板)病害未彻底处理,即在其上铺筑面层。无论怎样使面层摊铺平整,压实后也会因虚铺厚度不同而使

图5-4-9 搓板

路面产生波浪。

(2) 铺筑沥青面层前,未将下层表面清扫干净或未喷洒黏层沥青,致使上下层黏结不良,在行车作用下产生滑移形成波浪(搓板)。

(3) 沥青混合料的矿料级配偏细、沥青用量偏高,高温季节时,面层在车辆水平力作用下,发生位移变形。另外,沥青混合料的拌和不均匀等也会造成面层的不平整和波浪。

(4) 路面摊铺机结构参数不稳定、行走装置打滑、摊铺机摊铺的速度快慢不匀、机械猛烈起步和紧急制动以及供料系统速度忽快忽慢都会造成面层的不平整和波浪。

(5) 碾压工艺不合理也会造成路面不平整和波浪。

2. 波浪及搓板的防治

1) 预防措施

(1) 合理设计与严格控制沥青混合料的级配。

(2) 沥青面层摊铺前,应将下层表面浮尘、杂物扫净,并均匀喷洒黏层沥青,保证上、下层黏结良好。

(3) 在旧路上铺筑面层或罩面前,应先将病害彻底处理,尔后铺筑新沥青面层。

2) 波浪与搓板的处治方法

(1) 属于面层原因形成的波浪或搓板,可按下述方法进行维修。

① 路面仅有轻微波浪或搓板,可采用以下方法之一予以处治:

a. 在高温季节路面发软时,利用重型压路机沿与路中心线成45°角的方向反复进行碾压,以适当改善路面的平整度。

b. 在波谷部分喷洒沥青,并匀撒适当粒径的矿料,找平后压实。

c. 将凸起部分铣刨削平。

② 波浪(搓板)的波峰与波谷高差起伏较大时,应顺行车方向将凸出部分铣刨削平,并低于路面约10mm。削除部分喷洒热沥青,再匀撒一层粒径不大于10mm的矿料,扫匀,找平,并压实。

③ 严重的、大面积的波浪或搓板,应将面层全部挖除,查找原因;然后重铺面层。

(2) 如果基层平整度太差,应将基层处治后再重铺面层。

(3) 若面层与基层之间存在不稳定的夹层,面层在行车荷载的作用下推移变形而形成波浪(搓板),应挖除面层,清除不稳定的夹层后,喷洒黏结沥青,重铺面层。

(4) 属于基层局部强度不足,或稳定性差等原因造成的波浪(搓板),应先对基层进行处治,再重做面层。其处治方法,可参照上述有关做法。

四、拥包

1. 拥包产生的原因

(1) 沥青混合料的油石比油量偏高或细料偏多,致使面层材料自身的高温抗剪强度不足,热稳性不好;夏季气温较高时,路面不足以抵抗行车引起的水平力,在行车作用下产生拥包。

(2) 沥青面层摊铺时,基层局部含水率过大,使水分滞留于基层、底层且未清扫;或基层浮土过多、未喷洒黏层沥青或透层沥青、沥青混合料摊铺不匀、局部细料集中不合要求等原因致使路面上下层黏结不好,影响面层和基层之间的接合,在行车水平力的作用下,使路面产生推移而形成局部不规则隆起的变形。

（3）由于基层或下面层未经充分压实，强度不足或水稳性不好，使基层松软，在行车作用下，发生变形位移，形成局部拥包。

（4）在路面的日常养护中，如局部路段罩面、挖补用油量偏大、集料偏细或摊铺不匀或混合料碾压后未充分冷却，行车在上面制动、起步等，即形成拥包。

（5）陡坡或平整度较差路段，沥青面层混合料易在行车作用下向低处聚积而形成拥包。

2. 拥包的防治措施

（1）拥包的预防措施

①严格控制沥青混合料配合比，选用针入度较低或优质沥青，并控制好沥青用量。

②在摊铺沥青混合料面层前，下层表面应清扫干净，均匀洒布黏层沥青，确保上下层紧密黏结。

③人工摊铺时，防止卸料车卸料时发生离析现象，做到粗细料均匀分布，避免细料集中。

（2）拥包的处治方法

根据拥包产生的不同情况，可采用下列处治方法：

①属于施工时操作不慎，将沥青漏洒在路面上形成的拥包，将拥包除去即可。

②对于已趋于稳定的轻微拥包，将拥包采用机械刨削或人工挖除。如果除去拥包后，路表不够平整，可刷少量沥青，再撒上适当粒径的矿料后扫匀、整平。

③因面层沥青用量过多或细料集中而产生较严重拥包，应用机械或人工将拥包全部除去，并低于路面约10mm。扫净碎屑、杂物及粉尘后用热沥青混合料填平并压实。

④如果路面连续多处出现拥包且面积较大，但路面基层仍属稳定，则应将有拥包的路面面层全部挖除，然后重做面层。

⑤因基层局部含水率过大，使面层与基层层间接合不良而被推移变形造成的拥包，应把拥包连同面层挖除，将水分晾晒干，或用水稳定性较好的材料更换已变形的基层，再重做面层。

⑥属于基层局部强度不足或水稳性不好，使基层松软而导致的拥包，应将面层和基层完全挖除。如土基中含有淤泥，还应将淤泥彻底挖除，换填新料并夯实。在地下水位较高的潮湿路段，应采取措施引出地下水并在基层下面加铺一层稳定性好的材料，最后重做面层。

⑦修补时，应采用与原路面结构相同或强度较高的材料。如受条件限制，对面积较小的修补，可采用现场冷拌的乳化沥青混合料，但应严格控制矿料的级配和沥青用量。若冬季挖补拥包，在面积较小时，可采用配制好的常温沥青混合料，直接铺入槽内，及时碾压成形，但要选择好常温沥青混合料的级配类型和松铺系数。

单元训练

1. 沥青路面变形类病害有哪几种？
2. 沥青路面各种变形产生的原因及防治措施有哪些？

单元五　沥青路面其他病害成因识别及处治

单元要点

(1) 沥青路面其他病害的成因；

(2) 沥青路面其他病害产生的影响因素；

(3)沥青路面其他病害的处治方法。

　相关知识

除了前面单元中所列的病害,沥青路面常见病害还有泛油和磨光。沥青路面出现泛油或磨光病害时,对于行车特别不利;尤其是在车辆高速行驶情况下紧急制动时,容易引起交通事故。

一、泛油

1. 泛油形成的原因

(1)进行沥青表面处治、贯入式等施工时,使用沥青标号不当,稠度太低、针入度过大、热稳性差等原因,引起泛油。

(2)混合料级配不当,油量过大,集料过少。

(3)冬季施工时,面层成形慢,集料散失过多。

2. 泛油的防治

(1)预防措施

①根据本地区气候条件,选定合适的沥青标号。

②严格控制集料规格,按设计配合比和沥青用量进行施工。

③冬季施工时,面层成形慢,一旦集料散失,应及时补撒集料,而且应避免低温施工。

(2)处治方法

根据泛油的程度,选择不同的方法进行处治。

①对泛油的路段,应先取样做抽提试验测定出油石比,然后采取相应的处治措施。

②只有轻微泛油的路段,可撒3~5mm粒径的石屑或粗砂,并控制行车碾压。

③泛油较重的路段,可先撒5~10mm粒径的碎石,控制行车碾压。待稳定后,再撒3~5mm粒径的石屑或粗砂,并引导行车碾压。

④面层含油量高,且已形成软层的严重泛油路段,可先撒一层10~15mm粒径碎石,用压路机将其强行压入路面;待基本稳定后,再分次撒上5~10mm粒径的碎石,并引导行车碾压成形。

(3)注意事项

①处治时间选择在泛油路段已出现全面泛油的高温季节。

②撒料应顺行车方向,先粗后细;做到少撒、薄撒、匀撒、无堆积、无空白。

③禁止使用含有粉粒的细料。

④引导行车碾压,使所撒石料均匀压入路面。

⑤在行车碾压过程中,应及时将飞散的粒料扫回,待泛油稳定后,将多余浮动的石料清扫并回收。

二、磨光

1. 磨光的形成原因

磨光多发生在高等级公路上,主要是由于路面在行车水平力的作用下路面表层集料棱角被磨掉,或沥青路面油石比含油量过大,泛油严重所造成。

2. 磨光的处治措施

(1)对已磨光的沥青面层,可用路面铣刨机直接恢复其表面的粗糙度。

(2)对高速公路、一级公路的沥青路面,石料棱角被磨掉,路面光滑,摩阻系数低于要求时,应加铺抗滑层。

(3)对表面过于光滑,摩擦系数特别小的路段,应做封层或罩面处理。

①封层可以采用拌和法或层铺法施工的单层表面处治,也可以用乳化沥青稀浆封层。

②罩面宜采用拌和法。

③封层与罩面前,应先处治好原路面上的各种病害;若原路表面有沥青含量过多的薄层,应将其刮底掉后洒黏层油。罩面及封层的技术要求,应符合现行《公路沥青路面施工技术规范》(JTG F40—2004)的规定。

三、冻胀翻浆

1. 冻胀翻浆的形成原因

冻胀翻浆多发生在北方和东北地区挖方或填挖交界的路段。其形成原因主要是由于路基排水设计不合理,造成路基含水率过大引起的冬季冻胀、春融翻浆。

2. 冻胀翻浆的处治措施

(1)因路基冻胀使路面局部或大面积隆起影响行车时,应将冻胀的沥青路面刨平,待春融后按翻浆处理方法予以处治。

(2)因冬季基层中的水结冰引起冻胀,春融季节化冻而引起的翻浆,应根据情况采用以下方法之一予以处治。

①在有翻浆迹象的地方,用人工或机械将2~5cm直径的钢钎打入(钻入)路面以下,穿透冻层(一般在1.3m以上);然后灌入砂粒,使化冻的水迅速渗入冻层以下。

②局部发生翻浆的路段,可采用打石灰梅花桩或水泥砂砾桩的办法予以改善。桩的排列密度及深度,应视翻浆程度而定。

③加深边沟,并在翻浆路段两侧路肩上交错开挖宽30~40cm的横沟,其间距为3~5m,沟底纵坡不小于3%,沟深应根据解冻情况,逐渐加深,直至路面基层以下。横沟的外口应高于边沟的沟底。如路面翻浆严重,除挖横沟外,还应在路面边缘设置纵向小盲沟。交通量较大的路段也可挖成明沟。但翻浆停止后,应将明沟填平恢复原状。

(3)因基层水稳定性不良或含水率过大造成的翻浆,应挖除面层及基层全部松软部分;将基层材料晾晒干,并适当增加新的硬粒料(有条件时应换填透水性良好的砂砾或工业废渣等),分层(每层不超过15cm)填补并压实,最后恢复面层。

(4)低温季节施工的石灰稳定类基层,在板体强度未形成时雨水渗入,其上层发生翻浆形成坑槽,应先处治基层,再修复面层。

(5)因面层成形不好产生裂缝,受雪雨水浸入引起基层顶面轻度破坏而形成的轻微翻浆,可待路基水分蒸发且路基稳定后,修理裂缝或挖补后更换面层。

(6)在条件许可时,应对翻浆的路段封闭交通或限制重车通过。

 单元训练

1.沥青路面其他类病害有哪几种?

2. 沥青路面各种其他类病害产生的原因及防治措施有哪些?

任务驱动综合实训1

1. 实训目标

能正确对沥青路面病害进行调查分析及评价。

2. 实训内容

结合沥青路面各类病害的特点及成因,调查指定路段沥青路面病害情况及交通组成;根据现行规范,填写《沥青路面病害调查表》(附表2),计算路面破损状况指数 PCI 值,并分析病害成因。

3. 实训要求

(1)小组成员集体行动,分工协作,对照病害特征,识别病害。

(2)正确填写沥青路面病害调查表,计算路面破损状况指数。

(3)每小组提交一份调查报告。

(4)以小组为单位陈述调查过程、心得及结论等。

4. 培养目标及方法

(1)培养团队协作精神。

(2)注重口头表述能力以及自信心的培养。

(3)增长沥青路面病害识别技能。

(4)磨炼沥青路面病害成因分析技能。

(5)培养沥青路面路况调查、记录及评价技能。

任务驱动综合实训2

1. 实训目标

能正确地对沥青路面某具体病害进行调查,提出处治方案。

2. 实训内容

(1)选择某段具有具体病害的沥青路面,调查该段沥青路面资料,将其结果填入下表1中。

沥青路面资料   表1

路面服务年限	设 计 标 准	维修历史	其他资料与数据

(2)根据观察到的现象判断该类病害的类别、严重程度。

(3)分析病害产生的原因,编写相关处治方案(包括:修补方法、机具、材料、人员配备)。

(4)按照处治方案实施维修,填写路面维修记录表(表2)。

公路路面维修记录　　　　　　　　　表2

养护单位：	路线名称：	路面种类：	路面宽度：
天气：		单位:m²	
施工过程：			
工程量：			
合计:A　　m²；　　B　　m²			
技术人员姓名：		施工人员姓名：	

注:A代表面层修补数量;B则代表基层。

3.实训要求

(1)小组成员集体行动,分工协作,对照病害特征,识别病害。

(2)正确填写沥青路面资料和公路路面维修记录。

(3)以小组为单位陈述在处治过程中遇到的问题及解决方案。

(4)通过观察和仪器检测,判断本小组的维修质量,并说明原因。

4.培养目标及方法

(1)培养团队协作精神。

(2)强化口头表述能力以及自信心培养。

(3)学习和掌握沥青路面具体病害处治技能。

(4)做好沥青路面病害处治记录及培养评价技能。

项目六　水泥混凝土路面工程的养护作业

▶ 学习目标

(1)能够描述水泥混凝土路面工程的特点；
(2)能够描述水泥混凝土路面日常养护的工作内容、基本要求；
(3)能够制定水泥混凝土路面维护对策。

▶ 任务描述

巡查一段水泥混凝土路面,填写水泥混凝土路面状况调查表；根据调查情况计算路况技术指标,制定出完整的水泥混凝土路面维护对策。

▶ 学习引导

水泥混凝土路面常见病害的分类和分级→路况调查→路况技术指标→路况评价→路面维护对策。

单元一　水泥混凝土路面的特点及其使用性能的基本要求

单元要点

(1)水泥混凝土路面的特点；
(2)水泥混凝土路面使用性能的基本要求。

相关知识

一、水泥混凝土路面的特点

水泥混凝土路面也称刚性路面,具有强度高、耐久性好、初期养护费用低等特点,是高等级重交通路面主要结构形式之一。随着高等级公路的大规模建设,水泥混凝土路面的应用迎来了突飞猛进的发展阶段。这主要是因为水泥混凝土路面更加适合我国的资源条件。

但水泥混凝土路面也有一些缺点,如平整度(舒适性)相对低；板体性强、对基层的抗冲刷性要求高,否则将在接缝部位出现唧泥、错台和啃边,造成路面行车颠簸；刚性大、面板不适应大沉降差；对超载与脱空相当敏感,极易形成断板、断边、断角等结构性破坏；水泥混凝土路面强度高,即使断板破损,硬度仍很大,在缺乏修复材料和机械时,维修较为困难,而且维修期较长。

二、水泥混凝土路面使用性能的基本要求

(1)水泥混凝土面层应具有足够的强度、耐久性、表面抗滑、耐磨、平整。它应从材料、施工工艺上严格执行《公路水泥混凝土路面施工技术细则》(JTG F30—2014)的规定。

（2）水泥混凝土面板的弯拉强度远小于抗压强度，当弯拉应力超过混凝土面板弯拉强度时，面板将产生断裂破坏。普通水泥混凝土路面配合比设计的指标，是弯拉强度而不是抗压强度。

（3）面板顶面、底面的温度变化使板体内产生温度翘曲应力，板的平面尺寸越大，翘曲应力越大。在车辆荷载作用下，混凝土面板产生弯曲，当轮载作用于面板中部时，面板顶面出现压应力而底面承受弯拉应力；当轮载作用于板角时，面板底面出现压应力而顶面承受弯拉应力。在重复荷载作用下，混凝土面板反复承受弯拉应力与压应力作用，应考虑荷载疲劳应力与温度翘曲应力的综合作用进行混凝土面板厚度的设计。

（4）水泥混凝土是一种脆性材料，它在断裂时的相对拉伸变形很小，在弯曲断裂时的表面相对拉伸变形只有1/10 000～3/10 000，所以在荷载作用下，土基、基层的变形情况对混凝土面板的影响大，不均匀的变形会导致面板与基层脱空，板体由此而产生断裂。因此，在水泥混凝土面层摊铺前，应对基层进行检查处理，并洒水湿润（防混凝土面层失水产生裂缝）；施工时应注意接缝设置、切缝时间、养生，以防裂缝及断板。

（5）水泥混凝土路面表面构造，应采用刻槽、压槽、拉槽或拉毛等方法制作，以满足表面抗滑的要求。

单元训练

1. 水泥混凝土路面的特点有哪些？
2. 水泥混凝土路面使用性能的基本要求有哪些？

单元二　水泥混凝土路面养护工作内容、质量标准及其对策与要求

单元要点

（1）水泥混凝土路面养护要求与内容；
（2）水泥混凝土路面日常养护的要求。

相关知识

一、水泥混凝土路面养护工作的基本要求

（1）做好预防性、经常性的保养和破损修补，保持路面处于良好的技术状况与服务水平。
（2）应保持路容整洁，定期进行清扫保洁；清扫频率按规范有关要求执行。
（3）水泥混凝土路面的接缝应保持良好，表面平顺。
①填缝料凸出板面的高度，高速公路及一级公路不得超过3mm，其他等级公路不得超过5mm。
②填缝料局部脱落、缺损时，应及时灌缝填补；填缝料老化、接缝渗水严重时，应及时进行整条接缝与填缝料更换。填缝料更换前，应清除原接缝内的填缝料和杂物。新灌注填缝料时，应做到饱满、密实、黏结牢固。材料应符合相关规范的规定。
（4）水泥混凝土路面应加强日常巡查，并做好定期检查。
（5）日常巡查是对水泥混凝土路面外观状况进行的日常巡视检查。主要检查拱起、沉陷、

错台等病害,以及路面油污、积水、结冰等诱发病害的因素和可能妨碍交通的路障。

(6)定期检查是按一定周期对水泥混凝土路面的基本技术状况进行全面检查。其主要检查内容按现行《公路技术状况评定标准》(JTG H20—2007)执行。

(7)水泥混凝土路面的养护应符合现行《公路技术状况评定标准》(JTG H20—2007)的有关规定。

二、水泥混凝土路面养护作业内容

水泥混凝土路面的养护可分为日常巡视与检查、小修保养、中修、大修、改建和专项养护工程等。各类养护工作的内容如下。

1. 日常巡视与检查

为及时掌握路面的技术状况,必须对路面进行经常性的检查与巡视。其内容包括如下方面:

(1)路面上是否有明显的破碎板、裂缝、板角断裂、错台、唧泥、接缝料损坏、坑洞、拱起等病害,其危害程度及趋势如何。

(2)路面上是否有可能损坏路面或妨碍交通的堆积物等。

2. 小修保养

对水泥混凝土路面进行的预防性保养和轻微损坏部分的维修工作为小修保养。

(1)保养

①清除路面泥土、杂物,保持路面清洁。

②排除路面积水、积雪、积冰、积砂,铺防滑料、灭尘剂或压实积雪维持交通。

③接缝保养及填缝料更换。

④路面排水设施的疏通。

(2)小修

①水泥路面板块的局部修理。

②水泥路面局部清缝、灌缝及裂缝封填。

3. 中修工程

中修工程是对水泥路面其沿线设施的一般性损坏部分进行定期的修理加固,以恢复水泥路面原有技术状况的工程。其工作内容包括如下方面:

(1)水泥路面整块换板。

(2)水泥路面整段进行板底灌注,整段进行裂缝、断角、错台、沉陷等病害处治。

(3)水泥路面整段刻纹,恢复路面抗滑性能。

(4)水泥接缝材料的整段更换。

(5)桥头搭板或过渡路面的整修。

(6)整段安装、更换路缘石。

4. 大修工程

大修工程是对水泥路面及其沿线设施的较大损坏进行周期性的综合修理,以全面恢复到原技术标准的工程项目。其工作内容包括如下方面:

(1)不改变原有道路技术等级整段改善线形。

(2)翻修或补强重铺水泥路面。

(3)补强、重铺或加宽水泥路面。
(4)护栏、隔离栅、防雪栅栏的增设。

5.改建工程

改建工程是对水泥路面及其沿线设施因不适应现有交通量增长和载重需要而提高技术等级指标,显著提高其通行能力的较大工程项目。其工作内容包括如下4个方面:

(1)整段加宽水泥路面,改善道路线形,提高技术等级。
(2)整线整段提高道路技术等级,铺筑水泥路面。
(3)水泥路面病害处理后,补强或改造为沥青混凝土路面。
(4)整段增设防护栏、隔离栅等。

三、水泥混凝土路面养护质量标准

在水泥混凝土路面使用过程中,由于行车荷载作用和自然因素影响,使路面逐渐产生各种破损,逐渐降低其使用质量。因此,对路面不管采取预防性养护,还是经常性养护和维修措施,都应严格按照养护质量标准要求实施,才能使路面保持良好的技术状况,以保证路面的服务水平。

1.水泥混凝土路面养护质量标准

水泥混凝土路面养护质量标准,见表6-2-1。

水泥混凝土路面养护质量标准　　　　表6-2-1

项　　目		高速公路、一级公路	其他等级公路
平整度(mm)	平整度仪 σ	≤1.2	≤2.0
	3m 直尺 h	—	≤5
	IRI(m/km)	≤2.0	≤3.2
抗滑	横向力系数 SFC	≥40	≥33.5
相邻板高差(mm)		3	5
接缝填缝料凹凸(mm)		3	5
路面状况指数 PCI		≥80	≥70

2.水泥混凝土路面质量检查

水泥混凝土路面在使用中,应对其使用质量进行检查。凡不符合养护质量标准的,应及时维修,或安排大中修或专项工程,予以改善和提高。恢复和改善工程的质量标准,可参照《公路工程质量检验评定标准(土建工程)》(JTG F80/1—2017)执行。

四、水泥混凝土路面日常养护的要求

公路使用寿命的长短,除建设中的质量问题外,在很大程度上取决于养护工作的好坏。水泥混凝土路面作为高级路面,虽然具有使用周期长、养护工作量小、耐久性好的特点。但一旦开始破坏,其破损就会迅速发展,且修补较其他路面困难。因此,必须在对水泥混凝土路面进行经常性认真检查的基础上,及时发现存在的问题和缺陷,采取有效的技术措施,做好预防性、经常性养护,保证路面处于完好状态,充分发挥水泥混凝土路面使用寿命长的特点。

(1)水泥混凝土路面日常养护工作应符合下列要求:

①根据水泥混凝土路面日常养护工作的需要,制订日常养护工作计划,道路养管部门应编制月、季和年度养护计划,建立日常巡查制度,及时、准确地掌握路面状况信息,有计划、有针对性地安排养护项目。

②做好预防性、经常性养护,通过制度性的巡视检查,及早发现缺陷,查清原因,采取适当措施对路面进行养护。

③路面日常养护应达到有关技术规范和标准规定的养护质量。

④养护作业应严格按照有关技术规范和标准进行。高速公路应采取机械化养护作业方式,迅速、优质、高效地处理各类路面损害和障碍,确保运行质量。

⑤树立高度的服务意识和安全意识,保证养护作业安全,在路面养护作业中,应满足正常行车的需要,尽量避免完全封闭交通。

⑥不断探索和应用新材料、新设备、新技术、新工艺,提高养护作业的时效性、机动性、安全性和可靠性。

(2)水泥混凝土路面上出现的各类病害,必须及时、快速地处理。当发现有危及行车安全的病害时,应立即修复或采取临时修复措施,并按有关规定安排修复。

(3)路面的日常养护应根据实际需要配置适用的机具,做好适当的材料储备,并建立可靠的养护材料供应网络,以确保路面养护作业正常进行。

(4)在高速公路上进行路面养护作业的人员,必须接受专门的岗前安全教育和养护作业规程的培训。

(5)在日常养护中,应注意收集、利用气象信息和交通信息等相关信息。

①每天应记录天气情况。在多风、多雨、多雾、多雪及多冰冻季节,应随时注意天气的变化。必要时应与当地的气象台、站取得并保持联系,随时获得最新气象信息,以便及时采取相应措施。

②每月应进行交通量调查统计。

五、水泥混凝土路面日常养护、排水设施及路面冬季养护

1. 水泥混凝土路面清扫保洁

水泥混凝土路面的清扫是为了维护路面的使用功能、保持路容路貌整洁、保护沿线环境、保证车辆安全。汽车在行驶过程中可能将泥土、灰尘、石子或其他硬质物体带上公路,污染水泥混凝土路面,甚至造成飞石伤人。路面上散落的石子或其他硬质物在行车的作用下会破坏路表结构;其嵌入路面接缝时会使混凝土路面板块伸缩缝丧失功能。因此要经常保持水泥混凝土路面整洁,清除路面上的泥土、污物、石子及其他硬质物。清扫的主要范围包括:行车道、人行道、中央分隔带、隧道、桥梁伸缩缝、交通标志等附属设施。

1)水泥混凝土路面保洁方式

水泥混凝土路面可采用人工保洁、机械保洁或人工结合机械保洁3种方式。

(1)高速公路及高等级公路路面保洁

高速公路、一级公路和交通繁忙的其他等级公路,其水泥混凝土路面保洁多采用机械作业,机械清扫不到的死角辅以人工清扫干净。采用机械清扫时,应根据作业路段、作业面积、作业要求,拟定行驶路线,保证机械使用效率。

①机械清扫作业。

a. 机械作业能力。根据清扫机械功率、行驶速度、道路状况、垃圾量等因素确定清扫距离,一般为 10～20km。

b. 清扫频率视交通量大小、污染程度及环保要求确定。

②人工辅助清扫作业。

a. 在机械清扫之前,先清除、回收大块垃圾。

b. 清扫因障碍物或机械不能清扫到的行车道部分。

c. 有人行道时扫除人行道的垃圾。

d. 对附属设施进行清扫。

(2)交通量小的水泥混凝土路面保洁

交通量小的二级(含二级以下)公路水泥混凝土路面,可采用人工清扫,根据情况逐渐过渡为机械清扫。

①采取人工清扫时,应穿着安全标志服,清扫时应面向来车,并避让行车,以保证安全作业。

②人工清扫应根据不同路段路面污染状况,确定相应的清扫次数,每次清扫范围按定额标准执行。

③对交通量大、污染快的城市近郊区、不同路面连接处、平交道口及保洁有特殊要求的路段,应适当增加清扫人员、增加清扫次数。

(3)保洁作业安排

无论机械或人工清扫,均宜避开交通量高峰时段,即交通量大时可利用清晨或夜晚进行。清扫时,不得污染环境和危及行车安全,清扫后的垃圾应运至指定地点进行处理。

2)水泥混凝土路面油污、化学药品污染的清除

路面被油类物质或化学药品污染时,应及时清洗干净,以防止污染和损害路面。其清除作业如下。

(1)油类清洗

当油类洒落路面面积较大时,要迅速撒砂,以防车辆出现滑溜事故;然后在交通量较少时用水冲洗干净。

(2)化学物品清洗

化学物品洒落路面后,有时必须采用相应的中和剂进行化学处理,经处理后再用水清洗干净。

(3)路面清洗的注意事项

①一般性污染,应在交通量小的时候进行清洗。对突发事故造成的油类洒落,一定要及时处理,不得污染环境。

②对于清洗作业速度、喷水压力、用水量要预先试验确定。

③冬季清洗时,如气温在0℃以下,则路面有结冰的危险,应避免此时清洗。

3)沿线交通安全设施保洁

对隧道、桥梁和交通标志标牌、示警桩、轮廓标及防撞栏等交通安全设施要定期清洗、拭擦;对局部脱落、破损的部分用原材料及时进行修复或更换,确保其发挥正常功能。

(1)隧道侧壁和内部装饰材料,受到煤烟等赃物污染时,采用中性洗涤剂清洗效果较好。

(2)隧道内的灯具,经常受油烟和粉尘的污染,应采用柔软的抹布或海绵擦拭,同时注意不得使水渗入灯具或线路内。

(3)应经常清扫桥梁伸缩缝,保证伸缩缝的功能正常。

(4)清洗标志和护栏时,一般要采用洗涤剂,但注意洗后一定要用干净水将洗涤剂冲掉,

否则会引起锈蚀。

2. 水泥混凝土路面排水设施的养护

水泥混凝土路面若排水不好,水渗透于路面基层及路基后,将软化路面基层及路基,使混凝土板块下形成唧泥,产生脱空,从而导致混凝土板块破坏。此外,水泥混凝土路面积水形成水膜,影响行车安全,故必须对其进行妥善的日常养护,保证排水系统的排水功能。

水泥混凝土路面、路肩、中央分隔带、边沟、边坡、截水沟、排水沟等组成地面排水系统。对排水系统养护提出如下要求:

(1)对路面排水设施,应进行经常性的巡查和重点检查;发现损坏及时修复,发现堵塞立即疏通,发现路段积水及时排出。

(2)应坚持雨前、雨中、雨后上路检查制度。雨天重点检查有超高路段的中央分隔带纵向排水沟、横向排水管、雨水井、集水井等的排水状况。

(3)保持路面横坡及路面平整度。当快车道是水泥混凝土路面,慢车道或非机动车道是沥青路面时,应保持沥青路面横坡大于水泥混凝土路面横坡。

(4)保持路肩横坡大于路面横坡,并且保持横坡顺适;土路肩应定期铲路肩,及时修复路肩缺口。

(5)清除路肩杂草、污物,疏通路肩排水设施和中央分隔带排水设施;同时定期清除雨水井、集水井的沉积物。

(6)保持排水构造物的完好,发现损坏应及时安排修复;修复宜采用与原构造物相同的材料。

(7)对路面板裂缝应进行封闭。对路面接缝、路肩接缝以及路缘石与路面接缝出现接缝变宽渗水时,应进行填缝处理。

(8)地下水常以毛细水、结合水、气态水和游离水形式存在于土和粒料路面材料内。存在于路面基层、垫层和土基内的游离水会使材料的强度降低,产生唧泥和造成路面冻胀破坏。因此,必须采取如下措施:

①为排出路面下的游离水,常沿水泥混凝土路面外侧边缘稳定基层上设边部排水设施(一般采用多孔塑料管外包渗滤层),把可能产生唧泥或喷射出的板与基层间的截留水排出。

②由于排水系统的不均匀沉降及重沉积物可能造成管内沉积物的聚积,应使用大量清水冲洗聚水管,或采用管道清理工具疏通,要注意清除出水口的植物、淤积物、堵塞物。

3. 水泥混凝土路面冬季养护

在冰冻地区或冬季公路上,常常积冰、积雪,导致路面太滑而经常发生交通事故。冰雪水渗入路面以下,常引发冻融病害,从而破坏水泥混凝土路面。因此,对冰雪地区加强路基和水泥混凝土路面冬季养护十分必要。

1)冬季水泥混凝土路面养护要求

(1)路基养护要点:保证路基排水畅通,保持边坡完好,以利冰雪融化水顺利排出路基以外。

(2)路面养护重点:除冰、防滑。养护作业的关键部位是桥面、坡道、弯道、垭口及其他严重危害行车安全的路段。

2)冬季养护的方法及施工工艺

(1)清除路面冰雪主要采用下列4种方法:

①机械清理；
②化学处理；
③路面加热；
④减少冰与路面的黏着力。
目前比较成熟,使用较为便利的是前两种方法。

(2)除雪、除冰、防滑,要根据气象资料、沿线条件、降雪量、积雪深度、危害交通范围等条件,制订作业计划。对于高速公路及冰雪期较长路段的养护管理部门,还要加强与气象部门的联系,广泛收集气象资料,做好信息预报。

(3)冰雪期前要做好专用机械驾驶、操作人员的培训,做好机械设备、作业工具、防冻、防滑材料的准备工作。

(4)除雪工作应力求在雪刚落时即开始清扫,避免形成大量堆积。

(5)路面积雪后要及时清除,防止路面积雪被压实后变成冰,导致清除困难。除雪作业,应以清除新雪为主,化雪时应及时清除薄冰。

(6)清雪质量受温度影响较大,抓住有利时机融雪非常重要。

①在降雪量较大的情况下,当雪天转晴后,如室外温度在0℃以上,机械清除积雪后,只需撒非常少量的融雪剂,随着地表温度的增加和行驶汽车的轮胎与地面的摩擦,残留的薄雪将自行融化。

②室外温度在0℃以下时,清雪时间控制在上午10:00~下午2:00之间。

③机械清除积雪后,要及时撒融雪剂融雪、防冻。

④白天行车道的残雪留到夜晚没化而室外温度又低时,由于路面有残存融雪剂不会形成冰面,但为了使雪尽快融化干净,要在清晨交通量增大之前,或者在一昼夜中温度最低的时刻来临之前,再撒一层融雪剂防冻,然后借助过往车辆的车轮压、带、磨,加快残雪的融化速度。

⑤对桥面、高填方等温度低的路段,要适当加大融雪剂撒布量。

(7)除冰作业时应防止破坏路面,除冰困难的路段应以防滑措施为主,除冰为辅,以提高养护作业效率。

(8)路面防滑的主要措施有如下几种:

①使用盐或其他融雪剂降低路面上的结冰温度。

②使用砂等防滑材料或砂与盐掺和使用,既降低结冰温度又加大轮胎与路面间的摩擦系数。

③防冻防滑料撒布时间主要根据气象条件、路面状况等来确定。一般在刚开始下雪时就撒融雪剂或与防滑料掺和撒布,或者估计在路面出现冻结前1~2h撒布。

④防止路面结冰时,通常撒布一次防冻料即可。除雪作业时,撒布次数可以和除雪作业频率一致;盐的撒布量随温度而变化(表6-2-2)。

盐的撒布量(每次)(g/m²)　　　　　　　表6-2-2

路段 \ 条件	撒布前4h,气温0~7℃	撒布前4h,气温低于-7℃
一般路段	5~15	15~30
严寒多雪路段	30	30~50

(9)常用的融雪剂有氯化钠、氯化钙、氯化镁、异丙醇、乙二醇、氮和磷酸盐化合物等。广泛使用的是氯化钠($NaCl$)和氯化钙($CaCl_2$)。使用融雪药剂时,应注意如下几点:

①对路面的损伤。
②对汽车、护栏产生的腐蚀作用。
③对绿化植物的影响。
④对环境的污染。

(10)在冰冻和积雪期间,应经常巡视路面和涵洞。

①当冰块阻塞涵洞时,要及时清除洞内的冰块,防止因涵洞堵塞,导致流水从路面经过。

②在春季气温回升前,应将积雪及时清除在路肩以外,以免雪水渗入路肩,同时不得将盐的积雪清除堆积于绿化带内,以防污染绿化植物及绿化地。

③冰雪消融后,应清除路面上的残留物。

六、水泥混凝土路面养护对策

(1)高速公路及一级公路的路面损坏状况指数评价为优和良,二级及二级以下公路的路面损坏状况指数评价为中及中以上时,即可采取日常养护和局部或个别板块修补措施。

(2)高速公路及一级公路的路面损坏状况指数评价为中及中以下,二级及二级以下公路的路面损坏状况指数评价为次及次以下时,就应采取全路段修复或改善措施。

(3)高速公路及一级公路的路面行驶质量指数、抗滑性能指数评价为中及中以下,二级及二级以下公路的路面行驶质量指数、抗滑性能指数评价为次及次以下时,则应分别采取措施,改善路面平整度,提高路表面的抗滑能力。

(4)路面结构承载能力不满足现有交通的要求时,则应采取铺筑沥青混凝土或水泥混凝土加铺层措施,提高其承载能力。

单元训练

1. 公路水泥混凝土路面日常养护的要求是什么?
2. 公路水泥混凝土路面日常养护、冬季养护作业的规定有哪些?
3. 水泥混凝土路面的养护对策有哪些?

项目七　水泥混凝土路面病害识别及处治

▶ **学习目标**

（1）能够判断水泥混凝土路面病害的类型，等级；
（2）能够分析产生病害的原因；
（3）能够制订完整的维修处治方案；
（4）能够正确完成病害的维修处治工作；
（5）能够记录维修处治工作过程，完成总结报告。

▶ **任务描述**

参加某水泥混凝土路面某病害的维修处治工作；根据病害的现象，分析其产生的原因，制订相应的维修处治方案，指导维修处治操作，并记录维修处治操作的过程，最后进行总结。

▶ **学习引导**

观看水泥混凝土路面常见病害现状与养护后的图片，引发学生兴趣→学习水泥混凝土路面常见病害的基础知识→参加水泥混凝土路面某病害的维修处治工作→讨论制订合理的维修处治方案→进行维修处治→填写工作过程记录→编写总结报告。

单元一　水泥混凝土路面病害的类型、记录方法及其统计要点

单元要点

（1）水泥混凝土路面常见病害及其表现形式；
（2）水泥混凝土路面损坏的分级标准。

相关知识

一、病害常见种类

根据《公路技术状况评定标准》（JTG H20—2007）中对水泥混凝土路面病害分类的规定，将水泥混凝土路面病害类型划分为以下10类。

1. 破碎板（图7-1-1、图7-1-2）

（1）损坏特征：裂缝将板分为三块以上。如全部断块或裂缝发生在一个角局部应归为断角。

（2）分级：根据破损情况，分为轻、重两个等级。其分级情况，见表7-1-1。

2. 裂缝（图7-1-3、图7-1-4）

（1）损坏特征：板块上只有一条裂缝，裂缝类型包括横向、纵向和不规则的斜裂缝等。

(2)分级:根据严重情况,分为轻、中、重3个等级。其分级情况,见表7-1-2。

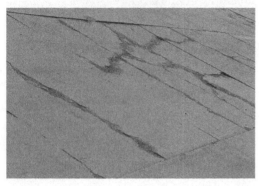
图 7-1-1 轻微破碎

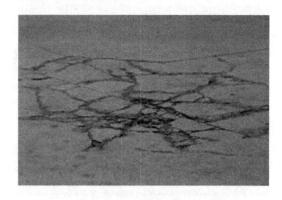
图 7-1-2 严重破碎

破损板分级表　　　　　　　　　　　　　　　　　表 7-1-1

分级	外 观 描 述	计量单位
轻	板块被裂缝分为三块以上,破碎板未发生松动和沉陷;损坏按板块面积计算	m²
重	板块被裂缝分为三块以上,破碎板有松动、沉陷和唧泥等现象;损坏按板块面积计算	m²

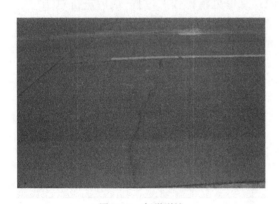
图 7-1-3 轻微裂缝

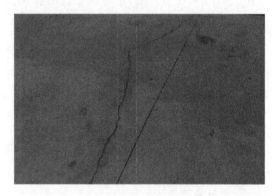
图 7-1-4 中等裂缝

裂 缝 分 级 表　　　　　　　　　　　　　　　　表 7-1-2

分级	外 观 描 述	计量单位
轻	裂缝窄、裂缝处未剥落,缝宽小于 3mm,一般为未贯通裂缝;损坏按长度计算,检测结果用影响宽度(1.0m)换算成面积	m²
中	边缘有碎裂,裂缝宽度为 3~10mm;损坏按长度计算,检测结果用影响宽度(1.0m)换算成面积	m²
重	缝宽、边缘有碎裂并伴有错台出现,缝宽大于 10mm;损坏按长度计算,检测结果用影响宽度(1.0m)换算成面积	m²

3. 板角断裂(图 7-1-5、图 7-1-6)

(1)损坏特征:裂缝与纵、横接缝相交,且交点距板角小于或等于板边长度一半的损坏。

(2)分级:根据严重情况,分为轻、中、重3个等级。其分级情况,见表7-1-3。

4. 错台(图 7-1-7)

(1)损坏特征:接缝两边出现高差大于 5mm 的损坏。

板角断裂分级表　　　　　　　表 7-1-3

分级	外 观 描 述	计量单位
轻	裂缝宽度＜3mm；损坏按断裂板角的面积计算	m²
中	裂缝宽度为 3～10mm；损坏按断裂板角的面积计算	m²
重	裂缝宽度＞10mm，断角有松动；损坏按断裂板角的面积计算	m²

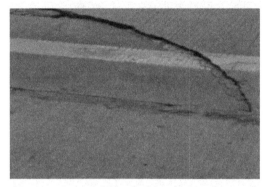

图 7-1-5　轻微断角

图 7-1-6　严重断角

(2)分级：根据严重情况，分为轻、重两个等级。其分级情况，见表 7-1-4。

错 台 分 级 表　　　　　　　表 7-1-4

分级	外 观 描 述	计量单位
轻	高差＜10mm；损坏按长度计算；检测结果要用影响宽度(1.0m)换算成面积	m²
重	高差 10mm 以上；损坏按长度计算；检测结果要用影响宽度(1.0m)换算成面积	m²

5.唧泥（图 7-1-8）

损坏特征：板块在车辆驶过后，接缝处有基层泥浆涌出，损坏按长度计算，检测结果要用影响宽度(1.0m)换算成面积。不分等级。

图 7-1-7　错台

图 7-1-8　唧泥

6.边角剥落（图 7-1-9）

(1)损坏特征：沿接缝方向的板边碎裂和脱落，裂缝面与板面成一定角度。

(2)分级：根据严重情况，分为轻、中、重 3 个等级。其分级情况，见表 7-1-5。

7.接缝料损坏（图 7-1-10）

(1)损坏特征：由于接缝的填缝料老化、剥落等原因，接缝内已无填料，接缝被砂、石、土等填塞。

(2)分级:根据严重程度,分为轻、重两个等级。其分级情况,见表7-1-6。

边角剥落分级表　　　　　　　　　　　　　　　　　　表7-1-5

分级	外观描述	计量单位
轻	浅层剥落,损坏按长度计算;检测结果要用影响宽度(1.0m)换算成面积	m²
中	中深层剥落,接缝附近水泥混凝土有开裂,损坏按长度计算;检测结果要用影响宽度(1.0m)换算成面积	m²
重	深层剥落,接缝附近水泥混凝土多处开裂,深度超过接缝槽底部;损坏按长度计算,检测结果要用影响宽度(1.0m)换算成面积	m²

接缝料损坏分级表　　　　　　　　　　　　　　　　　表7-1-6

分级	外观描述	计量单位
轻	填料老化,不泌水,但尚未剥落脱空,未被砂、石、泥土等填塞;损坏按长度计算,检测结果要用影响宽度(1.0m)换算成面积	m²
重	1/3以上接缝出现空缝或被砂、石、土填塞;损坏按长度计算,检测结果要用影响宽度(1.0m)换算成面积	m²

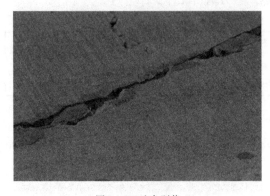

图7-1-9　边角剥落

图7-1-10　接缝料损坏

8.坑洞(图7-1-11)

损坏特征:板面出现有效直径大于30mm、深度大于10mm的局部坑洞。损坏按坑洞或坑洞群所涉及的面积计算,不分等级。

图7-1-11　坑洞

9.拱起(图7-1-12)

损坏特征:横缝两侧的板体发生明显抬高,高度大于10mm。损坏按拱起所涉及的板块面积计算,不分等级。

10.露骨(图7-1-13)

损坏特征:板块表面出现细集料散失、粗集料暴露或表层松疏剥落等现象。损坏按面积计算,不分等级。

上述10种水泥混凝土路面病害类型如裂缝、板角断裂、边角剥落、坑洞和层状剥落等需进行修补。修补面积或修补影响面积通过计算确定(裂缝修补按长度计算,影响宽度为0.2m)。

图 7-1-12　拱起

图 7-1-13　露骨

二、病害调查的记录方法

在进行水泥混凝土路面病害现场调查时,须对路面上观察到的各类病害进行现场记录。记录时采用的病害图符和代号详见表 7-1-7,原始记录表每百米记录一页。接缝位置必须画出,建议第一次调查时沿路中线拉钢尺,准确测量并画出各接缝位置,以公里碑为测量起点,每公里可断链一次,要求读数精确到厘米,并将成果形成计算机文档存入计算机。裂缝位置可估读准确到分米。

水泥混凝土路面病害调查记录图符及记录代号　　　　　　　表 7-1-7

病害分类	病害类型	调查中记录的信息	病害分级	病害记录图符	病害代号	计量单位
断裂类	破碎	按实际裂缝位置、长度和走向画出裂缝图,注明是否松动、沉陷、唧泥等;必要时注明裂缝宽度	轻		PS1	块
			中		PS2	
			重		PS3	
	裂缝	按实际裂缝位置、长度和走向画出裂缝图,注明是否松动、沉陷、唧泥等;必要时注明裂缝宽度	轻		LF1	块
			中		LF2	
			重		LF3	

续上表

病害分类	病害类型	调查中记录的信息	病害分级	病害记录图符	病害代号	计量单位
断裂类	断角	画出裂缝图,注明是否松动、沉陷、唧泥等;必要时注明裂缝宽度	轻		DJ1	块
			重		DJ3	
	补块	画出补块接缝和裂缝图并记录补块的状况,注明是否松动、沉陷、唧泥等;必要时注明裂缝宽度	轻		BK1	块
			重		BK3	
变形类	脱空唧泥	记录是否松动,有否唧泥。有松动则记"△",有唧泥则在唧泥接缝旁边记"———"	—		JN	—
	错台	记录错台高差	轻		CT1	块
			中		CT2	
			重		CT3	
	拱起	记录拱起高度;每处拱起接缝两侧两块板均记为病害板块	—		GQ	块
	胀起	记录胀起的度	轻		ZQ1	块
			重		ZQ3	
	沉陷	记录沉陷的度	轻		CX1	块
			重		CX3	

续上表

病害分类	病害类型	调查中记录的信息	病害分级	病害记录图符	病害代号	计量单位
接缝类	接缝剥落	画出接缝剥落出现的部位,必要时记录剥落处长、宽、深	轻		BL1	块
			重		BL3	
	接缝张开	标出接缝张开的部位及张开数值(mm)。中线纵缝张开记1块板,每侧路肩纵缝张开记0.5块板	轻		ZK1	块
			重		ZK3	
	接缝填缝料损坏	标出接缝填缝损坏的部位	—		TL	块
表面类及路肩	露骨	记录错台高差	轻		LG1	块
			重		LG3	
	表层裂纹	记录拱起高度。每处拱起接缝两侧2块板均记为病害板块	—		BL	块
	层状剥落	画出层状剥落出现的部位	—		CB	块
	坑洞	画出坑洞出现的部位	—		KD	块
	路肩损坏	记录路肩类型(混凝土—H、油—Y、土—T)及混凝土路肩中的裂缝、破碎和油路肩、土路肩沉陷翻浆情况	轻		HJ1 YJ1 TJ1	块
			重		HJ3 YJ3 TJ3	

三、病害统计注意事项

(1)当板块判断存在"破碎""裂缝""补块"病害时,不再统计其他病害。

(2)有补块的板在补块外又出现新的裂缝或有脱空、唧泥现象时,判断为破碎板,则只记录"破碎"病害(根据具体情况分级),不再记"补块"病害。

(3)裂缝板上兼有较大尺寸的断角(裂缝与纵横缝的交点至角点的距离均在1.8m以上)时应判断为破碎板。

(4)同一板块上有多处断角时,应记录和统计多块断角板。

(5)变形类、接缝类和表面类病害只对非断裂板块(即不包括"破碎板""裂缝板""补块板",但包括断角板)进行计数和统计,并且同一板块上同时存在这三类病害中的两个以上不同类型病害时,均应分别进行记录和统计,但同一类型病害只记录其最严重的病害程度分级。

(6)各种病害均以"块"为单位进行计数和统计。对于唧泥、错台、拱起、接缝剥落、纵缝张开、接缝填缝料损坏等必须在接缝处进行观察和判读的病害;只要板块四个周边的一条边存在上述病害的一型或几型,则该板块即为相应的一型或几型病害板块,并且每型病害均以周边中最严重的病害程度为准记录其分级。

单元训练
1. 水泥混凝土路面常见的病害有哪些?
2. 水泥混凝土路面的病害如何分级?

单元二　水泥混凝土面层断裂类病害成因识别及处治

单元要点
1. 水泥混凝土路面断裂类病害成因;
2. 水泥混凝土路面断裂类病害处治方法。

相关知识

水泥混凝土路面裂缝与断板的形式是多种多样的,其产生的原因也是多种多样的。有施工养生不当引起的早期表层开裂,有基层脱空引起的面板全厚度断裂,有在荷载和温度应力共同作用下的疲劳开裂,有活性集料反应引起的网裂,也有板长过长的翘曲或过量收缩而产生的横向裂缝等。裂缝与断板的出现如果不及时维修处治,病害将继续扩大,面板将丧失传荷作用,导致路面的严重损坏,影响行车安全。

一、面层断裂的类型及产生原因

1. 水泥混凝土路面裂缝的类型和产生原因

水泥混凝土面板的裂缝,可分为表面裂缝和贯穿板全厚度的裂缝(简称贯穿裂缝)。

1)表面裂缝

混凝土面板的表面裂缝主要是混凝土浇筑后表面未及时覆盖,在炎热或大风天气,表面游离水分蒸发过快,混凝土体积急剧收缩和碳化收缩引起的。

混凝土混合料是由多相不均匀材料组成的。由于构成混合料的各种固体颗粒大小和密度不同,混凝土表面过度振荡,使水泥和细集料过多上浮至表面,粗集料下沉,水分向上游动,从而形成表层泌水。

泌水的结果,使混凝土路面表面含水率增加,当混合料表面水的蒸发速度比泌水速度快时,水的蒸发面就会深入到混合料表面之内,水面形成凹面,其凹面较凸面所受压力大,同时固体颗粒间产生毛细管张力,致使颗粒凝聚;当混凝土表面尚未充分硬化,不能抵抗这一张力时,混凝土表面则发生裂缝。这种塑性裂缝的发生时间,大致与泌水消失时间相对应,在混凝土浇筑后数小时,混凝土表面将普遍出现细微的发丝龟裂。

混凝土的碳化收缩也会引起其表面龟裂。当混凝土配比不合理,水泥用量较少、水灰比较大,空气中的 CO_2 易渗透到混凝土内,与其中的碱性物质起化学反应后生成碳酸盐和水,而碳化作用引起的收缩仅限于混凝土路面表层,故产生混凝土的表面裂缝。

混凝土的碳化收缩速度较失水干缩速度慢得多,因而由碳化带来的表面裂缝对混凝土强度的危害并不大,有时碳化甚至能增加混凝土的强度。但是无论是哪种表面龟裂都给水泥混凝土路面表面的耐磨性带来不利影响,严重的表面裂缝,会使其路面出现起皮和露骨现象,如不及时维修处理,将会影响路面的使用功能。

2)贯穿裂缝

水泥混凝土路面贯穿裂缝为贯穿面板全厚度的干缩裂缝、冷缩裂缝、横向裂缝、纵向裂缝、交叉裂缝、板角断裂等。

(1)干缩裂缝

在水泥混凝土中,水在混凝土硬化过程中散失时,水泥浆体就会收缩,这就是干缩。但是自由收缩不会导致裂缝产生,只有收缩受到限制而发生收缩应力时,才会引起干燥收缩裂缝。

水泥浆干缩的内部限制主要是混凝土中集料对水泥浆的限制。在普通水泥混凝土中,水泥浆的收缩率被限制到90%,所以,混凝土内部经常存在着引起干缩裂缝的应力状态。

水泥混凝土干缩的外部限制主要是路面板块间或路面整体的限制,处于限制状态下的混凝土结构,只有当混凝土本身的抗拉应变以及徐变应变二者与混凝土硬化干燥过程中的自由收缩值不相适应时,混凝土才会发生裂缝。

从配合比来看,虽然混凝土的坍落度、水泥用量、集料粒径、细集料含量等对混凝土的干缩有影响,但最重要的影响因素还是混凝土的单位用水量。单位用水量越小,自由收缩应变值越小,但在实际施工中,过小的单位用水量,往往不能满足路面施工要求,因而在实际施工中,通常以缩小侧限系数为目的,对于路面长度则借助于设置接缝的方法来缓和约束;对于基层和侧边,则借助于隔离层和平整度来缓和约束。

(2)冷缩裂缝

水泥混凝土和其他材料一样具有热胀冷缩的性能。混凝土板块的热胀冷缩都是在相邻部分或整体性限制条件下发生的。故热胀属于变形压缩,而冷缩属于拉伸变形,很容易引起开裂。

水泥的水化过程是一个放热过程,在混凝土硬化过程中,释放大量热能,致使温度上升。在通常温度范围内,混凝土温度上升1℃,每米膨胀0.01mm。因此,这种温度变形,对大面积混凝土板块极为不利。

据有关试验证明,水泥水化过程中的放热速度是变化的,初始较缓慢,25min 后增温,大约在水泥终凝后12h 的水化热温度可达到80~90℃,使混凝土内部产生显著的体积膨胀,而板面温度随着晚上气温降低,湿水养护而冷却收缩,致使混凝土路面内部膨胀,外部收缩,产生很大拉应力。当外部混凝土所受拉应力一旦超过混凝土当时的极限抗拉强度时,板块就会产生裂缝或横向裂缝。此外,从最高温度降温,由于受到已有基层或已有硬化混凝土的约束力的作用,在温度下降时,就不能自由收缩,最终产生裂缝。这种裂缝大多是贯穿路面的。

(3)横向裂缝

水泥混凝土路面施工时,采用切缝将路面分成块,以防止路面的干缩和冷缩裂缝。但由于施工中切缝的时间难以控制准确,故造成混凝土路面出现横向裂缝;从混凝土收缩因素考虑,最好是混凝土中水泥水化初始阶段就切缝。但事实上因抗压强度过低,根本无法切缝。

对于已切缝的混凝土板,除第一天的应力有可能大于该龄期的抗折强度外,其余温度应力均小于相应龄期强度。所以,切缝不及时,就会导致水泥混凝土路面横向裂缝产生。

(4)纵向裂缝

顺路方向出现的裂缝称为纵向裂缝。水泥混凝土路面的传荷顺序为面层、基层、垫层、路基。尽管面板传到路基顶面的荷载应力值很小,一般往往不会超过 0.05MPa,但路基作为支承层却很重要。

由于路基填料土质不均匀、湿度不均,路基填料采用膨胀性土,发生冻胀,碾压不密实等原因,导致路基支承不均匀。在混凝土浇筑之前,基底弹性模量在不符合规范要求的情况下而盲目施工,在路基稍有沉陷时,在板块自重和行车压力作用下而产生纵向断裂。开始缝很细,但随着水浸入基层,使其表层软化,而产生唧泥、脱空,使裂缝加大。

在拓宽路基时,由于路基处理不当,新路基出现沉降,混凝土板下沿纵向出现脱空,在行车荷载作用下,使混凝土板发生纵向断裂。

(5)交叉裂缝

两条或两条以上相互交错的裂缝称为交叉裂缝。产生交叉裂缝的主要原因:

①水泥混凝土强度不足,车轮荷载应力和温度应力作用下产生交叉裂缝。

②路基和基层的强度与水稳性差,一旦受到水的浸入,将会发生不均匀沉陷,在行车作用下混凝土板产生交叉裂缝。

③由于水泥的水化反应和碱集料反应而产生交叉裂缝。

水泥混凝土在拌和、运输、振捣、凝结、硬化的过程中,始终存在着水泥的水化反应。水泥水化反应在混凝土发生升温和降温过程中产生体积的膨胀变形,在内部集料及外部边界的约束下使混凝土的自由胀缩变形受阻,而产生拉压应力,使水泥产生不安定因素,这对混凝土的质量影响很大。在水泥生产过程中,有时会出现一些过烧的 CaO 和 MgO,它们的水化速度较慢,往往在水泥硬化后再水化,引起水泥浆体膨胀、开裂甚至溃散。如果用了安定性差的水泥,浇筑的混凝土路面就会产生大面积龟裂或交叉裂缝。

2. 断板产生的原因

由纵向、横向、斜向交叉裂缝发展而产生的裂缝贯穿板厚,使水泥混凝土路面板折断成两块以上,这种现象称为断板。

混凝土面板浇筑完成后,未完全硬化和开放交通就出现的断板为早期断板或施工断板;混凝土面板开放交通后出现的断板,称为使用期断板或后期断板。

1)产生早期断板的原因

(1)原材料不合格

水泥安定性差,且强度不足。水泥中的游离氧化钙($f\text{-}CaO$)在凝结过程中水化很慢,水泥在硬化后还在继续进行水化作用。当 $f\text{-}CaO$ 超过一定限量时,就会破坏已经硬化的水泥石或使抗拉强度下降。水泥强度不足也会影响混凝土的初期强度,使断板的可能性大为增加。水泥的水化热高、收缩大,也会导致水泥混凝土开裂。

水泥混凝土中水泥石与集料的界面黏结不良,往往易产生初期开裂。集料的含泥量和有机质含量超过规范标准,必然会造成界面缺陷,容易产生开裂。

(2)基层高程失控、基层不平整

由于基层高程失控,导致路面厚度不一致,而面板厚薄交界处即成为薄弱断面,在混凝土收缩时难以承受拉应力而开裂。基层的不平整会大大增加其与混凝土界面的摩阻力,因此,在较薄路面易产生开裂。如果用松散材料处理基层不平整,上层混凝土拌和物的水分会下渗被基层吸收,使下部混凝土变得疏松,强度下降,也易产生开裂。基层干燥会吸收混凝土拌和物的水分,使底部混凝土失水,强度降低而导致开裂。

(3)混凝土配合比不合理

混凝土中引起收缩的主要是水泥石部分,因此,单位水泥用量过大,必然会导致较大的收缩,易产生开裂。水泥完全水化的最低水灰比为 0.26~0.29,施工中为了满足其和易性的需要,一般采用了较高水灰比。但是水灰比偏大,会增大水泥水化初期集料表面的水膜厚度,影响了混凝土强度。施工中用水量不佳,或使用长期阳光暴晒的过干集料也会影响混凝土配合比的准确性,从而影响其初期强度。

(4)施工工艺不当

混凝土拌和时,搅拌不足或过分搅拌,振捣不密实等,会使混凝土强度不足或不均匀,易导致早期断板;振捣时间过长,会造成拌和物分层、集料沉底、细料上浮而造成强度不均匀,表面收缩裂缝增加;拌和时,如果水泥和集料温度过高,再加上水泥的水化热,其拌和物的温度更高,而在冷却、硬化过程中会使温差收缩加大,导致开裂。切缝时间掌握不当或切缝深度不足,造成混凝土内应力集中,在面板的薄弱处形成不规则的贯穿裂缝。采用真空吸水工艺时,如果因两吸垫之间未重叠而导致漏吸,则漏吸处水灰比较两侧大,混凝土强度较低,收缩也大,形成薄弱环节而开裂。传力杆安装如果上下翘曲,则在混凝土伸缩和传力过程中混凝土就会被破坏,形成开裂等。

2)使用期(后期)断板的原因

根据美国的研究资料,路面的使用寿命与路面厚度成 5 次方关系。如果因设计时交通量调查不准,路基、底基层、基层的模量和材料参数选用不当等原因,而使路面厚度偏薄,就会在使用过程中过早地出现断板。水泥混凝土路面常年直接暴露在大气之中,其温度、湿度周期性和昼夜气温的变化,都会使混凝土面板在交替伸缩和翘曲中处于拉应力和压应力的反复作用状态,这种拉、压应力称之为温度应力。混凝土板块平面尺寸如果设计越长,温度应力就越大,当温度应力超出允许范围,面板即产生断裂。

超重车的增加是水泥混凝土路面断板的重要原因。由于交通运输业的迅速发展,大吨位车辆猛增,单轴轴载比原设计的计算轴载增加几倍,由于轴载等效换算系数 $f = (P_i/P_0)^{16}$,即超重轴载与标准轴载换算成 16 次方关系,所以,超重车的增加是混凝土路面使用期断板的重要原因。

路基和基层压实度不足或不均匀,造成强度较低或不均匀;在使用过程中,水的渗入、水温条件的变化和行车荷载的作用,路基和基层产生不均匀沉陷,使面板脱空,当受到的拉应力大于混凝土板的强度时,面板即发生断裂。

路基和基层排水不良,长期受水的浸蚀,使路基失稳或强度下降,导致路面产生不规则断裂。地面水渗入路基、基层和底基层,冬季因冻胀使路面产生纵向断裂。

3.路面板边剥落和板角断裂产生的原因

(1)接缝或纵横缝交叉处,水的浸入易产生唧泥、脱空,导致板边或角隅应力增大,产生破损或断裂。

(2)接缝处缺乏传荷能力或板块边缘附近的传力杆失效。

(3)路基基层在荷载和水的作用下,逐渐产生塑性变形,使板边、板角应力增大,产生剥落和断裂。

(4)面板边缘的接缝中嵌入硬物等。

二、面层断裂类病害的维修方法

1.裂缝与断板的维修

裂缝与断板的维修,应根据其损坏程度,采取不同的维修方法和使用不同的维修材料。

1)维修材料

裂缝与断板的维修材料,根据其功能可分为密封材料和补强材料。当水泥混凝土路面出现裂缝或贯穿裂缝而板面强度仍能满足使用要求时,应选用密封维修材料;当路面由于裂缝和断裂造成了强度不足时,应选用补强材料。

(1)密封材料宜选用聚氨酯、聚硫环氧树脂(聚硫橡胶+环氧树脂)、日产 BI-GBOUT 等高分子工程材料,其材料技术性能,应符合表 7-2-1 的规定。

密封材料技术要求　　　　　　　　　表 7-2-1

性　　能	技 术 要 求	性　　能	技 术 要 求
灌入稠度(s)	<20	黏结强度(MPa)	≥4
拉伸强度(MPa)	≥4	断裂伸长率(%)	≥50

(2)高模量补强材料宜选用经过改进的环氧树脂或经乳化反应过的环氧树脂乳液。其主要技术要求,应符合表 7-2-2 的规定。

补强材料技术要求　　　　　　　　　表 7-2-2

性　　能	技 术 要 求	性　　能	技 术 要 求
灌入稠度(s)	<20	黏结强度(MPa)	≥3
拉伸强度(MPa)	≥5	断裂伸长率(%)	2~5

2)裂缝维修

(1)扩缝灌浆法

扩缝灌浆法适用于裂缝宽度小于 3mm 的表面裂缝。其修补工艺如下:

①扩缝。顺着裂缝用冲击电钻将缝口扩宽成 1.5~2cm 的沟槽。槽深根据裂缝深度确定,最大深度不得超过 2/3 板厚。

②清缝填料。清除混凝土碎屑,用压缩空气吹净灰尘,并填入粒径 0.03~0.6cm 的清洁石屑。

③配料灌缝。采用聚硫橡胶:环氧树脂=16:(2~16),配成聚硫环氧树脂溜缝料,拌和均匀并倒入灌浆器中,灌入扩缝内。

④加热增强。宜用红外线灯或装有 60~100W 灯泡的长条形灯罩,在已灌缝上加温,温度控制在 50~60℃,加热 1~2h 即可通车。

(2)直接灌浆法

直接灌浆法适用于裂缝宽度大于3mm且无碎裂的裂缝。其修补工艺如下:

①清缝。将缝内泥土、杂物清除干净,并确保缝内无水、干燥。

②涂刷底胶。在缝两边约30cm的路面上及缝内涂刷一层聚氨酯底胶层,厚度为0.3mm±0.1mm,底胶用量为0.15kg/m²。

③配料灌缝。配料由环氧树脂(胶结剂)、二甲苯(稀释剂)、邻苯二甲酸二丁酯(增稠剂)、乙二胺(固化剂)、水泥或滑石粉(填料)组成。采用配合比为:胶结剂:稀释剂:增调剂:固化剂:填料 = 100:40:10:8:(200~400),视缝隙宽度掺加。按比例配制好,并搅拌均匀后直接灌入缝内,养护2~4h即可开放交通。

(3)条带罩面补缝

条带罩面补缝适用于贯穿全厚大于3mm、小于15mm的中等裂缝。其罩面补缝工艺如下:

①切缝。顺裂缝两侧各约15cm,且平行于缩缝切7cm深的两条横缝,见图7-2-1。

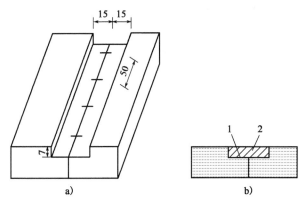

图7-2-1 条带罩面补缝(尺寸单位:cm)
1-钯钉;2-新浇混凝土

②凿除混凝土。在两条横缝内利用风镐或液压镐凿除混凝土,深度以7cm为宜。

③打钯钉孔。沿裂缝两侧15cm,每隔50cm钻一对钯钉孔,其直径各大于钯钉直径2~4mm,并在两钯钉孔之间打一与钯钉孔直径相一致的钯钉槽。

a.安装钯钉。用压缩空气吹除孔内混凝土碎屑,孔内填灌快凝砂浆,把弯钩长7cm的除过锈的钯钉(宜采用ϕ16mm 螺纹钢筋)插入钯钉孔内。

b.凿毛缝壁。将切割的缝内壁凿毛,并清除松动的混凝土碎块及表面松动裸石。

c.刷黏结砂浆。将修补混凝土毛面上刷一层黏结砂浆。

d.浇筑混凝土。应浇筑快凝混凝土,并及时振捣密实,磨光和喷洒养护剂;其喷洒面应延伸到相邻老混凝土面板20cm以上。

(4)全深度补块

全深度补块适用于宽度大于15mm、错台大于12mm的严重裂缝。全深度补块分集料嵌锁法、刨挖法、设置传力杆法。

①集料嵌锁法。它适用于二级公路无筋混凝土路面交错的接缝,且接缝的间隔小于400cm的裂缝修补。其修补工艺如下:

a.画线、切割。将修补的混凝土路面沿面板平行于横向纵缝画线,并沿画线方向用切割机进行全深度切割,在全深度补块的外侧锯4cm 宽、5cm 深的缝。见图7-2-2。

b. 破碎、凿毛。用风镐破碎并清除旧混凝土,将全深锯口和半锯口之间的 4cm 宽混凝土垂直面凿成毛面。

c. 基层处理。基层强度如果符合规范要求,应整平基层,若低于规范要求应予补强,并严格整平;若基层全部损坏或松软,应按原设计基层材料重新做基层。

d. 混凝土配合比。应符合设计、规范要求,水灰比不大于 0.40。

e. 混凝土拌和、摊铺。严格按配合比用搅拌机将混凝土搅拌均匀,将拌好的混合料摊铺在补块区内,并振捣密实。浇筑的混凝土面层应与相邻路面的横断面高程一致,其表面纹理应与原路面相同。

f. 养生。补块的养生宜采用养护剂,其用量根据养护剂材料性能确定。

g. 接缝处理。做接缝时,将板中间的各缩缝锯切 1/4 板厚,并将接缝材料填入接缝内。

h. 浇筑混凝土达到通车强度后,即可开放交通。

②刨挖法(倒 T 形法)。刨挖法适用于因缺乏水平边连接的接缝系统,由于只能在每条缝的一侧提供荷载传递,所以接缝间传荷很差。

a. 施工要求同集料嵌锁法前面部分。

b. 在相邻板横边的下方暗挖 15cm×15cm 的一块面积用于荷载传递,见图 7-2-3。

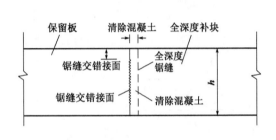

图 7-2-2 集料嵌锁法(尺寸单位:cm)

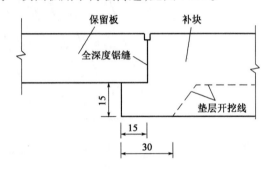

图 7-2-3 刨挖法(尺寸单位:cm)

③设置传力杆法。它适用于寒冷气候下和承受重型交通荷载的混凝土路面。

a. 施工要求同集料嵌锁法前面部分。

b. 处理基层后,应修复、安设传力杆和拉杆,见图 7-2-4。

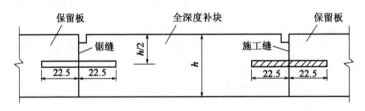

图 7-2-4 设置传力杆法(尺寸单位:cm)

c. 原混凝土面板设有传力杆和拉杆折断时,应用与原尺寸相同的钢筋焊接或重新安设。安装时应在板厚 1/2 处钻出比传力杆直径大 2~4mm 的孔,孔中心间距 30cm,其误差不应超过 3mm。

d. 横向施工缝传力杆直径为 $\phi 25m$ 的光圆钢筋,长度为 45cm,嵌入相邻保留板内深 22.5cm。

e. 拉杆孔直径宜比拉杆直径大 2~4mm,并应沿相邻板间的纵向缝,在板厚 1/2 处钻孔,中心间距 80cm。拉杆采用 $\phi 16$ 螺纹钢筋,长 80cm,40cm 嵌入相邻车道的混凝土面板内。

f. 传力杆和拉杆宜用环氧砂浆牢牢地固定在规定位置。摊铺混凝土前,光圆传力杆的伸出端应涂少许润滑油。

g. 新补块与沥青混凝土路肩相接时,应和现有路肩齐平。

h. 传力杆若安装倾斜或松动失效,应予以更换。

2. 路面板边剥落和板角断裂维修方法

(1) 板边修补

①当水泥混凝土板边轻度剥落时,应将混凝土剥落的碎块清理干净,可用灌缝材料填充密实,修补平整。

②当水泥混凝土板边严重剥落时,在剥落混凝土外侧,平行于板边画线,用切缝机切割混凝土;切割深度略大于混凝土剥落深度,用风镐凿除损坏混凝土;用压缩空气清除混凝土碎屑,立模并浇筑混凝土修补材料,用养护剂养生。达设计强度后,即可开放交通。

③当水泥混凝土板边全深度破碎,可按全深度补块的方法进行修复。

(2) 板角修补

①板角断裂应按破裂面大小确定切割范围并放样,见图7-2-5。

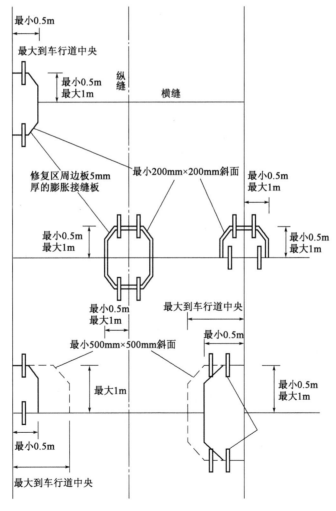

图7-2-5 板边与边角修补

②用切割机切边缝,用风镐凿除破损部分,凿成规则的垂直面,对原有钢筋不应切断。如果钢筋难以全部保留,至少也要保留长 20~30cm 的钢筋头,且应长短交错。

③检查原有的滑动传力杆,如果有缺陷应予更换,并在新老混凝土之间加设传力杆。

④如基层不良时,应用 C15 混凝土浇筑基层,并在面板板厚中央用冲击钻打水平孔,深 20cm、直径 3cm、水平间距 30~40cm。每个洞应先将其周围湿润,先用快凝砂浆填塞补实;然后插一根直径为 2cm 的钢筋,待砂浆硬化后,浇筑快凝混凝土。

⑤与原有路面板的接缝如为缩缝,应涂上沥青,防止新旧混凝土黏结在一起。如为胀缝,应设置接缝板。

⑥浇筑的混凝土硬化后,用切割机切出宽 3mm、深 4cm 的接缝槽,并用压缩空气清缝,灌入填缝材料。

⑦待混凝土达到强度后,方可开放交通。

单元训练

1. 水泥混凝土面层断裂类病害有哪几种?
2. 水泥混凝土面层断裂类产生的原因及防治措施有哪些?

单元三 水泥混凝土路面变形病害成因识别及处治

单元要点

(1)水泥混凝土路面变形病害成因;
(2)水泥混凝土路面变形病害处治方法。

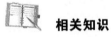

相关知识

一、路面错台

1. 路面错台的原因

(1)路基基层碾压不密实,强度不足。
(2)局部地基不均匀下沉或采空区地基大面积沉陷。
(3)水浸入基层,行车荷载使路面板产生泵吸现象。
(4)传力杆、拉杆功能不完善或失效。

2. 路面错台处治方法

(1)路面轻微错台处治方法

轻微错台,其高差小于 5mm 时,可不作处理。

(2)高差 5~10mm 错台处治方法

①人工凿平法的步骤:

a. 划定错台处治范围。
b. 用钢尺测定错台高度。
c. 用平头钢凿由浅到深从一边凿向另一边;凿后的面板应达到基本平整。
d. 清除接缝杂物,吹净灰尘,及时灌入填缝料。

②机械处治磨平法的步骤:
a.用磨平机从错台最高点开始向四周扩展,边磨边用3m直尺找平,直至相邻两块板齐平为止,如图7-3-1所示。
b.磨平后,应将接缝内杂物清除干净,并吹净灰尘,及时将嵌缝料填入。
③人工配合机械处治法。即先用人工将高出的错台板基本凿平;然后用磨平机再磨平,清缝并灌入填缝料。

(3)路面严重错台处治方法
高差大于10mm的严重错台,可采取沥青砂或水泥混凝土进行处治。
①沥青砂填补法。不宜在冬季进行,其工艺程序如下:
a.清除路面杂物和灰尘。
b.喷洒一层热沥青或乳化沥青;沥青用量为$0.4 \sim 0.6 kg/m^2$。
c.摊铺沥青砂,修补面纵坡控制在$i \leqslant 1\%$。
d.沥青砂填补后,应用轮胎压路机碾压。
e.待沥青砂修补层冷却成形后开放交通。
②水泥混凝土修补法的步骤:
a.用风镐将错台下沉板凿除$2 \sim 3 cm$;修补长度按错台高度除以坡度(1%)计算,如图7-3-2所示。

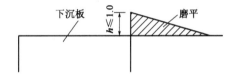

图7-3-1 错台磨平示意图(尺寸单位:cm)

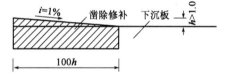

图7-3-2 错台修补法示意图(尺寸单位:cm)

b.用压缩空气清除毛面混凝土的杂物。
c.浇筑细石混凝土。其材料配比,参照表7-3-1进行。
d.喷洒养护剂,养护混凝土。
e.混凝土达到通车强度后,即可开放交通。

细石混凝土配合比　　　　表7-3-1

水泥	快速修补剂	水	砂	碎石
437	70	131	524	1 149
1	0.50	0.30	1.20	2.63

二、路面沉陷

沉陷是水泥混凝土路面严重病害之一,它可导致面板的错台、严重破碎,以致影响到行车安全。因此,必须设置排水设施,对严重沉陷应及时处治;其方法有板块灌砂顶升法、千斤顶顶升法和整块板翻修法等。

1.路面沉陷产生的原因
(1)路基基层稳定性不够,强度不均匀,造成混凝土板块不均匀下沉。
(2)排水设施不完善,地面水渗入基层,导致基层强度减弱;唧泥、面板严重破碎,造成面板沉陷。

2.路面沉陷的预防

对于路面沉陷的预防,通常采用在路面边缘设置排水设施的方法。设置排水设施的基本要求如下:

(1)应经常保持路面和路肩的设计横坡,以便使地表水迅速从路面上排出。

(2)应将土路肩改造为硬路肩。硬路肩宜采用水泥混凝土或沥青混凝土。

(3)路面裂缝、接缝以及路面与路肩接缝应经常保持密封状态。

(4)设置纵向积水管和横向出水管。

①在水泥混凝土路面的外侧边缘挖一条纵向沟,宽15~25cm,沟深挖至集料基层之下15cm,横沟与纵沟的交角应为45°~90°,横沟间的距离约为30cm,见图7-3-3。

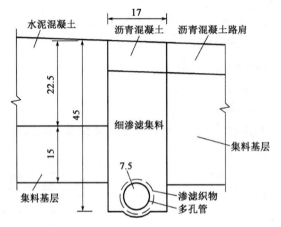

图7-3-3 边部排水管布置图(尺寸单位:cm)

②设置纵向积水管和横向出水管。

积水管一般采用10cm多孔塑料管,出水管为无孔塑料管,并按设计的距离将积水管和出水管连接起来;然后在纵向多孔管上裹一层土工织物渗滤层,使其与积水管间无空隙。

③将积水管和出水管放入沟槽内,纵横沟槽底部应避免凸凹不平,横向水管的坡度应大于或等于纵向排水坡度,出水管的管端应延伸到排水沟内,并设置端墙。

④封盖排水沟。沥青混合料或水泥混凝土均可作封盖排水沟的材料,但应采用与路肩相同的材料。使用水泥混凝土时,应用塑料布将混凝土排水沟底与回填材料隔开;使用沥青混凝土时,沟的宽度应不小于压实设备宽度。

⑤设置盲沟。设置盲沟排除路面积水,适用于全幅路面为水泥混凝土和沥青路面两种路面结构。

a.沿水泥混凝土路面外侧挖纵向盲沟,沟底应低于面板以下10cm,在水泥混凝土路面接缝处挖横向沟,见图7-3-4。

b.沟槽底面及外侧,铺设油毡隔离层,沿水泥路面交界处及盲沟顶部铺设土工布过滤层。

c.在盲沟内填筑碎(砾)石过滤材料。

d.盲沟上应用相同材料填筑路面(路肩),且保持平整密实。

3.路面沉陷的处治

路面沉陷的处治,采取板块灌砂顶升法。

(1)板在顶升前,应用水准仪测量下沉板的下沉量,测站与下沉处距离应大于50m,并绘出纵断面,求出升起值。

(2)每块板上钻出两行与纵轴平行的直径为3cm的透孔,孔的距离约为1.7m(板宽3.5m时,一孔所占面积为3～3.5m²),当板需要从一侧升起时,只需在升起部分钻孔。

(3)在升起前,所有孔用木塞堵好,一孔一孔地灌砂浆;充气管与板接头处,用麻絮密封,用排气量为6～10m³/min的空气压缩机向孔中灌砂浆,直至砂浆冒出缝外时为止。

(4)板升起后,连续往另一个孔中灌砂,直至下沉板全部顶升就位。

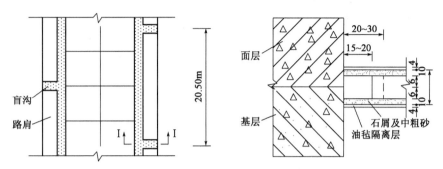

图 7-3-4　盲沟设置图(除标注外,其余尺寸单位:cm)

4. 整板翻修

当水泥混凝土整板沉陷并产生破碎时,应进行整板翻修,其工艺如下:

(1)宜用液压镐将旧板凿除,尽可能保留原有拉杆,并清运混凝土碎块。

(2)将基层损坏部分清除,并整平压实。

①对基层损坏部分,宜采用C15混凝土补强。其补强混凝土顶面高程应与旧路面基层面高程相同。

②宜在混凝土路面板接缝处的基层上涂刷一道宽20cm的薄层沥青。

(3)整块翻修的面板在路面排水不良地带,路面板边缘及路肩应设置路基纵、横向排水系统。

①单一板块翻修时,应在路面板接缝处设置横向盲沟。

②路面有纵坡时,宜设置纵向盲沟,在纵坡度底部设置横向盲沟。

(4)在进行板块修复混凝土施工时,配合比及所有材料宜采用快速修补材料。

①按配合比采用混凝土搅拌机拌和混凝土材料。

②将拌和好的混合料用翻斗车运送到施工现场,进行人工摊铺。

③宜采用插入式振捣器振捣边角混凝土,并用振动梁刮平提浆,人工抹平,与原混凝土板面高低一致。

④按原路面纹理对混凝土表面进行处理。

⑤宜采用养护剂进行养护。

⑥相邻板边的接缝,用切缝机切至1/4板块深度。

⑦清除缝内杂物,灌入接缝材料。

⑧待混凝土达到通车强度后,开放交通。

三、路面拱起

1.路面拱起产生的原因

水泥混凝土路面拱起的主要原因,是因胀缝失效,混凝土板块热胀而突然使横缝两侧的板体明显提高。其处理措施应根据具体情况,采取不同的方法。

(1)非高温季节施工时,胀缝设置间距过长或失效。

(2)接缝内嵌入硬物。

(3)夏季连续高温,使板体热胀。

2.路面拱起的处治方法

(1)对轻微拱起的处理方法

①用切缝机或其他机具将拱起板间横缝中的硬物切碎。

②用压缩空气将缝中石屑等杂物和灰尘吹净,使板块恢复原位。

(2)对严重拱起的处理方法

①板端拱起但路面完好时,应根据拱起高低程度,计算多余板的长度,将拱起板块两侧附近1~2条横缝切宽,待应力充分释放后切除拱起端,逐渐使板块恢复原位。

②将横缝和其他接缝内的杂物、灰尘用空气压缩机清除干净,并灌入填缝料,见图7-3-5。

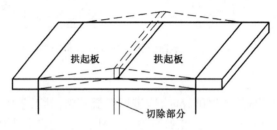

图7-3-5 板块拱起修补

(3)其他拱起情况的处理方法

①拱起板端发生断裂或破损时,按本项目单元一进行。

②胀缝间因传力杆部分或全部在施工时设置不当,使板受热时不能自由伸长而发生拱起,应重新设置胀缝,按胀缝施工的方法进行。

单元训练

1.水泥混凝土面层断裂类病害有哪几种?

2.水泥混凝土面层断裂类产生的原因及防治措施有哪些?

单元四 水泥混凝土路面接缝病害成因识别及处治

单元要点

(1)水泥混凝土路面接缝病害成因;

(2)水泥混凝土路面接缝病害处治方法。

相关知识

水泥混凝土路面接缝,包括纵施工缝、纵向缩缝、横向施工缝、横向缩缝等。接缝是水泥混凝土路面的薄弱环节,经常出现接缝填料损坏、纵向接缝张开、接缝板边和板角碎裂等病害,由于这些病害的产生,地面水从接缝渗入,使路面基层强度降低,在行车荷载作用下,导致唧泥、脱空、断板、沉陷等病害的产生,影响水泥混凝土路面的使用质量。因此,对接缝必须加强养护和修补,使水泥混凝土路面经常处于良好状态,延长水泥混凝土路面的使用寿命。

一、路面板接缝病害产生的主要原因

(1)灌缝材料老化、脱落、软化和溢出。
(2)垫料老化、变形、脱落。
(3)接缝结构、机能不完善。
(4)接缝内嵌入硬物会造成接缝处剥落或胀裂。
(5)接缝材料和接缝板质量欠佳。

二、接缝病害的处治方法

1.接缝填缝料损坏修补

(1)清缝。用清缝机清除接缝内杂物,并将接缝内灰尘吹净。

(2)接缝作胀缝修补时,先用建筑热沥青涂刷缝壁,再将接缝板压入缝内。对接缝板接头及接缝与传力杆之间的间隙,必须用填缝料灌实抹平,上部用嵌缝条的应及时嵌入嵌缝条。

(3)用加热式填缝料修补时,必须将填缝料加热至灌入温度,滤去杂物,倒入填缝机内即可填缝。在填缝的同时,宜用铁钩来回拌动,以增加与缝壁的黏结度和填缝的饱满度。在气温较低季节施工时,应先用喷灯将接缝预热。加热施工式填缝料的技术要求,见表7-4-1。

加热施工式填缝料的技术要求　　　　　　　表7-4-1

试验项目	低弹性型	高弹性型	试验项目	低弹性型	高弹性型
针入度(0.1mm)	<50	<90	流动度(mm)	<5	<2
弹性(复原率)(%)	>30	>60	拉伸量(mm)	>5	>15

(4)用常温式填缝料修补时,除无须加热外,其施工方法与加热式填缝料相同。常温施工式填缝料的技术要求,见表7-4-2。

常温施工式填缝料的技术要求　　　　　　　表7-4-2

性　能	技术要求	性　能	技术要求
灌入稠度(s)	<20	流动度(mm)	0
失黏时间(h)	6~24	拉伸量(mm)	>15
弹性(复原率)(%)	>75		

(5)填缝料的技术要求与施工质量验收标准,应符合现行《公路水泥混凝土路面养护技术规范》(JTJ 073.1—2001)、现行水泥混凝土路面施工及验收规范的规定。

2.纵向接缝张开维修

(1)当相邻车道面板横向位移、纵向接缝张开宽度在10mm以下时,宜采取聚氯乙烯胶泥、焦油类填缝料和橡胶沥青等加热施工填缝料。

(2)当相邻车道面板横向位移,纵向接续张口宽度在10~15mm时,宜采取聚氨酯类常温施工式填缝料进行维修。

①维修前应清除缝内杂物和灰尘。
②按材料配比配制填缝料。

③宜采用挤压枪注入填缝料。
④填缝料固化后,方可开放交通。
(3)当纵向接缝张口宽度在 15~30mm 时,采用沥青砂进行维修。
(4)当纵缝宽度达 30mm 以上时,可在纵缝两侧横向锯槽并凿开,槽间距 60cm,宽 5cm,深度为 7cm。沿纵缝两侧 10cm,钻直径 14mm 的钯钉孔。设置 $\phi 12$ 螺纹钢筋钯钉,钯钉在老混凝土路面内的弯钩长度为 7cm。纵缝内部的凿开部位用同强度等级水泥混凝土填补,纵缝一侧涂刷沥青。

3. 接缝板边出现碎裂时,接缝的修补

(1)在破碎部位边缘,用切割机将接缝板切割成规则形状。其外围切割面应垂直板面,底面宜为平面,见图 7-4-1。

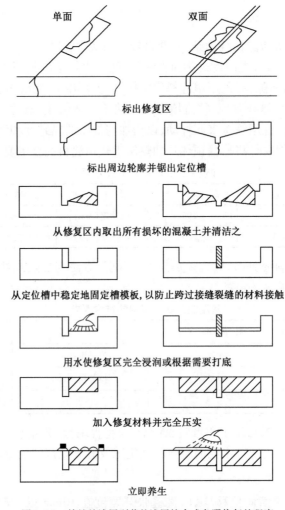

图 7-4-1 接缝处浅层剥落的浅层接合式角隅修复的程序

(2)清除混凝土碎块,吹净灰尘杂物,并保持干燥状态。
(3)用高模量补强材料进行填充,其材料技术性能应符合《公路水泥混凝土路面养护技术规范》(JTJ 073.1—2001)的规定。
(4)修补混凝土达到通车强度后,方可开放交通。

单元训练

1. 水泥混凝土路面接缝类病害有哪几种？
2. 水泥混凝土路面各种接缝类病害产生的原因及防治措施有哪些？

单元五　水泥混凝土路面表层类病害成因识别及处治

 单元要点

（1）水泥混凝土路面表层类病害成因；
（2）水泥混凝土路面表层类病害处治方法。

 相关知识

水泥混凝土路面表层类病害，主要是指坑洞、露骨、修补损坏等病害现象。

一、表层类病害产生的主要原因

1. 磨损和露骨

路面板混凝土的强度不足或施工配合比不当导致面板表面的磨损，出现露骨现象。

2. 纹裂、网裂和起皮

表面纹裂是指浅而细或发丝状的网状裂纹，仅产生在路面表层，在车辆荷载的作用下它会发展为表层层状剥落。其产生的原因是水灰比过大、过度抹面、养护不及时、用盐化冰雪、冻融循环和集料质量低劣等。

3. 坑洞

坑洞是指路面板表面呈现空洞状的破损现象，直径一般为 2.5～10cm，深为 1～5cm。其产生原因是：施工质量差或混凝土材料中夹带杂物，某些车辆的金属硬轮或掉落硬物的撞击所致。

4. 修补损坏

修补损坏是指路面板损坏经修补后的再次损坏。破损的主要原因是：原有病害没有根治、修补质量差、交通荷载过大等。

二、表层类病害的处治

对于水泥混凝土表面类病害，应该根据公路等级和表面破损程度，采取不同的材料和施工方法进行处理。

（1）一般公路水泥混凝土面板起皮，宜采用稀浆封层加以处理。
（2）对于面积较大的水泥混凝土面板起皮（剥落、露骨），宜采用稀浆封层或沥青混凝土罩面加以处理。
（3）高速公路水泥混凝土板起皮（剥落、露骨），宜采用改性沥青稀浆封层或沥青混凝土罩面加以处理。

下面就水泥混凝土坑洞处理进行讨论。

1. 对路面个别坑洞的修补

(1)用手工或机械将坑洞凿成矩形的直壁槽。

(2)用压缩空气把槽内的混凝土碎块及尘土吹净。

(3)用海绵块沾水后湿润坑洞,不得使坑洞内积水。

(4)用高强度等级水泥砂浆等材料填补,并达到平整密实。

2. 对路面较多坑洞的修补

对较多坑洞且连成一片,面积在 20m² 以内的坑洞,应采取罩面方法修补。

(1)画出与路中心线平行或垂直的修补区域图形。

(2)用切割机沿修补图形边线切割 5~7cm 深的槽;槽内用风镐清除混凝土,使槽底平面达到基本平整,并将切割的光面凿毛。

(3)用压缩空气吹净槽内混凝土碎屑和灰尘。

(4)按混凝土配合比设计、配制修补混凝土。

(5)将拌和好的混凝土填入槽内,人工摊铺、振捣密实,并保持与原路面齐平。

(6)喷洒养护剂养生。

(7)待混凝土达到通车强度后,开放交通。

3. 对大面积坑洞的修补

对面积大于 20m²、深度在 4cm 左右成片的坑洞,可用浅层结合式表面修复或沥青混凝土罩面进行修补。

(1)浅层结合式表面修复

①将连成片的坑洞周围标画出与路中心线平行或垂直的区域,并用风镐凿除深度 2~3cm 的混凝土,见图 7-5-1。

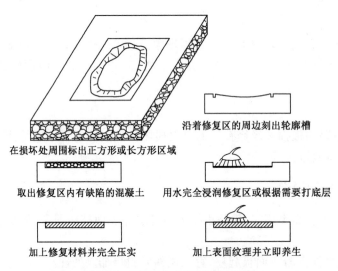

图 7-5-1 浅层结合式表面修复的程序

②将修复区内凿掉的混凝土碎块运出,并清除其碎屑和灰尘。

③在修复区表面用水喷洒湿润,并适时涂刷黏结剂。

④将拌和好的混凝土摊铺于修复区内振捣、整平。

⑤用压纹器压纹,压纹深度宜控制在 3mm 左右。

⑥养生,使修复板块经常处于潮湿状态。
⑦待混凝土达到通车强度后,开放交通。
(2)沥青混凝土修补
①画出与路中心线平行或垂直的处治区,并用切割机在其周围切剖2~3cm的深度。
②用风镐凿除处治区内的混凝土,并清除混凝土块、碎屑和灰尘。
③将切割的槽壁面和凿除的槽底面喷洒黏层沥青,其用量为$0.4 \sim 0.6 kg/m^2$。
④铺筑沥青混凝土,并碾压密实。
⑤待沥青混凝土冷却后,开放交通。

 单元训练
1. 水泥混凝土路面表层类病害有哪几种?
2. 水泥混凝土路面各种表层类病害产生的原因及防治措施有哪些?

 任务驱动综合实训1

1. 实训目标
能正确对水泥混凝土路面病害进行调查分析及评价。
2. 实训内容
结合沥青路面各类病害的特点及成因,调查指定路段沥青路面病害情况及交通组成;根据现行规范,填写《水泥混凝土路面病害调查表》(附表3),计算路面破损状况指数PCI值,并分析病害成因。
3. 实训要求
(1)小组成员集体行动,分工协作,对照病害特征,识别病害。
(2)正确填写水泥混凝土路面病害调查表,计算路面破损状况指数。
(3)每小组提交一份调查报告。
(4)以小组为单位陈述调查过程、心得及结论等。
4. 培养目标及方法
(1)培养团队协作精神。
(2)对学生注重口头表述能力以及自信心的培养。
(3)掌握水泥混凝土路面病害识别技能。
(4)掌握水泥混凝土路面病害成因分析技能。
(5)学习和掌握水泥混凝土路面路况调查、记录及评价技能。

 任务驱动综合实训2

1. 实训目标
能正确地对水泥混凝土路面某具体病害进行调查,提出处治方案。
2. 实训内容
(1)选择某段具有具体病害的水泥混凝土路面,调查该段水泥混凝土路面资料,将结果填入表1中。
(2)根据观察到的现象判断该类病害的类别、严重程度。
(3)分析病害产生的原因,编写相关处治方案(包括:修补方法、机具、材料、人员配备)。

水泥混凝土路面资料 表1

路面服务年限	设 计 标 准	维 修 历 史	其他资料与数据

(4)按照处治方案实施维修,填写路面维修记录表(表2)。

公路路面维修记录 表2

养护单位:	路线名称:	路面种类:	路面宽度:
天气:			单位:m²
施工过程:			
工程量:			
合计:A　　m²;　　B　　m²			

技术人员姓名:　　　　　　　　　　施工人员姓名:

注:A 代表面层修补数量;B 则代表基层。

3.实训要求

(1)小组成员集体行动,分工协作,对照病害特征,识别病害。

(2)正确填写水泥混凝土路面资料和公路路面维修记录。

(3)以小组为单位陈述在处治过程中遇到的问题及解决方案。

(4)通过观察和仪器检测,判断本小组的维修质量,并说明原因。

4.培养目标及方法

(1)培养团队协作精神。

(2)注重口头表述能力以及自信心的培养。

(3)掌握水泥混凝土路面具体病害处治技能。

(4)学习和掌握水泥混凝土路面病害处治记录及评价技能。

项目八　沥青路面预防性养护处治技术

▶ **学习目标**

(1)能够描述罩面、封层、抗滑层的适用范围、材料要求、厚度要求；
(2)能够描述沥青路面罩面的施工、乳化沥青稀浆封层的施工技术要求；
(3)能够描述稀浆封层与微表处的定义、特点、用途、施工工艺；
(4)能够描述再生技术的适用条件、施工过程和技术要求；
(5)能够根据旧路面的状况制订完整的罩面维修方案。

▶ **任务描述**

参加沥青路面的某处需要进行中修罩面处理的病害为对象；根据病害的现象,分析其产生的原因,确定路面状况,制订出相应的中修罩面方案。

▶ **学习引导**

观看沥青路面病害的图片,引发学生兴趣→学习沥青路面预防性养护的基础知识→参加沥青路面某病害的中修罩面维修工作→判断病害类型和等级→确定路面状况→讨论制订预防性养护方案。

相关知识

当沥青路面只有轻微病害时,在已有路面上敷设一层防护层来保护原有路面的方法称为预防性处治。预防性养护可以防止路面病害的进一步扩展,减缓路面使用性能的恶化进程,延长路面使用寿命,提高路面的服务效能,节约养护维修资金,通常用于尚没有发生损坏或只有轻微病害的路面。在已有路面上敷设一层防护层来保护原有路面的方法是预防性养护的主要手段。由于预防性养护具有巨大的经济效益和社会效益,人们越来越重视对这种技术的研究与应用。

预防性养护技术可以分为：裂缝填封、雾层封层、石屑封层、冷薄层罩面(包括稀浆封层、微表封层和覆盖封层)、热薄层罩面(包括开级配、密级配和间断级配)。罩面主要适用于消除破损、完全或部分恢复原有路面平整度、改善路面性能的修复工作；封层主要适用于提高原有路面的防水性能、平整度和抗滑性能的修复工作；抗滑层主要适用于提高路面抗滑性能的修复工作。

单元一　沥青路面罩面技术

单元要点

(1)一般罩面层和抗滑层的适用范围、封层的适用范围；
(2)罩面、封层、抗滑层对材料和厚度的要求；
(3)罩面的施工技术。

相关知识

凡旧路面强度指标符合要求的情况,在旧沥青路面面层上加铺沥青混合料处理层,统称为沥青路面罩面。

沥青路面罩面按使用功能,划分为普通型罩面(简称罩面)、防水型罩面(简称封层)、抗滑层罩面(简称抗滑层)等。沥青路面罩面按采用沥青品种或其他材料的不同,又可分为沥青罩面、改性沥青罩面、乳化沥青罩面、乳化沥青稀浆封层、改性沥青稀浆封层以及各种路面加筋的沥青混合料罩面。

一、公路沥青路面罩面的一般规定

1. 一般罩面层和抗滑层的适用范围

(1)在沥青路面养护中,应根据沥青路面养护质量评价指标等级确定是否罩面和罩面的种类。

需要罩面的路段其路面强度系数 SSI,必须符合中等等级以上范围的要求。而路面状况指数 PCI、行驶质量指数 RQI、抗滑系数 SFC(或 BPN)三项指标等级在下列情况时,应按下列要求分别采取措施进行处理。

①当路面状况指数(PCI)、行驶质量指数(RQI)和路面抗滑系数指标等级均为次或差等级时,各级公路必须按一般罩面层养护。

②当路面状况指数(PCI)或行驶质量指数(RQI)评为中等时,高速公路、一级公路应按一般罩面层养护。

③当路面状况指数(PCI)或行驶质量指数(RQI)评为次、差等级时,二级及二级以下公路应按一般罩面层养护。

④当路面抗滑系数(SFC)评为次、差等级时,高速公路、一级公路应加铺抗滑磨耗层;二级及二级以下公路宜对陡坡、急弯、交叉路口等事故多发地段进行抗滑层处理。

(2)沥青路面使用年限已达设计年限的一半以上时,可按罩面层进行预防性养护,以延长使用寿命。

(3)沥青混凝土适用于各级公路沥青路面罩面层。热拌沥青碎石混合料、乳化沥青碎石混合料适用于二级及以下公路的沥青路面一般罩面层;沥青表面处治适用于三级及三级以下公路的沥青路面一般罩面层;沥青贯入式(上拌下贯)路面结构不宜用于一般罩面层;改性沥青混合料、路面加筋材料可用于沥青路面的一般罩面层。

(4)一般罩面层中的沥青混合料粒料类型,宜采用中粒式、细粒式密级配型结构。

(5)以上各种沥青混合料也可用于抗滑层,但沥青、石料要符合抗滑性能要求,也可选用改性沥青或沥青玛碲脂碎石混合料(SMA)做高速公路、一级公路抗滑层。

2. 一般罩面层和抗滑层的厚度规定

1)罩面

(1)罩面厚度应根据所在路段的交通量、公路等级、路面状况、使用功能等综合考虑确定。

(2)当路面状况指数(PCI)、行驶质量指数(RQI)在中、良等级,路面仅有轻度网裂时,可采用较薄的罩面层厚(10~30mm)。

(3)当路面破损、平整度、抗滑三项指标都在中等以下,又要求恢复到优、良等级时,应采用较厚的罩面层厚(30~50mm)。

(4)一般情况下,高速公路、一级公路罩面宜采用40～50mm的厚度;其他等级公路可采用较薄的罩面层厚度(10～40mm)。

(5)各级公路的罩面层厚度不得小于最小施工层厚度。

2)抗滑层

(1)用于高速公路、一级公路时,宜采用不小于40mm的厚度。

(2)用于二级公路时,宜采用中粒式、细粒式沥青混凝土结构,也可采用热拌沥青碎石或沥青表面处治结构,厚度不得小于最小施工层厚度。

(3)用于三、四级公路时,可采用乳化沥青封层结构,厚度可为5～10mm。

3. 封层的适用范围和厚度规定

1)封层的适用范围

封层是一种较薄的罩面处理层(厚5～15mm),且主要用于减少路面水下渗、网裂,从而改善抗滑,弥补磨损,提高路面防御病害的能力。当二级或二级以下公路的路面状况为下列情况时,按下述要求分别进行封层处理:

(1)当路面状况指数处于较低的中等等级值范围,行驶质量指数为中等等级时,可采用封层处理。

(2)当路面状况指数在中等较好值范围,但其中透水、裂缝、麻面、松散较严重,表面抗滑系数在次、差等级,可作封层处理。

(3)采用乳化沥青或改性乳化沥青稀浆封层时,仅适用于原路面强度、路面状况指数、行驶质量指数均在中等等级以上范围,而须对路面采取预防性、保护性养护。

一般情况下,二级或二级以上公路可在使用2年以后,达到设计年限一半期限时,可用稀浆封层养护;三级及三级以下公路可在使用达到设计年限1年半后,用稀浆封层养护。

2)封层的厚度

(1)交通量较大、重型车较多的路段宜采用厚约10mm的封层。

(2)在中等交通量路段,宜采用厚约7mm的封层。

(3)在交通量小、重型车少的路段,宜采用厚3～4mm的封层。

4. 材料要求

1)罩面

(1)罩面的结合料宜采用使用性能较好的黏稠沥青型道路石油沥青、乳化石油沥青、改性乳化沥青、改性沥青。

(2)矿料的选择宜采用耐磨、强度高的石料。

(3)高速公路、一级公路宜采用中粒式、细粒式密级配沥青混凝土或沥青玛蹄脂结构。

二级或二级以下的公路可采用热拌沥青碎石混合料结构;三级或三级以下的公路可采用沥青表面处治层结构。

(4)沥青罩面所采用的结合料、矿料、沥青混合料的规格、各项技术指标,均应符合《公路沥青路面施工技术规范》(JTG F40—2004)或其他有关规范的规定。

2)封层

(1)封层的结合料宜采用乳化石油沥青、改性乳化石油沥青。

(2)矿料的选择宜采用耐磨、强度高的石料。

(3)封层所采用的结合料、矿料、填料及乳化沥青混合料的各项技术指标,均应符合《公路沥青路面施工技术规范》(JTG F40—2004)或其他有关规范的规定。

(4)高速公路、一级公路可采用沥青稀浆封层养护,但宜使用粗粒式改性乳化沥青混合料。其他等级公路可采用乳化沥青混合料。

3)抗滑层

(1)抗滑层应选用适合铺筑抗滑表层的材料和沥青混合料。

(2)高速公路、一级公路宜采用重交通道路石油沥青、改性石油沥青、改性乳化石油沥青作为结合料。

(3)抗滑层应选用抗滑、耐磨的石料,磨光值应大于42。

(4)所选用的各种材料以及沥青混合料的技术指标要求,应按《公路沥青路面施工技术规范》(JTG F40—2004)中有关对抗滑层方面的要求执行。

二、沥青路面罩面施工技术

1. 沥青路面罩面的施工

沥青路面罩面的施工,除应按《公路沥青路面施工技术规范》(JTG F40—2004)有关规定执行外,还应注意下列要求:

(1)对确定罩面的路段,在罩面前必须完成翻浆、坑槽、严重裂缝、沉陷、拥包、车辙等病害的修复工作,并清除路面上的泥土杂物。

(2)根据施工气温、旧沥青路面状况等因素,采取相应施工工艺措施,罩面前必须喷洒沥青,确保新老沥青层能很好地结合。沥青用量宜为 $0.3 \sim 0.5 kg/m^2$;裂缝及老化严重时,宜为 $0.5 \sim 0.7 kg/m^2$。有条件时,洒黏层沥青前最好用机械打毛处理。

(3)罩面不应铺在逐年加厚的软沥青层上,也不应铺在和原沥青路面接合不好、即将脱皮的罩面薄层上,应将其铲除、整平后,再进行罩面。

(4)当气温低于10℃或路面潮湿时,不得浇洒黏层沥青,不得摊铺一般沥青罩面层。

2. 乳化沥青稀浆封层

采用乳化沥青稀浆封层时,除应按《公路沥青路面施工技术规范》(JTG F40—2004)有关规定执行外,还应满足下列要求:

(1)采用乳化沥青稀浆封层时,必须有固定的专业人员,固定的专业乳液生产和施工设备,专职的检测试验人员,并按有关规定标准进行检测和质量控制。稀浆封层机在使用前,应根据稀浆混合料配合比设计,对滑料、乳液、填料、加水量进行认真调试。

(2)在铺筑的过程中,发现有沟迹、松散时,应立即修补或挖除重铺,刮平、固化成型。

(3)乳化沥青混合料没有固化成型前,初期养护应注意控制车速和避免紧急制动。施工稀浆封层前路面上不得有积水;雨天禁止施工。

3. 抗滑层的施工

(1)抗滑层除按《公路沥青路面施工技术规范》(JTG F40—2004)中有关规定的方法施工外,还应注意以下要求:

①抗滑层所用沥青应选用符合重交通道路石油沥青指标要求的,也可用经过试验论证、行之有效的改性沥青。

②石料磨光值应大于42。

(2)热拌沥青混合料马歇尔试验技术指标,应符合《公路沥青路面施工技术规范》(JTG

F40—2004)中对抗滑表层的要求。

4. 加筋路面材料罩面

加筋路面材料罩面时,加强路面材料(无纺土工织物、有纺土工织物、土工网格、土工格栅及玻璃纤维网格等)应在充分试验,并鉴定后方可大面积推广。

三、改性沥青薄层罩面技术

1. 概述

薄层罩面也是一种很早采用的传统预防性养护方法,它是在原有路面上加铺一层厚度不超过5cm的热沥青混合料,薄层罩面可以有效地防止品质正在下降的路面继续恶化,改善其平整度、恢复其抗滑阻力,校正路面的轮廓,对路面也有一定的补强作用,但在多数情况下效益较其他预防性养护方法差。薄层罩面在施工中最大的困难是由于层面较薄、容易冷却又不宜使用振动压路机,因而不易达到较高的密实度。

2. 材料与结构要求

(1)结合料宜使用性能较好的SBR改性沥青。

(2)矿料的选择宜采用耐磨、强度高的石料。

(3)高速公路、一级公路宜采用中粒式、细粒式密级配沥青混凝土或沥青玛蹄脂结构;二级公路可采用热拌沥青碎石混合料结构;三级或三级以下公路可采用沥青表面处治层结构。

(4)所采用的结合料、矿料、沥青混合料的规格、各项技术指标,要求符合《公路沥青路面施工技术规范》(JTG F40—2004)或其他有关规范的规定。

3. 厚度要求

罩面厚度应根据所在路段的交通量、公路等级、路面状况、使用功能等综合考虑确定。

(1)当路面状况指数、行驶质量指数为中、良等级,路面仅有轻度网裂时,可采用较薄的罩面层厚(10~30mm)。

(2)当路面破损、平整度、抗滑3项指标都在中等以下,又要求恢复到优、良等级时,应采用较厚的罩面层厚(30~50mm)。

(3)高速公路、一级公路罩面宜采用40~50mm的厚度;其他公路可采用较薄的罩面层厚度(10~40mm)。

(4)各级公路的罩面层厚度不得小于最小施工层厚度。

4. 施工

改性沥青罩面的施工,除应按《公路沥青路面施工技术规范》(JTG F40—2004)有关规定执行外,还应按下列要求进行:

(1)对确定罩面的路段,在罩面前必须完成翻浆、坑槽、严重裂缝、沉陷、拥包、松散、车辙等病害的修复工作,并清除路面上的泥土杂物。

防止原路面的裂缝发射到罩面层上的方法,是在原路面与罩面层间设置中间层。常用的有:大粒径透水性沥青碎石连接层、SAMI(应力吸收薄膜中间层)、土工布或玻璃纤维格栅夹层。

(2)根据施工气温、旧沥青路面状况等因素采取相应施工工艺措施,罩面前必须喷洒黏层沥青,确保新老沥青层接合,沥青用量为0.3~0.5kg/m²,裂缝及老化严重时宜为0.5~0.7kg/m²。有条件时,洒黏层沥青前最好用机械打毛处理。

(3)罩面不应铺在逐年加厚的软沥青层上,也不应铺在和原沥青路面接合不好、即将脱皮的沥青罩面薄层上,应将其铲除、整平后,再进行罩面。

(4)当气温低于10℃或路面潮湿时,不得浇洒黏层沥青,不得摊铺沥青罩面层。

(5)碾压机械应选择高频低幅振动压路机(如频率70Hz左右、振幅0.2mm左右)。

四、超薄层沥青混凝土罩面技术

1. 概述

薄层沥青混凝土罩面在国外发达国家早已进行了研究与应用,法国是国际上采用薄层沥青混凝土路面的代表性国家。关于薄层沥青路面结构层,主要是指新建或旧路改造过程中设置的抗滑磨耗层。在法国,薄沥青混凝土面层(BBM)的定义为:用纯沥青或改性沥青、集料及可能的添加剂(矿质的或有机的)制成的混合料,摊铺厚度为30~40mm。在美国,一般认为薄层沥青混凝土的厚度应为15~30mm。

超薄磨耗层(BBTM)是一种具有较大构造深度、抗滑性能好的磨耗层,适用于路面较平整、辙槽深度小于10mm、无结构性破坏的公路,是提高表面层服务功能的养护维修措施,也适用于新建公路的磨耗层。其厚度一般为15~20mm。

超薄沥青混凝土磨耗层的特点:

(1)断级配混合料结构,提高路面服务功能:①高摩擦系数,确保路面行驶安全;②高排水能力,减少雨天行车水雾;③减少路面与轮胎之间的噪声;④改善路面行车舒适性。

(2)保护路基,充分黏结:改性乳化沥青封层形成一道防水层,能有效封闭路表水渗入基层,保护路基免受水破坏,并与改性沥青混合料罩面充分黏结,防止路面松散。

(3)施工时间短,大幅减少施工对交通的影响:①不影响原有路面设计;②摊铺速度快,一次成型;③摊铺后最快20min可开放交通;④可在夜间施工。

(4)理想的经济效益:①路面厚度较薄,消耗原材料少,造价低;②据国外使用经验,优良的超薄沥青混凝土磨耗层使用寿命长达8~10年。

2. 超薄层沥青混凝土罩面的适用性

因为超薄层沥青混凝土不能提高路面结构的强度或承载能力,也不能提高沥青路面的高温抗形变能力和防止原路面的反射裂缝,所以,超薄层沥青混凝土罩面必须铺筑在路面结构强度和下层沥青面层的高温抗形变能力满足要求的路面上。另外,超薄层罩面结构应分为两个层次:表面磨耗层和黏结防水层。由超薄层沥青混凝土罩面形成的表面抗滑磨耗层可提供一个安全、舒适、耐久的行驶表面,恢复路面的表面功能,提高路面的抗滑性能,改善路面的平整度;通过黏结防水层保证超薄层罩面与原路面接合紧密,防止雨水下渗,适度延缓旧沥青路面的反射裂缝。

超薄层沥青混凝土罩面主要解决以下4个路面问题:

(1)路面有轻微到中等病害。

(2)路面光滑,摩擦系数不够。

(3)行驶过程中路面噪声过大。

(4)路面纹理深度不够。

3. 超薄层沥青混凝土施工工艺

1)施工流程

原路面的调研评价→罩面的结构设计和配合比设计→原路面处理→沥青混合料拌和→沥

青混合料运输摊铺→沥青混合料碾压。

2)施工工艺

(1)做好原路面的调研评价工作

对原有旧路面的检测评定除了一般路况调查外,其核心内容是原路面破损和承载能力的调查。

(2)做好罩面的结构设计和配合比设计

根据调研评定的结果和工程实际情况,做好罩面层结构设计和配合比设计。

(3)做好原路面处理工作

罩面前必须把原路面所有的破损部分处理好。必要时铺设整平层,并注意新旧面层的结合。在天气条件、交通组织、施工机械、材料等准备工作就绪的基础上,将施工路段范围内的原沥青凝土面层用铣刨机铣刨20mm以上,使构造深度达到2mm以上,然后清理路面,不得有尘土、杂物或油污。并确定铣刨的深度和长度,计算工程量。

(4)混合料的拌制

①沥青混合料的拌制,应满足下列要求:

a. 薄层沥青混凝土的施工温度控制由于沥青混凝土层厚较薄,且碎石含量很多,因此在施工的时候热量散发较快,所以各个环节的温度控制都应较规范规定稍加提高。采用改性沥青时,沥青加热温度控制在180℃,矿料加热温度控制在190℃左右,出厂温度控制在180℃左右,摊铺温度在170℃左右,碾压温度不低于160℃;采用改性沥青并掺加橡胶粉时,矿料加热温度再提高5℃左右;采用重交沥青时,沥青加热温度控制在165℃左右,矿料加热温度控制在185℃左右,出厂温度控制在165℃左右,摊铺温度在155℃左右,碾压温度不低于155℃。

b. 沥青混合料拌和时间由试拌确定。应以混合料拌和均匀、所有矿料颗粒全部裹覆沥青结合料为度,并经试拌确定。间歇式拌和机每锅拌和时间宜为30~50s(其中干拌时间不得少于5s,且不宜超过10s)。

c. 间歇式拌和机热矿料二次筛分用的振动筛筛孔应根据矿料级配要求选用;其安装角度应根据材料的可筛分性、振动能力等由试验确定。除非有特殊理由,拌和机均应安装有相对应于2.36mm和4.75mm的振动筛。

d. 注意目测检查混合料的均匀性,及时分析异常现象,如混合料有无花白、冒青烟和离析等现象。如确认是质量问题,应作废料处理并及时予以纠正。

拌和好的沥青混合料应均匀一致,无花白,无粗细料分离和结团成块的现象。正常的沥青混合料又黑又亮,如发现异常马上通知现场拌和楼查找原因迅速调整。

②沥青混合料的温度控制,应满足下述规定:

由于沥青混凝土罩面层厚度较薄,碎石含量很大,因此在施工时热量散发较快,所以各环节温度控制都应比规范稍加提高。采用改性沥青时,沥青加热温度控制在180℃,矿料加热温度控制在190℃左右,出厂温度控制在180℃左右,摊铺温度控制在170℃左右,碾压温度不低于160℃为宜;采用改性沥青并掺加橡胶粉时,矿料加热温度应提高5℃左右;采用重交沥青时,沥青加热温度控制在165℃左右,矿料加热温度控制在185℃左右,出厂温度控制在165℃左右,摊铺温度控制在155℃左右,碾压温度不低于155℃为宜。

(5)沥青混合料的运输与摊铺

①摊铺温度的规定:

运到现场的混合料温度不低于170℃。摊铺温度应不低于165℃。应按要求做好记录,整理好资料。

发现温度异常立即通知现场技术负责人,现场技术负责人要求拌和楼查明原因,并改正。现场负责人还应要求试验负责人进行现场严格监控。

②摊铺厚度检测要求:

摊铺后每20m检测一个断面,尤其是罩面,每断面检测3点,并做好记录,有异常及时调整。

③宽度的检测规定:

摊铺后及时检测宽度,并及时整理资料,尤其是有沥青砂拦水带、无拦水带、加宽段、桥面、中央分隔带开口等不同宽度的具体段落,以便准确而足量计量。

(6)沥青混合料的压实

①压实机械。压实设备应配有钢轮式、轮胎式及振动压路机,能按合理的压实工艺进行组合压实。还应备有小型振动压(夯)实机具,以用于压路机不便压实的地方。

②混合料摊铺后应立即进行压实作业。压实分为初压、复压和终压(包括成型)3个阶段。

③一般初压采用大于11t的振动钢轮压路机,压2~3遍;复压采用自重大于25t的轮胎压路机,压实不少于4遍;终压采用自重为6~8t的钢轮式压路机,压实遍数不宜少于2遍。

④压路机不得在未碾压成型或冷却的路段上转向、制动或停留。同时,应采取有效的措施,防止油料、润滑脂、汽油或其他杂质在压路机操作或停入期间落在路面上。

⑤在沿着缘石或压路机压不到的其他地方,应采用振动夯板、热的手夯或机夯把混合料充分压实。已经完成碾压的路面,不得修补表皮。

⑥碾压应以路中心线的一侧向另一侧过渡,且第二轮应重叠前一轮40cm左右。碾压长度以30~50m为宜,向前进时,第一次尽量靠近摊铺机,且使轮迹呈"梯形等距状"分布,向后退时应按原碾压路线(轨迹)返回。碾压时因喷水和时间关系而导致先碾压的路面降温较快,故复压和终压的顺序均应按"从路的中心线一侧向另一侧过渡"的方式碾压,以确保碾压质量。横向直接碾压应采取"横向切入"的方式碾压,每次切入量约5~8cm。初压完成后,由轮胎式压路机以4~5km/h的速度反复进行碾压,直到消除轮迹为止。

⑦注意事项:

a. 由于罩面层摊铺厚度小,压路机的振频与振幅宜采用"高频、低幅"的方式碾压。在倒车时,应先停止振动,并在向另一方运动后再开振动,以避免混合料"过压"而形成"拥包"。

b. 压路机在工作中,其喷水装置的工作状况应保持良好,以避免喷水量过少产生的"黏轮"现象及喷水量过多而引起的路面温度迅速降低和其他病害,从而影响路面质量。

c. 在新铺的路面上,压路机不得高速行驶、粗暴操作。碾压时,应保持适当的重叠量,不允许两轮间出现"漏压"而导致"挤料"现象;前进和倒退作业时,应避免在同一断面上停顿;转向时,应尽量采取"增大转变半径"的方法,使路面受到的侧推挤力减小;严禁在新铺路面上掉头和将压路机停放在刚施工的路面上。

五、沥青路面罩面的质量管理与检查验收

(1)沥青路面罩面的施工质量管理与检查验收,应遵照《公路沥青路面施工技术规范》(JTC F40—2004)、《公路沥青路面养护技术规范》(JTJ 073.2—2001)的规定执行。

(2)使用乳化沥青、改性乳化沥青时,其乳液、稀浆混合料的质量检测要求,按《公路沥青路面施工技术规范》(JTC F40—2004)、《公路沥青路面养护技术规范》(JTJ 073.2—2001)等

相关规范要求执行。

（3）罩面层、封层、抗滑层施工验收评定标准，可按《公路沥青路面养护技术规范》（JTJ 073.2—2001）等规范执行。

单元训练

1. 沥青路面罩面的施工要求有哪些？
2. 乳化沥青稀浆封层的施工技术要求有哪些？
3. 抗滑层的施工技术要求有哪些？
4. 改性沥青薄层罩面的施工技术要求有哪些？
5. 超薄层沥青混凝土的施工技术要求有哪些？

单元二　稀浆封层技术

单元要点

（1）稀浆封层技术的定义与发展概括；
（2）稀浆封层技术的特征及应用；
（3）稀浆封层材料组成和基本要求；
（4）稀浆封层的类型和选择。

相关知识

一、概述

稀浆封层是指用适当级配的石屑或砂、填料（水泥、石灰、粉煤灰、石粉等）与乳化沥青、外掺剂和水，按一定比例拌和而成的流动状态的沥青混合料，将其均匀地摊铺在路面上形成的沥青封层。

这种稀浆混合料的稠度较稀，形态似浆状，铺筑厚度一般为 3～10mm，主要起防水或改善恢复路面功能的作用，故称乳化沥青稀浆封层，又简称为稀浆封层。

稀浆封层用于路面工程，始于 20 世纪 20 年代末期的德国。稀浆封层技术的最初研究目的是为了改善沥青路面的表面功能，延长沥青路面使用性能而开发的一种快捷且经济的表面处治结构层。该项技术的初期阶段是采用普通水泥混凝土拌和机具来拌制稀浆混合料，现场采用人工摊铺，结合料是阴离子乳化沥青材料。该项技术的初期由于采用集中拌和、人工摊铺，结合料是阴离子乳化沥青材料，封层的形成主要依靠沥青乳液中的水分蒸发，因而养护时间较长。若遇上阴雨或低温季节，水分蒸发缓慢，需要养护时间更长，影响开放交通行车，并且对矿料要求较高。所以主要在气候温暖的季节或地区使用，应用在交通量较小的乡村道路、居民区或公园小路等场所。

20 世纪 40 年代，稀浆封层技术传入美国。20 世纪 50 年代，美国开始出现了稀浆混合料机械搅拌设备。1955 年，加利福尼亚州研制出了世界上第一台稀浆封层摊铺车，从而实现了稀浆封层的机械化施工。

20 世纪 60 年代以后，对阳离子乳化沥青进行了深入的试验研究，发现阳离子乳化沥青具有较短的硬化时间和更强的黏附性能,并且对矿料的要求也较低。同时美国斯堪道路公司(当时是杨氏稀浆封层公司)研制出了专用的稀浆封层机,使稀浆封层的手工作业变为机械化施工。此后稀浆封层技术得到了广泛的应用。20世纪70年代,连续式稀浆封层摊铺车的问世,进一步提高了稀浆封层的施工效率。

近几年稀浆封层的最新发展是利用聚合物改性沥青乳液铺筑稀浆封层,它分为聚合物改性稀浆精细表面处治(PSM)和用于填补车辙的聚合物改性稀浆封层(PSR),通常把这两类简称为改性稀浆封层。稀浆层机具也越来越大型化、自动化,能正确控制各种材料的配比。阿克苏最新生产的CRM500型稀浆封层机,可边摊铺、边上料,连续不间断施工。据有关资料报告,许多国家已把稀浆封层用于高速公路的预防性养护和修补高速公路的车辙。

国际上已成立了国际稀浆封层协会(简称ISSA),该协会经常进行各国间的学术交流,推动了稀浆封层技术的发展。同时美国沥青协会制定了稀浆封层施工手册,美国材料和试验协会(简称ASTM)制订了D3910稀浆封层混合料试验和检验标准。我国建设部(现更名为"住房和城乡建设部")1995年也颁布了《路面稀浆封层施工规程》(CJJ 66—95)。这一切都为稀浆封层技术的规范化提供了足够的依据,使稀浆封层得到了迅速发展。

我国最早应用稀浆封层是在20世纪80年代初,当时在援建赞比亚的赛曼公路上铺了乳化沥青稀浆封层双层表面处治,经行车使用,效果良好。1987年,辽宁省组织力量对稀浆封层进行了研究,并参照赛曼公路工程中用的SB-804型稀浆封层机,研制出了自行式和拖挂式稀浆封层摊铺机,为我国推广应用稀浆封层施工技术创造了条件。现在我国大部分省、市、自治区的公路部门都已在应用稀浆封层技术方面取得了明显的经济效益和社会效益。应用于稀浆封层施工的乳化剂和稀浆封层机国内均有生产。慢裂乳化剂既有阴离子又有阳离子,既有快凝型,又有普通型,可满足不同的需要。稀浆封层机既有自行式又有拖挂式,既有高档的又有低档的,用户可根据自己的经济条件和需要进行选用。

工程实践证明:稀浆封层技术是对路面早期病害进行及时维修养护和对在建公路下封及桥面防水的有效措施。该技术经济、迅速,可起到防水作用,且可有效治理沥青路面的病害,从而延长路面和桥隧结构的使用寿命。

稀浆封层技术充分利用乳化沥青材料的裹覆性、流动性好和渗透力、黏结力强的特点,能够治理路面裂缝,提高路面防水性、抗滑性和改善行车舒适性。该技术既可用于旧路面维修,也可用于新路面养护;对于砂石路面可以作为防尘措施,还可用于路面下封层和桥面防水层。

二、稀浆封层的特性及应用

1. 稀浆封层的特性

稀浆封层技术应属乳化沥青材料在工程应用方面的发展,所以稀浆封层的特性主要取决于稀浆混合料的性能。稀浆封层具有如下特性:

(1)乳化沥青与矿料的吸附性

①当选用阳离子乳化沥青时,由于沥青乳液中的沥青微粒表面带有正电荷,湿矿料表面带负电荷,乳化沥青微粒与矿料接触时,异性电荷相吸,沥青微粒可透过矿料水膜牢固地吸附在矿料表面,将矿料表面及沥青乳液中的水离析出来。稀浆固化成型不完全靠水分蒸发,主要靠离子电荷的吸附作用。

②当选用阴离子乳化沥青时,由于沥青乳液中沥青微粒表面带负电荷,湿矿料接触时,表面同性电荷相斥,稀浆破乳固化成型要靠水分蒸发,不但干燥凝固的时间长,而且沥青与矿料

的黏附力也不如阳离子沥青乳液牢固。当在拌和稀浆时，先在矿料中加入水泥或石灰粉，再加水拌和后，矿料表面附有钙、镁离子，表面带有正电荷，可与沥青微粒表面的负电荷产生异性吸附作用，沥青与矿料的黏附力提高很大。

铺筑稀浆封层时，不论选用阳、阴离子乳化沥青或用酸、碱性矿料，沥青与集料都能牢固黏附。但从破乳过程看，阳离子乳化沥青主要靠离子电荷吸附作用排出水分，而阴离子乳化沥青中水分主要靠蒸发排出，为此选用阳离子乳化沥青优于阴离子乳化沥青；在加入水泥或石灰后，两种乳化沥青使用效果都很好。

(2)乳化沥青与矿料的裹覆性

沥青乳液同矿料拌和时，沥青乳液的黏度越低其流动性越好，沥青对矿料的裹覆性能也越好。沥青稀浆加水拌和时，加入的水对沥青乳液起稀释作用，降低了沥青乳液的黏度，使之有更好的流动分散性，加之沥青微粒与矿料表面的离子电荷的吸附作用，能使沥青微粒完全地裹覆在所有矿料的表面上，形成一定厚度的沥青薄膜，使沥青在集料表面均匀分布，形成既有足够的结构沥青黏附矿料，又无过多的自由沥青降低稀浆混合料硬化后的热稳性和强度。

(3)稀浆封层与原路面的黏结性

稀浆混合料中含有较多水分，具有良好的流动性，稀浆中沥青微粒与矿料又有牢固的黏附力。沥青稀浆摊铺时，只要原路面扫净润湿，稀浆中沥青微粒能与原路面上露出的矿料很好黏结，稀浆并能渗透到路面缝隙中去，加强了原路面的接合。由于沥青稀浆同原路面上的沥青与矿料都能很好地黏结，所以，乳化沥青稀浆封层既可用于新、旧沥青路面，又可用于砂石路面或桥面防水。

(4)稀浆封层的耐久性

稀浆封层用矿料偏细，接近于细粒式沥青混凝土的级配，由于稀浆封层混合料中细粉料含量多，在热拌沥青混凝土拌和温度状态下无法拌和均匀，更无法进行摊铺，为此其拌和摊铺温度需要提高。乳化沥青稀浆拌和时，在矿料中加水拌和后掺入沥青乳液，稀浆中的水对矿料起润湿作用，对沥青乳液起稀释作用，降低了沥青乳液的黏度，增加了混合料的和易性，虽然矿料较细，由于混合料很稀，在常温下仍能拌和摊铺。待稀浆封层破乳成型硬化后，稀浆封层矿料级配组成与热细粒式沥青混凝土相当。

(5)稀浆封层具有良好的防水性

由于稀浆混合料使用密级配细集料和沥青用量的增多，使得稀浆封层混合料的密实度高、空隙率小。铺筑稀浆封层后，对路面或桥面具有良好的防水作用，地表雨水不能渗透，地下水不能迁移。由于稀浆有良好的流动性，能灌满原路面的裂隙，可起到封闭路面裂缝的作用。

改性稀浆封层技术，除具有普通稀浆封层技术所有的性能外，还独具如下特性：

①施工进度快，封闭交通时间短。

②可修补路面车辙，能治理路面裂缝。

③提高路面抗滑性能，同时降低行车噪声。

2.稀浆封层技术的应用范围

由于稀浆封层的铺筑厚度很薄，根本起不到补强层或整平层的作用，但若将稀浆封层铺筑在旧路面上，能明显改善或恢复原路面的使用性能，起到沥青表面处治结构层的作用。铺筑在新路面的基层上可作为防水封层并起到施工养生的作用。我国在拓宽稀浆封层应用范围方面做了大量的试验研究工作。目前主要用于以下6个方面：

(1)沥青路面表面处治。在旧沥青路面上加铺稀浆封层，可以治理裂缝，提高路面耐久性和使用性能；在新铺沥青贯入式路面或粗粒式沥青混凝土面层上加铺稀浆封层，可以提高路面防水性，延长使用寿命，降低养护费用。

(2) 水泥凝土路面表面处治。在旧水泥混凝土路面上，尤其在碾压混凝土路面上加铺稀浆封层，可以改善行车条件，降低行车噪声，增加乘客舒适感。

(3) 桥面维修或防水处理。在旧桥面上加铺稀浆封层，对桥面病害进行有效处治，除明显改善行车条件外，还相对减小桥面自重；在新建水泥混凝土桥面上加铺稀浆封层，可显著提高桥面铺装层的防水性（尤其对城市高架桥）和桥面耐久性，延长桥梁使用寿命。

(4) 路面下封防水处治。在高等级公路的路面基层上或隧道路面排水基层以下加铺稀浆封层，能显著提高路面的防水性能，可起到增强高等级路面耐久性的作用。

(5) 砂石路表面处治。在低等级道路的砂石路面上加铺稀浆封层，可使砂石路面的外观具有沥青路面的特征，可提高砂石路面的耐久性能，防止扬尘，改善行车条件，明显降低砂石路面的日常养护费用。

(6) 其他应用。稀浆封层技术还可用于城市道路、厂区道路、停车场、运动场以及飞机场等场所。

3. 稀浆封层技术应用的局限性

稀浆封层作为一项新技术，无疑有它的先进性，但对待该项技术应有客观的认识，科学地应用。经过工程实践证明，稀浆封层技术不能处理所有路面病害，例如：

(1) 当路面的强度或承载能力不能满足交通荷载的基本要求时，不能采用稀浆封层技术方案。

(2) 当沥青路面出现泛油或水泥混凝土路面出现断板等病害时，不能选用稀浆封层技术去进行表面处治。

(3) 当路面结构层出现反射性开裂时，采用稀浆封层技术方案不可能阻止或控制路面反射性开裂的蔓延。

三、稀浆封层材料组成和基本要求

1. 稀浆封层混合料基本组成

稀浆封层混合料由乳化沥青、外加剂、填料、集料和水等基本原材料组成。常用工程材料配比，见表 8-2-1。混合料的施工配比应通过试验来确定。

稀浆封层混合料基本组成配比　　　　　表 8-2-1

材料名称	乳化沥青	外加剂	填料	集料	水
组成配比(%)	10~20	2~4	1~3	100	5~15

2. 稀浆封层原材料基本要求

(1) 乳化沥青

这里所说的乳化沥青既包括聚合物改性乳化沥青，又包含常规普通乳化沥青。若在高等级公路或桥隧结构上应用稀浆封层，应尽可能选用改性乳化沥青材料；若在低等级道路的砂石路面上加铺稀浆封层，可选用普通乳化沥青材料；若在低等级路面上加铺稀浆封层，选用普通乳化沥青更合理。乳化剂、改性剂、沥青三者各自的性能和相互匹配是决定稀浆封层路用性能的关键。选用快凝型阳离子乳化剂才可能达到尽早(1h 内)开放交通的目的，改性剂与乳化剂匹配不当可能达不到改性的目的,改性剂掺配工艺影响稀浆混合料路用性能。用改性稀浆封层技术进行高等级公路养护维修,选用的沥青材料要满足重交通道路的技术指标要求(表8-2-2)。

乳化沥青技术指标 表8-2-2

试验项目种类		单位	BC-1	BA-1	试验方法
筛上剩余量(1.18mm筛)		%	≤0.1	≤0.1	T 0652
电荷			阳离子正电(+)	阴离子负电(-)	T 0653
恩格拉黏度 E_{25}			2~30	2~30	T 0622
沥青标准黏度 $C_{25,3}$		s	10~60	10~60	T 0621
蒸发残余物含量		%	≥55	≥55	T 0651
蒸发残余物性质	针入度(100g,25℃,5s)	0.1mm	45~150	45~150	T 0604
	软化点	℃	—	—	T 0606
	延度(15℃)	cm	≥40	≥40	T 0605
	溶解度(三氯乙烯)	%	≥97.5	≥97.5	T 0607
储存稳定性	1d	%	≤1	≤1	T 0655
	5d	%	≤5	≤5	

(2)外加剂

外加剂又称为添加剂,外加剂的主要功能是改善稀浆混合料的施工和易性,调节破乳时间。外加剂的选择应与乳化沥青材料相匹配,掺量和掺配工艺根据施工现场具体条件通过试验确定。

(3)填料

稀浆封层中的填料,不仅填充混合料的空隙,还可以调节混合料稠度,提高封层强度与耐久性。因此,稀浆封层的填料最好选用普通硅酸盐水泥,也可用磨细粉煤灰代替。

(4)集料

集料的级配、坚固性、抗压碎能力和清洁度是选择集料的重要参数。采用符合级配要求的集料,才能形成密实的稀浆混合料;稀浆封层厚度超过10mm时,建议采用特粗级配或双层摊铺工艺。铺筑厚度大于20mm时,集料级配有待于进一步研究。

(5)水

水的作用是用控制加水量来保证混合料的稠度、摊铺效果以及破乳时间。

四、稀浆封层的类型和选择

1. 稀浆封层的类型

稀浆封层的分类是以稀浆混合料中集料的最大粒径及级配为依据,各国有不同的分类标准,国际稀浆封层协会(ISSA)将稀浆封层分为细封层(第Ⅰ型)、一般封层(第Ⅱ型)、粗封层(第Ⅲ型)和特粗层。

西班牙将稀浆封层分为:AL-1型、AL-2型、AL-3型、AL-4型、AL-5型五类,其相对应的最大铺筑厚度分别为2mm、3mm、4mm、5mm、9mm。

日本根据本国的实际情况,总结出集料的理想级配范围,超标准级配范围的稀浆封层,都将可能产生病害。

我国稀浆封层的稀浆混合料中矿料的级配和材料用量,详见表8-2-3。

沥青稀浆封层类型及其矿料的级配和材料用量　　　表 8-2-3

筛号	筛孔尺寸(mm)	通过筛孔百分率(%)		
		Ⅰ型	Ⅱ型	Ⅲ型
3/8	10	100	100	100
4	5	100	90~100	70~90
8	2.5	90~100	65~90	45~70
16	1.2	65~90	45~70	28~50
30	0.6	40~60	30~50	19~34
50	0.3	25~42	18~30	12~25
100	0.15	15~30	10~21	7~18
200	0.074	10~25	5~15	5~15
封层厚度(mm)		2~3	6~8	9~11
集料用量(kg/m²)		2.2~5.4	5.4~8.1	8.1~13.6
残留沥青用量(%)		10~16	7.5~13.5	6.5~12.0

2. 稀浆封层类型选择

选择稀浆封层类型,应根据道路交通量、原有路面状况、当地气候条件和要求封层的使用寿命予以论证。

Ⅰ型为细粒式封层,厚度为 2~3mm。这类封层沥青用量较大,因而混合料具有较好的渗透性,有利于治理裂缝,表面纹理清晰,可用于基层的保护层或下封层以及气候温暖、交通量低的乡村地方道路面层。对于外观要求高的停车场、机场跑道、住宅区道路等更为适宜,造价也较低。也可以用于桥面防水层,更多用于高等级公路的路面下封层。对于基层稳定的路面,可用作磨耗层,但不适用于冰冻或冻融交替地区。

Ⅱ型为中粒式封层,厚度为 6~8mm。这类稀浆封层的特点是混合料有足够的细粒料,易于渗入裂缝,表面纹理清晰,用途广泛,适用于交通量较大的公路与城市道路,并可用作热拌粗级配沥青混合料或贯入式路面上的罩面。这种封层既可作为下封层或桥面防水层,又可以作为新旧路面的上封层或低等级公路的表面磨耗层。

Ⅲ型为粗粒式封层,厚度为 9~11mm。这类封层的表面粗糙,适用于大交通量路段,对于温度变化较大、重交通量的路段更为适宜。如在这种粗粒式封层上再加铺一层中粒式或细粒式封层,采用双层结构则效果更好。

在稀浆封层的沥青乳液中可掺入不同颜色的乳状液,用它铺筑彩色稀浆封层。在高等级路面的养护维修和桥面下封防水层中,还可采用掺加橡胶乳或高分子聚合物的改性乳液,以提高封层的强度和耐久性,并可缩短开放交通的时间。

稀浆封层类型的选择,应考虑以下因素:
(1)详尽了解原有路面的性质及情况。
(2)了解该路段的交通量、行车类型及数量。
(3)当地的集料类型及规格,可能得到集料的质量及价格。
(4)该区域的气候条件。
(5)可能得到的工程资金。

应当综合考虑上述因素,以便选择经济合理的封层类型,并保证封层的使用寿命。

五、稀浆封层机的系统组成和主要参数

稀浆封层机是稀浆封层施工的关键设备。可以说有了这种施工机具的发明，才使稀浆封层施工技术得到发展，它对于稀浆封层的施工质量与进度，起着至关重要的作用。最早期的稀浆封层是在拌和厂里拌制好稀浆混合料，再运到现场用人工进行摊铺，这种施工方法功效很低，而且质量也难以保证。国外从20世纪60年代开始研制稀浆封层施工机具，我国从20世纪80年代后期开始，经过几十年的努力，稀浆封层机生产技术日趋成熟。稀浆封层机通常分为两大类，即普通稀浆封层机和改性稀浆封层机。不论哪类稀浆封层机，都是将各种原材料的储存、运送、掺配、拌和、摊铺等各种工序都集中于一台车上，可按要求的配合比，将各种原材料在很短的时间内拌制成稀浆混合料，并能在运行中进行摊铺。稀浆封层机从配料到摊铺，均由机械自动进行连续作业，全过程几分钟即可完成。

1. 稀浆封层机系统组成

（1）稀浆封层机工艺流程，如图8-2-1所示。
（2）稀浆封层机主要由以下系统组成：
①原材料的储存与供应系统。包括集料、填料、沥青乳液和水以及外加剂的储存罐，以及各自的计量和输送设备等。
②拌和系统。原材料按比例进入拌和机后，应用螺旋叶片以连续方式进行拌和，并出料至摊铺器。
③摊铺系统。为一箱形摊铺器，最大摊铺宽度可达4m，备有三个可调滑块，用液压控制摊铺器的升降。箱上有稀浆分料器，箱内有螺旋给料器，它将箱内稀浆混合料分布均匀。
④动力与电源系统。为了减少稀浆封层机的装料与运料时间，提高铺筑速度，国外生产的稀浆封层机逐渐在向大型化发展。例如集料储罐由3.8m³已发展到10m³，其他材料的储罐容积也相应增加，稀浆封层机的载质量已由8t增加到30t，它既可以是自行式的，也可以是拖挂式的。
⑤计量与操作控制系统。由操纵台、自动控制计量配料、拌和与摊铺系统组成。

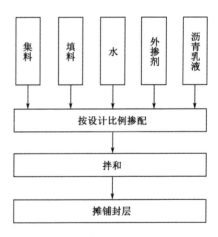

图8-2-1 稀浆封层机工艺流程

2. 改性稀浆封层机特征

改性稀浆封层机是改性稀浆封层施工必不可少的专用机具。改性稀浆封层技术的发展与改性稀浆封层机的发展密切相关；改性稀浆封层机与普通稀浆封层机二者的拌和系统和摊铺系统结构有很大差别。实践证明，改性稀浆封层机可替代普通稀浆封层机的施工，但普通稀浆封层机却不能满足改性稀浆封层的施工技术。

改性稀浆封层机与普通稀浆封层机主要差别有以下3个方面：
（1）拌和系统结构不同。改性稀浆封层机采用双轴叶片式，拌和能力强，效率高，混合料均匀性好；普通稀浆封层机拌和结构为单轴螺旋式叶片。
（2）摊铺系统结构不同。普通稀浆封层机的摊铺箱内设一组横向螺旋分料器；改性稀浆

封层机的摊铺箱中设置两组或三组螺旋分料器,多组分料器结构可更快、更均匀地摊铺混合料。

(3)动力配置不同。为满足双轴强制式拌和及多组分料器摊铺的需要,改性稀浆封层机动力配置是普通封层机动力的3倍。

另外,在改性稀浆封层机上还配备有修补车辙用的辅助设备,更适合于高等级公路的维修养护。虽然有资料介绍,改性稀浆封层机摊铺厚度可以达到50mm,但经过实际铺筑后证明,厚度超过一定数值(10mm)时,集料级配和铺筑工艺均需要调整。

3.稀浆封层机主要技术参数

目前稀浆封层机的生产厂家主要有:瑞典斯堪道路公司(Scan Road Inc)、德国韦西格公司(Wisig Co)、美国威莱依公司(Vallew Slarry Seaiso)以及日本和中国。

六、稀浆封层施工技术要点

稀浆封层施工技术能否应用成功的关键,在于结构组合方案选择、原材料质量控制、混合料配比设计、施工机具性能和正确的工艺。

1.稀浆封层施工工序流程

稀浆封层施工的工序流程,如图8-2-2所示。

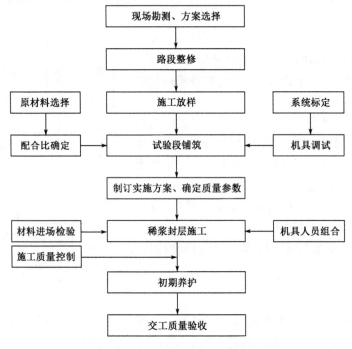

图8-2-2 稀浆封层施工工序流程

2.稀浆封层施工工艺

(1)基本要求

稀浆封层技术包括新材料、新机具和新工艺。应用该项技术,现场施工应满足以下几方面基本要求:

①严格筛选和控制原材料质量。原材料质量必须符合现行有关技术标准规定。

②稀浆封层机工作状态良好,计量控制准确可靠,混合料拌和均匀,摊铺平整。
③配备技术熟练的操作人员,建立原材料筛选、配比试验、机具标定及操作控制等一系列严格自检制度。

(2)施工要点

①设备标定。稀浆封层摊铺机在施工之前,应使用施工用料对各种材料的输出速度加以标定,以便使摊铺机能够按试验室确定的配合比摊铺。通常在施工用料不改变时可每年标定一次,当某种材料发生改变时应使用新材料重新标定。

②下承层的准备工作:

a. 修补缺陷。下承层严重的缺陷在正式施工前应予以修补,如大的裂缝要进行灌缝封闭,坑槽需要补平。

b. 清洁下承层表面。对于下承层的尘土、树叶、树枝等杂物应清洗干净,否则会造成稀浆封层脱皮。

c. 洒布黏层油。有条件时,在下承层上洒布少量黏层油(乳化沥青 $0.3L/m^2$)以便于黏结。

③摊铺。当各项准备工作完毕后即可进行摊铺施工。摊铺过程中对于表面或边缘小的缺陷可人工修补。稀浆封层具有较高的施工速度,以 Akzo-Nobel 设备为例,一次装载石料 $10m^2$,可摊铺中粒式稀浆封层 $1500m^2$,耗时略多于 10min。一般稀浆封层不需碾压,可由行车进行压实。

但在某种特定条件下或在低交通量的路段,要用小质量压路机碾压,也可以采用轮胎压路机碾压。

④养生。稀浆封层路面的养生过程实际上是乳液中的沥青颗粒取代集料表面的水分,由半液态转变为固态,同时彻底排出水分的过程。一般水分的驱除依靠两个因素:沥青颗粒取代和水分的物理蒸发。慢裂—慢开放交通体系以水分物理蒸发为主,而快裂—快开放交通体系以沥青颗粒取代为主。

对于大面积的施工宜在常温状态下进行,一般气温在 10℃ 以下,并有逐渐下降的趋势时不能进行稀浆封层的施工;气温在 7℃ 以上,并有上升趋势时,可以进行稀浆封层的施工。但在上述低温情况下施工时,需要特别注意封层的初期养护。

(3)稀浆封层的外观质量要求

表面应平整、密实,无松散、无轮迹;纵、横缝衔接应平顺,外观颜色均匀一致;与其他构造衔接应平顺,无污染;摊铺范围之外无流出的稀浆混合料;表面粗糙,无光滑现象。

3. 施工中可能出现的问题及相应技术措施

(1)稀浆封层固化过慢,可以采取如下措施:
①改变乳液类型,采用破乳速度较快的乳液。
②适当减少拌和用水量。
③适当增加水泥用量。
④改变矿料的配合比例。
⑤采用外掺剂。

(2)稀浆封层产生剥落,可以采取如下措施:
①适当增加乳液用量。
②改善集料的级配比例。
③适当减少拌和用水量。

④加强原路面的清扫工作。

（3）稀浆封层起泡或出现海绵状，可以采取如下措施：

①适当减少水泥用量。

②适当减少稀浆混合料的拌和时间。

③改善乳液性能。

（4）摊铺箱内稀浆混合料出现硬化现象，可以采取如下措施：

①适当减少摊铺箱内的稀浆混合料数量。

②适当减少水泥用量。

③适当增加拌和用水量。

4. 施工质量检验标准及方法

1）原路面（或基层）质量标准

施工前应对原路面或基层厚度、平整度、路拱度、强度和稳定性等进行检查。原路面或基层质量符合要求后，方可铺筑稀浆封层。其检验项目、要求的质量标准及检验方法，见表8-2-4。

原路面（或基层）质量标准及检验方法　　　　　　　　表8-2-4

检验项目	标准或允许偏差	检验方法
厚度	±10%	每1000m² 为一段，每段路中及两侧各测1处
宽度	不小于设计规定	每段用皮尺检查3处
平整度	不大于10mm	每段3m直尺检查1次，每处连续量10尺，每尺检查1点
横坡度	±0.5	每段用水准仪测量3处
压实度	根据不同基层类型要求	每段检查不少于1处
弯沉值	不大于设计要求	用弯沉仪测定，每段50m

2）稀浆封层施工检验项目和质量标准

（1）稀浆封层的质量检验，一般应经过一个夏季的行车后进行。检验的项目、标准及方法规定，见表8-2-5。

稀浆封层施工质量标准及检验方法　　　　　　　　表8-2-5

检验项目		标准或允许偏差	检验方法
厚度		±2mm	每100m² 为一段，每段在路中及两侧各测1处
宽度		≥设计宽度，≤10mm	每100m用皮尺检查3处
平整度		≤5mm	每100m用3m直尺检查1次，每处连续量10尺，每尺检查1点
横坡度		±0.5	每100m用水准仪测量2处
油石比		±15%	抽提试验，每100m² 检查1次
渗水系数		≤5mm/min	每100m检查2处，用渗水仪测定
摩擦系数	高速公路	52～55	用摆式仪测定摆值
	一级公路		
	二级公路	47～50	
	三、四级公路	>45	
构造深度	高速公路	0.6～0.8mm	每100m测5处，用铺砂法测定
	一级公路		
	二级公路	0.4～0.6mm	
	三、四级公路	0.2～0.3mm	

(2)稀浆封层的外观要求。

①表面应平整、密实,无松散、无轮迹。

②纵、横缝衔接应平顺,外观颜色应均匀一致。

③与其他构造衔接应平顺,无污染。

④摊铺范围之外无流出的稀浆混合料。

⑤表面粗糙,无光滑现象。

乳化沥青稀浆封层是应公路养护技术发展及生产发展之急需而产生的一项新技术。工程实践证明,稀浆封层技术既可以节省材料与资金,又可加快维修养护的速度,提高工作效率。

稀浆封层技术无论是对旧沥青路面或新建路面,无论是对低等级道路或高等级公路,无论是对城市道路或乡村地方公路,都可以适用,并产生显著的经济效益和社会效益。稀浆封层可以使路面的磨损、老化、裂缝、光滑、松散等病害迅速得到修复,起到防水、防滑、耐磨等作用。

对于新建的路面表层上加铺稀浆封层处理后,可以作为保护层与磨耗层,显著提高路面质量。在新建的路面面层加铺稀浆封层,可以起到防水作用,延长路面的耐久性。在桥梁的表层上用稀浆封层处理后,可以起到防水作用,延长路面的耐久性。在桥梁的表层上用稀浆封层处理后,可以起到罩面和防水作用,但很少增加桥身自重。在隧道中的路面上加铺稀浆封层,可以不影响隧道的净空高度。因此,稀浆封层技术在道路工程中有着广阔的发展前景。

单元训练

1. 稀浆封层技术的适用性与特点是哪些?
2. 稀浆封层的施工工艺有哪些?

单元三　微表处技术

单元要点

(1)微表处技术的定义、特点与应用场所;

(2)微表处技术对原材料的基本要求;

(3)微表处的材料组成设计;

(4)微表处技术的施工技术;

(5)微表处和稀浆封层的区别。

相关知识

一、微表处的特点与应用

微表处是指采用适当级配的石屑或砂、填料(水泥、石灰、粉煤灰、石粉等)与聚合物改性乳化沥青、外掺剂和水,按一定比例拌和而成的流动状态的沥青混合料,将其均匀地摊铺在路面上形成的沥青封层。

在国外,随着聚合物改性沥青的普遍应用,聚合物改性乳化沥青也在迅猛地发展。微表处技术源于20世纪60年代末70年代初的德国。当时,德国的科学家用传统的稀浆做试验,主要是增加稀浆使用的厚度,看是否能找到在狭窄的车道上填补车辙,但同时不破坏昂贵的高速公路路面的方法。德国科学家使用精心挑选的沥青及其混合物,加入聚合物和乳化剂,摊到深陷的车辙上,形成了稳定牢固的面层。于是,使用聚合物改性的快凝、快开放交通的稀浆封层——微表处车辙填充技术就诞生了。随后,微表处混合料也开始用于整幅路面的罩面。微表处技术在 1980 年传入美国,目前被认为是处理车辙和其他各种路面病害的最经济的方法之一。

目前,聚合物改性乳化沥青稀浆封层已被认为是修复道路车辙及其他多种路面病害最有效、最经济的手段之一。它在欧美和澳大利亚已得到普及,并且正在向世界其他地区推广、发展。因此,国际稀浆封层协会也将其英文名字由 International slurry seal Association 改为International slurry surfacing Association,仍然简称 ISSA。ISSA 将 slurry surfacing 分成 slurry seal 和 Microsurfacing。slurry seal 翻译为稀浆封层,Microsurfacing 翻译为微表处,其技术要求和使用性能均有较大的区别。微表处可用于超薄抗滑表层(PSM)和车辙填补(PSR)。ISSA 在原来的稀浆封层实施细则 ISSA 143-91 的基础上,修订成为 ISSA 143—2000,对微表处的设计、试验、质量控制、测试等作出规定,使微表处在全世界范围内有了很大的发展。美国沥青协会制订了稀浆封层施工手册,制定了 D3910 稀浆封层混合料试验和检验标准,日本乳化沥青协会制定了橡胶沥青乳液标准。

为了使专业名词与国际一致,"聚合物改性乳化沥青稀浆封层"一词统称微表处。

微表处是功能最完善的道路养护方法之一。它是一种采用高分子聚合物使乳化沥青改性的铺筑技术,对出现在城市干道、高速公路和机场道路上的各种病害的修复最为有效。

目前世界上稀浆封层技术已被广泛应用,它不仅能延长道路寿命,同时也很经济。普通稀浆封层技术与微表处技术都是利用由级配集料、乳化沥青、填料和水所组成的混合料进行施工的;不同的是后者所采用的材料是经过严格检测筛选出来的,其中还包括高分子聚合物和其他添加剂,因而相比之下微表处技术具有更多的优点。

我国的稀浆封层及微表处技术起步较晚。20 世纪 80 年代,稀浆封层开始进入我国。为了适应我国高等级公路养护工作的需要,微表处技术开始进入我国并受到国内广大公路工作者的关注,开始在我国得到初步应用,其中相当数量应用在了高速公路的养护工程中。

通过最近几年间微表处的应用,对其基本上形成了如下几点初步认识:

(1)其使用寿命明显长于普通稀浆封层,对路面表面功能的恢复、延长道路的大中修周期具有显著的作用,是一种经济、有效的高等级公路维修养护方法。

(2)在路基路面稳定的前提下,对于较轻车辙的填补,路面抗滑性能的恢复,封闭路表水的下渗,中、轻度裂缝,泛油处治等是理想的维修养护措施。但是,由路基路面整体强度不足引起的路面各种病害、严重开裂和车辙,必须在进行补强、挖补后再进行封层,否则病害很快会再次发生。

(3)作为一种快凝、快开放交通的混合料体系,微表处的施工难度大于慢裂慢凝的稀浆封层,要求施工队伍有较丰富的施工经验。

1. 微表处技术应用的特点

(1)施工速度快。连续式稀浆封层机 1d 之内能摊铺 500t 微表处混合料,折合为一条 10.6km 长的标准车道,摊铺宽度最小可达 9.5m,施工后 1h 即可通车,适用于大交通量的高速公路及城市干道。

(2)微表处可提高路面的防滑能力,增加路面色彩对比度,改善路面性能,延长路面使用寿命。

(3)养护时间由一般稀浆封层的 4~5h 缩短为 1.5~2.5h,成型快,工期短,施工季节长,可以夜间作业,尤其适于交通繁忙的公路、街道和机场道路。

(4)常温条件下作业,降低能耗、不释放有毒物质,符合环保要求。

(5)在面层不发生塑性变形的条件下,可修复深达38mm的车辙而无须碾压。

(6)因为微表层很薄,所以在城市主干道和立交桥上应用不会影响排水,用于桥面也不会增加多少重量。

(7)在机场,密级配的微表处能作防滑面而不会产生破坏飞机发动机的散石。

(8)由于它能填补厚达38mm的车辙,而且十分稳定,也不产生塑性变形,所以它是不用铣刨解决车辙问题的独特方法。

微表处弥补了普通稀浆封层和热拌沥青混凝土摊铺各自存在的缺陷。确切地说,微表处是一种完善的道路养护方法。

2. 微表处技术应用的场所

国内外的研究和应用证明:微表处确实是功能最完善的道路养护方法之一,对出现在高速公路、城市干道和机场道路上的各种病害的修复最为行之有效。就广义来说,普通稀浆封层能够使用的地方,微表处都能使用。但就我国的实际情况,道路建养费用还十分缺乏,还不可能大量地、普遍地采用这项技术。微表处主要用于道路表面层,首先应该考虑使用的地方如下:

(1)高速公路的抗滑表层和车辙处理。

(2)城市快速路和主干路的表面抗滑、低噪声、美观处理。

(3)公路重交通路面,重载及超载车多的路段,解决渠状车辙,公路弯道、匝道、坡道、交叉路口。

(4)在水泥混凝土路面上起磨耗层作用,可治理表面磨光、露骨,提高平整度,降低渗水率。

(5)机场停机坪道面,可以耐磨,抗变形,显著减少集料的飞散量。

(6)立交桥和桥梁桥面,特别是钢桥面铺装,在治理病害、改善表面状况的同时,不会过多地增加桥身自重。

另外,养护时间由一般稀浆封层的4~5h缩短为1.5~2.5h。这一优点最适应高速公路车流量大、需夜间养护的特点,可使高速公路最大限度地发挥社会、经济效益,是一种经济比值较好的养护保障方法。

随着我国高速公路和城市道路建设及使用年限的增长,路面的维修养护工作量增加。因此,微表处技术在我国高速公路和城市道路的维修养护工作将具有广阔的市场需求和良好的推广应用前景。

二、微表处技术对原材料的基本要求

微表处混合料是由合理配比的乳化沥青、改性剂、集料、水和填料等组成的,材料质量的好坏直接关系到混合料的性能。微表处混合料中,集料质量占到了混合料总质量的90%以上,而改性剂则是微表处区别于普通稀浆封层最重要的特征之一。因此,集料和改性剂质量的好坏直接影响混合料的性能。

1. 集料的基本要求

微表处技术的关键是集料,由于其方法是制造一个封闭、粗糙的表面,因此石料的耐磨耗性特别重要。故微表处所用集料,特别是粗集料部分应该使用耐磨耗的硬质石料,这与我国对高速公路沥青面层用耐磨耗粗集料的要求相同。

用于微表处的集料,必须坚硬、耐磨,不含泥土杂质,其砂当量大于65%,高于对普通稀浆封层用集料砂当量不低于45%的要求,也高于规范中高速公路沥青面层用细集料砂当量不小于60%的要求。对不同砂当量值的集料进行湿轮磨耗试验,结果表明:砂当量越低,混合料的湿轮磨耗值就越大,耐磨耗能力也就越差;砂当量低的集料还可能使改性剂无法发挥改性效果。因此,微表处用集料砂当量不宜低于65%。

级配组成必须符合一定的级配标准。一般采用ISSA的Ⅱ、Ⅲ型级配,美国、加拿大等北美国家均采用这些级配。表8-3-1所示为ISSA推荐级配。

ISSA 推 荐 级 配　　　　　　表8-3-1

筛孔尺寸(mm)	Ⅱ	Ⅲ	筛孔尺寸(mm)	Ⅱ	Ⅲ
9.5	100	100	0.6	30~50	19~34
4.75	90~100	70~90	0.3	18~30	12~25
2.36	65~90	45~70	0.15	10~21	7~18
1.18	45~70	28~50	0.075	5~15	5~15

2. 改性乳化沥青材料的基本要求

改性乳化沥青是微表处的黏结材料,其质量的好坏对封层质量的影响最直接、最明显。

改性乳化沥青的特性主要与乳化剂和改性剂的选择有关,为了达到快开放交通的要求,乳化剂必须是慢裂的阳离子乳化剂,且所用乳化剂不能对沥青性能造成影响,对各种沥青的适应性要好,与改性剂要有良好的配伍性;改性剂的选择应根据不同地区的气候、交通特点进行试验后确定。

3. 填料、水和添加剂材料的基本要求

微表处混合料中填料,外加水和添加剂的作用、规格,与普通稀浆封层混合料所要求的基本一样。

三、微表处的材料组成设计

1. 矿料级配

(1)微表处矿料级配宜粗不宜细

随着微表处使用期的延长,最初外观表现较好、级配较细的微表处容易出现抗滑功能不足问题,而最初表观粗糙的微表处,不仅外观效果变得美观,而且可以保持良好的抗滑性能。因此,微表处用于交通量大、重载车多的高速公路时,不宜采用Ⅱ型级配,而应采用Ⅲ型级配。交通量特别大的道路,级配曲线宜在Ⅲ型级配范围中值与下限之间。

(2)谨慎使用间断级配

间断级配存在施工和易性的问题,且间断级配曲型将加重矿料在运输、装载过程中出现粗料与细料离析的现象,影响摊铺的均匀性。此外,间断级配会显著影响混合料的使用效果,这种级配往往会造成微表处表观不均匀、集料容易飞散的现象发生。

2. 油石比的确定

(1)在混合料设计时,应根据实际情况选择合理的油石比。

①根据原路面情况进行选择。如果原路面有泛油,特别是对于采用以前高强度等级沥青的,微表处材料层可以采用较小的油石比;如果原路面贫油,或者原路面沥青老化较严重时,可

以考虑采用稍大的油石比;原路面表面层空隙率大或渗水严重的,宜采用稍大的油石比。

②根据交通量的大小进行选择。交通量大的情况下,微表处应采用较小的油石比;交通量较小的情况下,微表处可以采用相对较大的油石比。

③高温季节微表处施工,油石比宜小不宜大。

(2)在允许的油石比范围内,微表处混合料的油石比宜小不宜大。

四、微表处的施工设备要求及施工技术

1. 微表处的施工设备和基本要求

1)施工设备

(1)比较准确的计量仪器。由于微表处施工时对各种物料的配比要求较严,所以,要有准确的计量。

(2)双轴强制式搅拌箱。因为要达到微表处施工,混合料搅拌时间不能过长,但又必须在规定时间内搅拌均匀,因而传统的螺旋式搅拌箱就不能满足要求。

(3)特殊设计的填补车辙的摊铺箱。它能将粒料最大的部分送到车辙的深处,从而使稳定性最好,其边缘能自动变薄铺开。

(4)完备的添加剂系统。这样就能方便地把缓凝剂或促凝剂加入混合料中。

2)标定

在施工之前,每台封层机都要进行标定。在标定已经完成并且合格后,封层机才能投入使用。

对摊铺车进行标定,是施工配合比符合要求的重要保证。微表处摊铺车在以下情况下必须进行计量标定:

(1)第一次使用。

(2)每年第一次使用。

(3)新工程项目实施。

(4)同一工程项目中原材料和配合比发生较大变化时。

3)气候要求

在路面或空气温度达到10℃并且持续下降时,不允许进行微表处施工,但是在路面或空气温度达到7℃并且持续上升时,允许进行微表处施工。

2. 微表处施工的基本要点

1)微表处施工前路面清理

(1)在进行微表处施工前,必须把路面上遗留的所有材料、泥土、杂草和其他有害物都清理干净。如果用水冲洗路面,则要使所有的路面裂缝完全干燥后,才能进行微表处施工。

(2)一般不要求洒黏层油,对于光滑、松散路面以及水泥路面,可以采用洒黏层油的方法。

(3)已有的微表处应用实践表明,当原路面存在以下病害时,应在微表处施工前对原路面进行妥善处理。

①原路面结构强度不足或出现结构性破坏时,应首先进行补强处理。

微表处是厚度仅为10mm左右的薄层结构,要求原路面有充足的结构强度,否则在行车作用下,微表处层会因为过大的挠度变形而很快出现裂缝,甚至与原路面剥离。

②原路面的结构性车辙,或者车辙深度过大时,应对车辙进行预处理。

沥青路面因强度不足形成的结构性车辙,必须进行必要的补强处理后方可进行微表处。对于深度不大的流动性车辙,微表处具有很好的维修效果。原路面 15mm 以下的流动性车辙采用单层微表处可起到很好的维修效果;车辙深度在 15～25mm 之间,宜采用双层微表处;车辙深度大于 25mm,应首先采用微表处车辙填充;深度过大的车辙(40mm 以上),建议铣刨加铺后进行单层微表处。

③原路面表面太光滑,完全丧失构造深度,宜采用双层摊铺。

微表处的一个重要作用就是恢复路面的宏观构造和抗滑性能。因此,一般来说,对原路面的抗滑性能是没有特殊要求的。但是,当沥青表面层采用石灰石等不耐磨的石料,在行车作用下原路面的宏观构造已经完全丧失,成了"水磨石",这时如果进行三层微表处,往往摊铺的表观效果不理想,摊铺厚度没有保证,这是由于原路面太滑,导致"不挂料"的情况出现。因此,对于这一类路面,应采用两层摊铺:第一层摊铺厚度可以很薄,起到增加原路面挂料能力的作用;等成型后再摊铺第二层,可以得到很好的表观效果。

④原路面存在宽裂缝时,应首先进行灌缝处理。

微表处厚度仅有 10mm 左右,原路面未经处理的裂缝会在温差作用下反复胀缩而产生反复张拉应力,再加上车辆荷载在裂缝处引起的差动位移,会很快引起上覆的微表处层产生疲劳开裂,导致反射裂缝的出现,影响微表处的美观和封水效果。裂缝应采用专用设备进行扩缝、清缝并灌入专用填缝料。

2)微表处施工基本要点

(1)使用搅拌箱前的喷水管将路面进行预先湿润,喷水量可根据当天施工期间的气温、湿度、表面纹理和干燥情况进行调节。

(2)封层机启动前,摊铺箱中必须有一定量的混合料,而且稠度适当,分布均匀,封层机才能匀速前进。

(3)在已完成的微表处路面上不得存在由超大集料所引起的拖痕,如果出现拖痕,应立即采取措施。

(4)在纵向或横向接缝上不允许出现接缝不平、局部漏铺或过厚,纵向接缝尽可能设置在车道标线上,并尽可能减少纵向接缝。

(5)在拌和与摊铺过程中,混合料不得出现水分过多和离析现象,任何情况下都不能在摊铺过程中直接向摊铺箱内注水。

(6)在摊铺箱不能到达的地方,必须采用人工施工,通过人工用橡胶辊碾压封层达到均匀和平整。

(7)固化成型前禁止一切车辆驶入,行人不得踏入,严格管制交通。

3)微表处施工质量控制

(1)微表处施工前的材料质量检查与要求,见表 8-3-2。

微表处施工前的材料质量检查与要求 表 8-3-2

材　料	检查项目	要　求　值	检查频率
改性乳化沥青	微表处用改性乳化沥青技术要求设计的各项指标	符合设计要求	每批到货 1 次
矿料	矿当量	符合设计要求	每批来料 1 次
	级配	符合设计要求	每批来料 1 次
	含水率	实测	每天 1 次

（2）微表处施工过程质量检验要求，见表8-3-3。

微表处施工过程质量检验要求　　　　　表8-3-3

项　目	要　求	检验频率	检验方法
稠度	适中	1次/100m	经验法
油石比	设计油石比±0.3%	1次/日	三控检验法
矿料级配	符合设计要求	1次/日	摊铺过程中从集料输送带末端接出集料筛分
外观	表面平整、均匀，无离析，无划痕	全线连续	目测
摊铺厚度	−10%	5个断面/km	采用钢尺测量或其他有效手段，每幅中间及两侧各1点，取平均值作为检测结果
浸水1h湿轮磨耗	不大于540g/m²	1次/7个工作日	每段检查不少于1处

（3）微表处竣工验收标准，见表8-3-4。

微表处竣工验收标准　　　　　表8-3-4

项　目		检验频率	质 量 要 求	方　法
表观质量	外观	全线连续	表面平整、密实、均匀，无松散，无花白料，无轮迹，无划痕	目测
	横向接缝	每条	对接、平顺	目测
	纵向接缝	全线连续	宽度小于80mm，平整度小于6mm	目测或用尺量3m直尺
	边线	全线连续	任一30m长度范围内的水平波动不得超过±50mm	目测或用尺量
抗滑性能	摆值（BPN）	5个点/km	高速公路、一级公路≥45	T 0964
	横向力系数	全线连续	高速公路、一级公路≥54	T 0965
	构造深度TD(mm)	5个点/km	高速公路、一级公路≥0.60	T 0961
	渗水系数	3个点/km	≤10mL/min	T 0971
	厚度	3个点/km	−10%	钻孔或其他有效方法

五、微表处和稀浆封层的区别

微表处与稀浆封层在表面形式上是相同的，但在原材料选择、混合料技术要求、使用性能与寿命、摊铺设备等诸多因素上都存在较大差别。

从定义上就可看出，微表处与稀浆封层的最基本差别就在于是否使用了改性乳化沥青。此外，是否可以填充车辙和是否可以迅速开放交通也是微表处和稀浆封层比较显著的区别。对微表处来说，它应能满足摊铺不同截面厚度（楔形、凹形）的要求，不同沥青用量和不同摊铺厚度的混合料，经养生和初期交通固化后，能经受住行车作用，并在使用寿命内保持良好的抗滑性能（高的摩擦系数）。它应能适应迅速开放交通的需要，一般来说，在气温24℃、湿度小于50%的情况下，12.7mm厚的微表处要求施工后1h开放交通。

除此之外，稀浆封层和微表处还存在以下不同之处。

（1）适用范围不同

微表处主要用于高速公路和一级公路的预防性养护以及填补轻度车辙，也适用于新建公路的抗滑磨耗层。而稀浆封层一般主要用于二级及二级以下公路的预防性养护，也适用于新建公路的下封层。

(2)集料的质量要求不同

微表处用通过4.75mm的合成矿料的砂当量必须大于65%,明显高于用于普通稀浆封层时不小于50%的要求。这说明微表处用集料必须干净,不能含有太多的泥土。

(3)集料级配不同

普通稀浆封层有Ⅰ、Ⅱ、Ⅲ型级配,而微表处的级配只有Ⅱ型和Ⅲ型级配,即微表处中舍弃了普通稀浆封层中最细的Ⅰ型级配。

(4)技术要求不同

微表处和稀浆封层的技术要求,见表8-3-5。从表中可以看出,微表处混合料要满足的技术要求明显高于稀浆封层。

稀浆封层和微表处混合料的技术要求 表8-3-5

项 目		单 位	微 表 处	稀 浆 封 层
可拌和时间		s	>120	
稠度		cm	—	2~3
黏聚力试验	30min(初凝时间)	N·m	≥1.2	≥1.2
	60min(开放交通时间)		≥2.0	≥2.0
负荷轮碾压试验(LWT)	黏附砂量	g/m²	<450	<450
	轮迹宽度变化率	%	<5	—
湿轮磨耗试验的磨耗值(WTAT)	浸水1h	g/m²	<540	<800
	浸水6d		<800	—

注:①稀浆封层黏聚力试验仅适用于快开放交通的稀浆封层。
②稀浆封层负荷轮碾压试验仅适用于重交通道路表层。
③负荷轮碾压试验(LWT)的宽度变化率适用于需要修补车辙的情况。

微表处必须能够快速开放交通,因此要求混合料满足反映成型速度和开放交通时间的黏聚力指标,而普通稀浆封层仅对快开放交通系统提出了这一要求,一般稀浆封层不作要求。

与稀浆封层相比,微表处多用于大交通量的场合,沥青用量不宜过大,因此必须通过黏附砂量指标控制最大沥青用量,以防止泛油的出现。而普通稀浆封层仅在用于重交通道路时才有这一要求。

微表处混合料浸水1h的湿轮磨耗指标(500g/m²)明显高于稀浆封层(800g/m²),说明微表处混合料的耐磨能力优于稀浆封层混合料;微表处混合料还必须满足6d湿轮磨耗指标,这说明微表处混合料比稀浆封层有更好的抵抗水损害的能力。

微表处可以用作车辙填充,因此对微表处混合料提出了负荷车轮碾压1 000次后试样侧向位移不大于5%的要求,而普通稀浆封层没有这一指标的要求。

综上所述,可以将微表处理解成使用了改性乳化沥青的、能够快速开放交通的、能够满足微表处技术要求的稀浆封层;或者说是一种"最高水平"的稀浆封层。

 单元训练

1.微表处技术的适用性与特点有哪些?
2.请简述微表处的施工工艺。

单元四　同步碎石封层技术

单元要点

(1)同步碎石封层的概念和特点；
(2)同步碎石封层的材料和设备要求；
(3)同步碎石封层施工工艺特点。

相关知识

1．概述

所谓同步碎石封层，就是用专用设备即同步碎石封层车将碎石及黏结材料(改性沥青或改性乳化沥青)同步铺洒在路面上，通过自然行车碾压，形成单层沥青碎石磨耗层。它主要作为路面表处层使用，也可用于低等级公路面层。同步碎石封层技术的最大优点是同步铺洒黏结材料和石料，实现喷洒到路面上的高温黏结料在不降温的条件下即时与碎石接合的效果，从而确保黏结料和石料之间的牢固接合。

同步碎石封层技术，可以使碎石颗粒立即与刚喷洒的黏结剂相接触。此时，由于热沥青或乳化沥青流动性较好，能随时更深地埋入黏结剂内。同步碎石封层技术缩短了黏结剂喷洒与集料撒布之间的间隔，增加了集料颗粒与黏结剂的裹覆面积，更易保证它们之间稳定的比例关系，提高了作业效率，减少了设备配置，降低了施工成本。沥青路面经过同步碎石封层处理后，使路面具有良好的抗滑性能和防渗水性能，能有效治理路面贫油、掉粒、轻微龟裂、车辙、沉陷等病害。同步碎石封层技术主要用于道路的预防性养护和修复性养护，无论是高速公路还是普通公路都可以使用此项新技术。

同步碎石封层技术，从20世纪80年代开始在法国被大规模采用，20世纪90年代传播到整个欧洲各国及美国，还在俄罗斯、印度、非洲、澳洲等数十个国家和地区中得到推广。据统计，在欧洲有95%以上的公路均采用这项技术进行养护。

据记载，在美国同步碎石封层可延长路面使用寿命10年以上；澳大利亚有关机构研究表明，同步碎石封层技术能使损坏比较严重的道路寿命增加10~15年。

目前，同步碎石封层技术在我国辽宁省、湖南省、陕西省等地的高速公路下封层及国道、省道的建设中已经得到应用。总的来说，由于这项技术在我国才刚刚开始得到应用，许多施工工艺还没有完全掌握，更缺乏施工经验，在施工材料的研究上还处于空白，在同步碎石封层车的研究上还没有开始，还有许多理论上和应用上的问题没有掌握。

2．同步碎石封层技术的适用性

同步碎石封层主要对公路表面进行处治，可用于高速公路、普通公路、城市道路及乡村公路；也可用作新建道路的基层磨耗层，取代热铺沥青。

同步碎石封层技术主要有以下几个特点：

(1)同步碎石封层实质是靠一定厚度沥青膜(1~2mm)黏结的超薄沥青碎石表面处治层。其整体力学特征是柔性的，能增加路面抗裂性能、治理路面龟裂、减少路面反射裂缝、提高路面防渗水性能；用于道路养护可延长路面使用寿命10年以上，若使用聚合物改性黏结料效果更佳。

(2)同步碎石封层可以大大提高原路面的摩擦系数，即增加路面防滑性能，并能使路面平整度得到一定程度的恢复。

(3)通过采用局部多层摊铺不同粒径石料的施工方法,同步碎石封层能有效治理深达10cm以上的车辙、沉陷等病害。

(4)同步碎石封层可以作为低等级公路的过渡型路面,以缓解公路建设资金严重不足的矛盾。

(5)同步碎石封层工序简单、施工速度快,可即时限速开放交通。

(6)同步碎石封层的性能价格比明显优于其他表处方法,从而大大降低道路的维修养护成本。

3. 同步碎石封层的材料

(1)黏结料

同步碎石封层技术的领先性能很高,但对适用沥青没有特别严格的要求。可以使用不同的沥青结合料,如软化纯沥青、聚合物改性沥青、乳化沥青、聚合物改性乳化沥青、稀释沥青等。热沥青主要用于大规模封层。

(2)石料

碎石要求是经过反击破碎(或锤式破碎)得到的碎石,针片状石料严格控制在15%以内,几何尺寸要好,不含杂质和石粉,压碎值小于14%;对石料酸碱性无特殊要求,并严格经过水洗风干。

4. 同步碎石封层设备

同步碎石封层技术主要是同步碎石封层车,与1辆同步碎石封层车配套的主要机械设备有:50型以上装载机1台、石料加工清洗设备1台、12~16t胶轮压路机1台、8t以上水车1台、路面除尘设备1台、小型铣刨设备1台、25t热沥青加(保)温车1台、(乳化)沥青运输车若干台。在同步碎石封层车的使用上,该项技术对操作人员的要求较高,操作人员必须懂得机械的工作原理,同时操作要相当熟练,否则将铺不出高质量的路面。

同步碎石封层车的结构设计可以在稀浆封层车的基础上进行,根据碎石封层技术的特点,要求同步碎石封层车应该具有给料、拌和、摊铺和计量等功能。同步碎石封层车从结构上可以分为行驶底盘部分、作业部分和控制部分。行驶底盘部分完成机器的行驶任务,并支承其他部分的重量,要求工作速度能够精确控制并达到恒速;作业部分完成作业过程中各种物料的存储、输送、搅拌、摊铺等任务,这部分可以由给料系统、拌和系统、摊铺系统、动力传动系统等组成;控制部分完成对车辆速度、给料速度、各种物料计量、黏结剂保温、拌和时间等的控制,是同步碎石车的关键部分。在目前的沥青路面养护技术中,乳化沥青及改性沥青的生产工艺已经相当成熟。同步碎石封层车可以将黏结剂的喷洒与石料的撒布同时进行,相比于传统的石屑封层设备来说,必须解决一些关键技术,以完成下列一些特殊的技术要求:

(1)设计合理的黏结剂喷洒装置,保证对喷洒量及其均匀性进行精确调节与控制。

(2)设计先进合理的沥青温度控制系统。

(3)能够精确调节和控制碎石的撒布量及其均匀性。

(4)保证黏结剂喷洒与碎石撒布保持高度一致。

5. 同步碎石封层施工工艺

1)要求

从对沥青路面的预防性养护的角度来看,与其他的技术相比,同步碎石封层技术并没有对施工条件提出更高的要求,但是为了提高养护性能,充分发挥这种新技术的优势,还是需要有一定的条件。首先,要对公路表面损伤进行诊断,明确将要进行修补的要害问题;充分考虑沥青结合料和集料的质量标准,比如其润湿性、黏合性、耐磨性、抗压性等;在技术规范所允许的范围内进行摊铺操作;正确合理地选择材料,确定级配,正确操作摊铺设备。

2)同步碎石封层施工工艺

(1)常用的结构。

普遍采用间断级配结构,碎石封层所用石料粒径范围有严格要求,即等粒径石料最理想。考虑到石料加工的难易程度及路面防滑性能的要求不同,可采用2~4mm、4~6mm、6~10mm、8~12mm、10~14mm五类粒径范围的石料。比较常用的粒径范围为4~6mm、6~10mm这两类,而8~12mm和10~14mm这两类主要用于低等级公路过渡型路面的下面层或中面层。

(2)根据路面平整度情况和抗滑性能要求确定石料的粒径范围。

一般路面进行一次碎石封层即可,在路面平整度较差时可选用适宜粒径的石料作为下封层找平,然后再做上封层。碎石封层作为低等级公路路面时需2层或3层,各层石料粒径应互相搭配以能产生嵌挤作用,一般遵循下粗上细的原则。

(3)封层前要对原路面进行认真清扫,作业过程中应保证足够数量的胶轮压路机,以便在沥青温度降低之前或乳化沥青破乳后能及时完成碾压定位工序。另外,封层后即可通车,但在初期应限制车速,待2h后可完全开放交通,从而防止快速行车造成石子飞溅。

(4)使用改性沥青作为黏结料时,为保证雾状喷洒而形成均匀、等厚度的沥青膜,必须保证沥青的温度在160~170℃范围内。

(5)同步碎石封层车的喷油嘴高度不同,所形成的沥青膜厚度会不同(因为各个喷嘴喷出的扇形雾状沥青重叠情况不同),通过调整喷嘴高度使得沥青膜的厚度符合要求。

(6)同步碎石封层车应以适宜的速度均匀行驶,在此前提下石料和黏结料两者的撒布率必须匹配。

(7)作为表处层或磨耗层的碎石封层,其使用条件是原路面平整度和强度满足要求。

单元训练

1. 同步碎石封层技术的适用性与特点有哪些?
2. 请简述同步碎石封层的施工工艺。

单元五　沥青路面再生利用

单元要点

(1)沥青路面再生技术的概念和分类;
(2)沥青路面再生原理;
(3)沥青路面再生利用的技术要求。

相关知识

一、国内外沥青路面再生利用状况

沥青路面再生利用的试验研究,最早是于1915年首先在美国开始的。但相比大规模的新路建设,再生沥青路面里程很少。直到 1973 年,石油危机爆发,燃油供应困难,严格的环保法制,使得砂石材料开采受到限制,筑路用砂石材料供不应求,以至砂石材料价格上涨。1974 年,美国开始大规模推广沥青路面再生技术。1980 年,有 25 个州共使用了 200 万 t 热拌再生沥青混凝土;到 1985 年,美国全国再生沥青混合料的用量就猛增到 2 亿吨,几乎是全部路用沥青路面的一半。现在再生沥青路面的应用已非常普遍,而且每当新材料用于沥青路面时,都要说明是否会影响沥青路面的再生利用。

我国自 20 世纪 70 年代开始陆续修建沥青路面。20 世纪 80 年代,随着经济的发展,交通量迅速增长,重型车辆日益增多,不少沥青路面处于超负荷工作状态,病害日趋严重,道路的改建和大修任务日益繁重。但当时我国沥青的供应量尚不足需求量的一半;公路建设投资有限,不能满足公路交通迅速发展的需要。在这种背景下,沥青混合料再生利用技术开始提上公路建设者的工作日程。

但是,随后到来的大规模的公路建设,尤其是高等级公路的建设,带来了大量亟待解决的新困难、新问题。如何克服这些新的困难、新的问题,成为这个时期公路科研的主题,大量的人力、物力投入其中。沥青混合料再生利用技术暂被搁置到了一边。

直到最近几年,我国很多沥青路面开始到了使用年限,即将开始进入大规模改建及修复阶段,以恢复其使用性能。作为沥青路面改建、修复的环保性、经济性技术——沥青混合料再生利用技术再一次成为公路科研和应用中的一个热点问题。国际油价的攀升和震荡,促使我国公路建设寻求一条低能耗、可持续的发展道路。北京奥运会的成功举办,彰显了绿色奥运的主题,促进了环保意识的全民觉醒,进一步推动了沥青混合料再生利用技术的研究。所以说对废旧沥青混合料的再生利用是有其现实性和时代性的,随着我国高等级沥青路面维修养护量的不断增加,沥青混合料再生技术必将得到更广泛的应用。

二、沥青路面再生利用的定义及分类

沥青路面若产生了破损,除了采用前述的罩面、封层、灌缝、修补坑槽等技术措施外,还可以采用路面再生技术进行修复。

1. 沥青路面再生利用的定义

沥青路面再生技术是将需要翻修或者废弃的旧沥青路面,经过翻挖回收、破碎、筛分,再和新集料、新沥青材料适当配合,重新拌和,形成具有一定路用性能的再生沥青混合料,用于铺筑路面中、下面层或路面基层的整套工艺技术。

"再生利用"有以下三层含义:

(1)既有沥青路面基层和(或)底基层的再生利用。

(2)既有沥青面层的再生利用。

(3)既有沥青的再生利用。

对于既有沥青路面基层和(或)底基层的再生,由于组成材料复杂,故首要的问题是解决材料的分类和破碎,然后按基层或底基层的设计要求进行级配。它可以单独再生后做基层或底基层,也可以与既有沥青面层一起再生后做基层或底基层。一般采用冷再生技术。

对于既有沥青面层的再生,首要条件是其沥青的再生,然后是将其混合料进行再生,最后重铺成为面层。但是,由于既有沥青面层中的沥青不能单独分离出来,因此沥青的再生只能在其沥青混合料的再生过程中完成。

2. 沥青路面再生技术分类

路面再生的种类很多，按再生形成的层位不同，可分为再生面层、再生基层和再生底基层；按再生方式的不同，可分为热再生和冷再生；按拌和地点的不同，可分为现场再生和厂拌再生。因此，沥青路面再生技术可分为：现场热再生、现场冷再生、工厂热再生和工厂冷再生四大类。

在工程中应考虑旧路面基层损坏情况和沥青路面面层的厚度来选择再生方案。表 8-5-1 给出了再生推荐方案。

沥青路面再生方案推荐 表 8-5-1

基层情况	面层厚度(mm)	再生方案
损坏	90～200	工厂再生
完好	≤40	现场再生
	40～60	工厂再生或现场再生
	≥60	工厂再生

三、沥青路面再生原理

沥青路面材料分为胶结材料（沥青材料）和骨架材料（砂石材料）两大类，其中砂石材料只需略加处理就可直接利用，所以沥青路面材料的再生，关键在于沥青材料的再生。

1. 沥青的老化

沥青在使用过程中，由于长时间受阳光、空气和水的作用，以及沥青与矿料之间的物理、化学作用，沥青分子会发生氧化和聚合作用，使低分子化合物转变为较高分子化合物，导致路用性能劣化，这种现象通常称之为"老化"。沥青老化后，化学组分改变，性质也发生改变，表现为针入度减少，延度降低，软化点升高，绝对黏度提高，脆点降低等。

2. 旧沥青材料的再生机理

旧沥青材料再生的机理研究目前有两种理论：

一种理论是"相容性理论"，认为沥青产生老化的原因是沥青胶质物系中各组分相容性降低，导致组分间溶度参数差增大，认为掺入一定的再生剂使其溶度参数差减小，沥青即能恢复到（甚至超过）原来性质。

另一理论是"组分调节理论"，认为由于组分的移行，沥青老化后，各组分间比例不协调导致沥青路用性能降低，认为通过掺加再生剂调节其组分，可使沥青恢复原来的性质。因此，要使老化沥青恢复原有性能，就需要将老化沥青和原沥青的组分进行比较后，向老化沥青中加入所缺少的组分（即添加沥青再生剂），使组分重新协调。

3. 旧沥青材料的再生

沥青材料是由油分、胶质、沥青质等几种组分组成的混合物，而且沥青的某一种组分，如油分，也同样是由分子量大小不等的碳氢化合物所组成的混合物。根据沥青材料是混合物的原理，将几种不同组分进行调配，可得到性质各异的调和沥青。用这种方法所生产的沥青，在石油工业中称之为调和沥青。

旧沥青材料再生，就是根据生产调和沥青的原理，在已经老化的沥青中加入某种组分的低黏度油料（再生剂）或适当黏度的沥青材料，进行调配，使调配后的再生沥青具有适合的黏度和所需的使用性质。

所以再生沥青实际上是由旧沥青与新沥青材料(必要时添加再生剂)经过调配混合而成的一种调和沥青。当然在实际施工中,旧沥青与再生剂、新沥青材料的混合是在伴随有砂石材料的情况下进行的,并不是专门抽提出旧沥青再进行调和,远不及石油工业中生产调和沥青调配得那么好,但它们的理论基础是相同的。

4. 再生剂的作用

沥青路面因沥青材料老化而老化,一般说来,当沥青路面材料中的旧沥青的黏度高于1MPa·s,或者其针入度低于40(0.1mm)时,就应考虑使用低黏度油料做再生剂。用来做再生剂的低黏度油料主要是一些石油系列的矿物油,如精制润滑油时的抽出油、润滑油、机油和重油等。有些植物油也可作为再生剂。在工程中可以利用上述油料的废料做再生剂,以降低成本。再生剂有以下作用:

(1)调节旧沥青的黏度,使旧沥青过高的黏度降低,达到沥青混合料所需的沥青黏度。使过于脆硬的旧沥青混合料软化,以便在机械和热的作用下充分分散,与新沥青、新集料均匀混合。

(2)渗入旧混合料中与旧沥青充分交融,使在老化过程中凝聚起来的沥青质重新溶解分散,调节沥青胶体结构,从而达到改善沥青流变性质的目的。

四、沥青路面再生利用的一般要求

(1)再生沥青混合料的拌制,一般分为热拌和冷拌两种。热拌再生混合料是旧料、新矿料与新沥青在热态下拌和而成;冷拌再生沥青混合料是旧料、新矿料与乳化沥青在常温下拌和而成。热拌再生混凝土沥青混合料强度高,路用性能良好。冷拌再生沥青混合料成型期较长、强度相对较低。

(2)热拌再生沥青混合料一般适用于翻修养护工程,可用于一、二、三级公路中的下面层,以及四级公路的面层。对于一级、二级及三级公路的上面层,以及高速公路基层,必须经试验、总结、评定合格后才能使用。冷拌再生混合料一般适用于翻修养护四级公路的路面。

(3)旧料是沥青路面翻修时所得的面层材料。翻挖路面可采用机械、人工或两种方式联合进行作业。其质量应符合下列要求:

①旧料必须洁净,不得混入有机垃圾。混入无沥青黏结的砂石料的比例不得大于10%,含泥量不得大于1%。

②块状旧料可采用机械轧碎或人工敲碎,也可将块料置放在硬场地上用钢轮压路机压碎,这几种破碎方法一般在气温较低的季节进行,有条件时可用热蒸汽分解。

③破碎后的旧料最大粒径按用途确定。用于粗粒式再生沥青混合料时,最大粒径为26.5mm或31.3mm(方孔筛);用于中粒式再生沥青混合料时,最大粒径为16mm或19mm(方孔筛);用于细粒式再生沥青混合料时,最大粒径为9.5mm或13.2mm(方孔筛)。

④破碎后的旧料应按质量分类堆放在平整、坚实和排水良好的场地。堆放高度以不结块为度,一般小于1.5m。

(4)根据地区使用条件和公路等级与旧沥青性能,可对旧料掺入适用的再生剂。适用的再生剂有:机油、润滑油、抽出油和玉米油。再生剂的性能和储放应符合下列要求:

①再生剂具有较强的渗透和软化能力,以降低旧沥青黏度,达到要求的针入度。

②能与旧沥青互溶,使之成为和新沥青均匀地混合成一体的再生沥青。

③能调节旧沥青的成分,达到路用沥青的质量要求,有较好的抗老化性能。

④再生剂应储存在有盖的容器中,防止水和垃圾等杂质混入。储存和使用必须满足防火要求。

(5)用于再生沥青混合料的新沥青和乳化沥青的类型和强度等级,可根据公路等级、用途和当地气候条件选定。它的质量应符合有关规定。

(6)再生沥青混合料使用的新粗、细集料应具有足够强度,与沥青能够黏附良好,并无风化和杂质,颗粒形状接近立方体。其他质量要求应符合有关规定。

(7)热拌再生沥青碎石的沥青用量,可根据本地区经验或试验确定;冷拌再生沥青混合料的级配和乳化沥青用量,可按乳化沥青路面实践经验确定。

(8)冷拌再生沥青混合料宜采用机械拌和;受条件限制时可采用人工拌和。

(9)再生沥青路面的运输、施工和质量管理等技术要求,应符合现行规范《公路沥青路面施工技术规范》(JTG F40—2004)的规定。

五、沥青路面再生技术

1. 现场热再生技术

1)概述

现场热再生是沥青路面再生中最早的方法之一。有些现场热再生方法可以追溯到20世纪30年代。现场热再生就是在现场用原地再生的方法修复已破坏的沥青路面,因此该方法中新材料的使用最少。具体是指现场加热软化旧路面表面,然后将路面表面材料移开,与再生剂混合,也可能加入新沥青或集料,不必从老路面运走回收的材料,只需在现场直接重新摊铺路面。

这种方法有时也被称为表面再生。加热翻松通常将原表面以下25mm的沥青路面翻开,使之再生,并使路面最终成型。而重新铺面则将路表面以下25mm的路面进行循环利用,加入再生剂以改进沥青黏度,然后在再生后的面层上摊铺一层薄罩面。重新拌和是将新材料与回收的材料一起在拌和锅中拌和均匀,然后将混合料摊铺为磨耗层。这些方法中的翻松过程有时以铣刨来代替。其工艺流程,见图8-5-1。

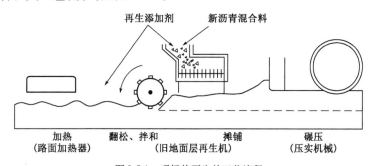

图8-5-1 现场热再生的工艺流程

一般来说,现场热再生时路表面加热温度不应超过177℃。施工气温应高于100℃,且路表面应没有积水。现场热再生的处理深度一般为20~50mm,典型深度为25mm。现场热再生后的路面一般1h左右即可开放交通。

2)现场热再生的优缺点和适用性

现场热再生可用于修正大多数路表面破坏,甚至包括表面混合料组成缺陷而引起的破坏。与其他修复方法相比,用现场热再生方法修复路面不会改变排水、路缘、下水道、人行通道、路肩及其他结构物。同时,现场热再生的优点还在于路面的高程和桥梁的净空能得到保证,而且经济上相对便宜,与其他修复技术相比,对交通控制的要求较低。这个方法也可用于表面集料剥落的重新罩面,重新建立路拱和排水,修改集料级配和沥青用量,改善表面抗滑性能。但此种再生方法对沥青路面的基层或底基层没有改善。

现场热再生仅限于路面有足够承载能力时使用,只对表面25～50mm或适当厚一点的路面进行再生。结构不足的道路不适用此方法,除非设计中考虑了强度的要求。

旧路有明显基层破坏、不规则的频繁修补,以及需对排水进行较大改进时,该方法不适用。虽然有报告称现场热再生可处理路面最大深度达75mm,但一般情况下最大深度为38～50mm。

适于现场热再生的道路,沥青面层至少应有75mm厚,过薄的沥青面层容易使基层被翻松齿轮产生的横向剪切应力撕开、打散。如果表面开裂已到达基层,此方法不适用,因为再生后裂缝还会重新出现。对于很窄的道路,现场热再生也不是首选方案,因为再生设备的工作宽度就已达到3.3～4.8m。

由此可见,此法看似十分先进,但是由于在一台大型机组上集成了旧料的加热装置、计量装置、新旧料的搅拌装置,很难应对旧路翻修过程中的各种情况,无法一一满足沥青混合料再生的要求。所以该技术主要局限性如下:

(1)仅适用于基层完好的沥青路面再生。

(2)加热沥青面层的深度一般不超过50mm。

(3)施工容易受气候的影响,寒冷季节一般不宜施工。

(4)在现场加热时,很容易出现表层沥青焦化而里层沥青还未软化的现象。

2. 现场冷再生技术

1)概述

现场冷再生是指利用旧沥青路面材料(包括面层材料和部分基层材料)进行破碎加工,需要时加入部分粗集料或细集料,按比例加入一定剂量的添加剂(水泥、石灰、粉煤灰、泡沫沥青、乳化沥青等)和适量的水,在自然的环境温度下,连续地完成材料的铣刨、破碎、添加、拌和、摊铺及压实成型的作业过程,重新形成结构层的一种工艺方法。

现场冷再生有两种方式:全深度和半深度。在全深度再生中,沥青层和一部分集料基层被铣刨、破碎,与胶结料混合,摊铺作为稳定的基层。在半深度再生中,一部分沥青层,通常为50～100mm,被再生作为低交通量或中等交通量的道路的基层。随着冷铣刨技术的提高,全深度再生技术现在可用于再生相当一部分无黏结基层材料。

2)现场冷再生的作用

采用现场冷再生可以使路面恢复所需的线形、断面,消除原路面的车辙、不规则和不平整的区域,还可以消除横向、反射和纵向裂缝。路面现场冷再生的应用不断增加的另一些主要原因有:减少对材料特别是碎石的开采,生产效率高,费用低,对交通的影响减少到最小,可以保留原有的路面高程,对环境的影响小,节约石油资源。对于那些离拌和厂较远的次要道路和低交通量道路,现场冷再生比集中厂拌冷再生更适用。现场冷再生不需要将沥青路面再生材料运到拌和厂,然后再将冷再生材料运回施工现场,节约了运输费用。

3)现场冷再生的优点

(1)充分利用旧路面的集料,减少对石料的开采,从而保护资源,特别是在路面集料比较紧缺的地区更是如此。

（2）通过再生利用减少了对沥青材料的需求，路面中残留的沥青可以通过再生方式得到利用。

（3）现场冷再生可以使已破坏的路面恢复到原有的路面路拱及坡度，这对于路面排水、跨线桥净空控制等非常重要。

（4）现场冷再生不需要加热，节约能源，减少了烟尘、废气对环境的污染，现场冷再生比现场热再生更环保。

（5）现场冷再生已被证明可以减少沥青路面的反射裂缝。通过延缓和减少反射裂缝，可以延长路面的使用寿命，并提高行车的舒适性。

（6）由于现场利用旧路面材料，减少了材料的往返运输，减少了燃油消耗。

（7）在相同的条件下，与其他的路面改造方案相比，现场冷再生由于利用了旧路面材料，工程造价降低。

（8）现场冷再生减少路面材料的往返运输，施工时对相邻车道的交通影响较小，减少了公众的交通延误。

（9）通过现场冷再生和加铺新的罩面，可以比较彻底地解决各种路面病害，如纵横缝、坑洞、车辙、不规则裂缝。

（10）现场冷再生可以减少工程设计、测量的时间和费用。

4）现场冷再生的缺点

（1）现场冷再生还是比较新的路面改造技术，其混合料配比设计的经验还不是很成熟，目前很多大学、公司等研究机构正在进行配合比设计的研究工作。

（2）现场冷再生的质量不如集中厂拌再生可靠，旧路面的材料状况影响再生路面的性质。如果旧路面的材料性质比较一致，再生后的路面会比较均匀；如果旧路面材料变化较大，设计施工中应根据不同路段的情况调整配比和施工工艺，以获得均匀一致的路面，这往往取决于工程人员的经验和施工工艺的应变能力。

（3）现场冷再生的工艺需要相对温暖、干燥的施工环境，气候条件要求高。

（4）现场冷再生的路面水稳性差，易受水分的侵蚀而剥落，因此需要一个封层或热拌沥青混凝土罩面层。

（5）为了获得足够的强度，乳化沥青冷再生路面通常需要两周的养生时间。

（6）通常沥青路面的铣刨深度为 10～15cm，这样可以消除反射裂缝。根据旧路面开裂的情况，现场冷再生可能会侵入一部分基层材料，这样很难保证再生后路面的均匀性。

3. 工厂热再生技术

1）概述

厂拌热再生是一种较为成熟的技术，能提供及时的道路养护和修复，对现有设备只需进行较小的改动。工厂热再生技术是将旧的沥青面层混合料切削回收，集中到再生拌和厂，再根据旧沥青混合料技术性能的变化，掺入不同的添加材料；然后拌和成符合路面技术性能要求的再生混合料，运入施工现场，摊铺并碾压成为新的沥青路面。

工厂热再生出来的沥青混合料常用做高等级公路的中、下面层或一般公路的各结构层。一般在再生热沥青混合料中，沥青再生材料的用量可达 10%～30%。与常规的热拌沥青混合料相比，再生热沥青混合料有着相同甚至更好的性能。

2）厂拌热再生的优点

（1）再生混合料的性能与传统的混合料性能相同或比其更优，可用于沥青路面的表层。

(2)再生沥青路面可以重复使用旧沥青路面材料,减少新材料的用量,节约自然资源,减少废料处理问题并降低相关费用,具有较高的经济性。

(3)厂拌热再生技术可以用来修正原沥青路面的设计问题,使其性能优化,且可修复路表面绝大多数的破坏,如松散、泛油、集料磨光、车辙和裂缝等。

(4)通过添加新的集料、沥青或添加剂改善原混合料的级配和沥青问题,可以在厚度不变或变化较小的情况下改善路面结构。

(5)可以维持原路面的线形和高程不变。

(6)再生热拌沥青混合料的运输、摊铺和碾压设备及施工工艺与传统的热拌沥青混合料基本相同,只需要对现有的机械设备作较小的改动,且可以满足现有的环保要求。

3)厂拌热再生的局限性

(1)一般的厂拌热再生混合料中回收的沥青混合料用量较少,仅为混合料总量的10%~30%。

(2)厂拌热再生混合料生产过程中的产量和生产效率受沥青混合料用量的影响。

(3)厂拌热再生施工队对交通的干扰较大。

(4)混合料运输的费用较高。

(5)厂拌热再生混合料的摊铺温度比传统的热拌沥青混合料略低,这主要是为了避免出现拌和楼中混合料加热温度过高的现象。由于厂拌热再生混合料的出料温度略低,再生混合料比一般混合料硬,因此可供碾压的时间也略为减少。

4)热拌再生沥青混合料配合比

热拌再生沥青混合料配合比应按下列步骤进行设计。

(1)旧料分析与新旧沥青掺配。

①将破碎后的旧料按《公路工程沥青及沥青混合料试验规程》(JTG E20—2011)规定的方法作抽提分析,计算旧沥青含量和旧矿料的颗粒组成。

②对被抽提出的旧沥青溶液按《公路工程沥青及沥青混合料试验规程》(JTG E20—2011)规定的方法回收旧沥青,测定旧沥青的针入度、延度和软化点等质量指标。

③在回收沥青针入度小于20、大于10,回收沥青路面材料(RAP)材料掺配比例不超过20%的情况下,原则上优先使用较高针入度标号的新沥青(A-90、A-110 或更高针入度等级)掺配调和。若高标号沥青在使用地区供应困难时,则考虑使用再生剂。

再生剂应根据回收沥青路面材料(RAP)中沥青老化程度、沥青含量、回收沥青路面材料(RAP)掺配比例、再生剂与沥青的配伍性,综合选择再生剂品种。沥青再生剂,宜满足表8-5-2的要求。

热拌沥青混合料再生剂质量要求 表8-5-2

检验项目	RA-1	RA-5	RA-25	RA-75	RA-250	RA-500	试验方法
60℃黏度(mm^2/s)	50~175	176~900	901~4 500	4 501~12 500	12 501~37 500	37 501~60 000	T 0619
闪点(℃)	≥220	≥220	≥220	≥220	≥220	≥220	T 0633
饱和分含量(%)	≤30	≤30	≤30	≤30	≤30	≤30	T 0618
芳香分含量(%)	实测	实测	实测	实测	实测	实测	T 0618
薄膜烘箱试验前后黏度比	≤3	≤3	≤3	≤3	≤3	≤3	T 0619

续上表

检验项目	RA-1	RA-5	RA-25	RA-75	RA-250	RA-500	试验方法
薄膜烘箱试验前后质量损失(%)	±4	±4	±3	±3	±3	±3	T 0609 或 T 0610
15℃密度(g/cm³)	实测	实测	实测	实测	实测	实测	T 0603

④将含有再生剂的旧沥青掺入符合质量要求的新沥青,测定针入度、延度和软化点等质量指标。

⑤按沥青材料质量的技术要求,确定新、旧沥青掺配比例。如经反复试验,调整新、旧沥青掺配比例仍达不到质量要求时,该旧沥青不能用于再生沥青。

(2)根据上述方法确定新、旧沥青掺配比例,选定新矿料与沥青混合料的配合比例,并根据新矿料的颗粒组成,计算新矿料的用量。

(3)对破碎的旧料先按上述方法确定的再生剂用量进行喷洒拌和;后按上述方法确定的再生沥青混合料级配和根据本地区经验初定混合料的沥青用量,扣除旧料的旧沥青含量后作为新沥青用量的中值,每次增减0.5%新沥青用量制备混合料试件进行马歇尔试验。根据试验结果和马歇尔试验技术标准确定再生沥青混凝土的最佳沥青用量。在路面铺筑过程中,如材料发生变化,抽检的马歇尔试验结果未达到技术标准时,应调整新旧料比例或新沥青用量。

5)热拌再生沥青混合料的施工工艺

(1)施工流程,如图8-5-2所示。

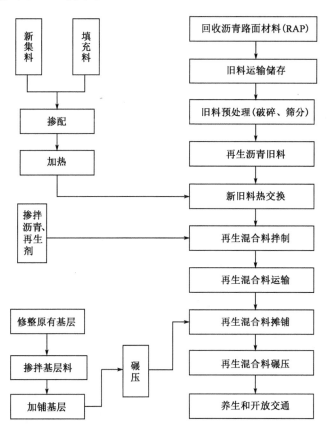

图8-5-2 热拌再生沥青混合料的施工工艺流程

(2)施工工艺如下：

①回收沥青路面材料(RAP)。

a. 在回收 RAP 之前，应根据旧路面调查及 RAP 材料评价结果(沥青含量、老化程度和集料级配分布情况)预先确定铣刨段落，分段分车道回收。

b. 回收沥青路面材料(RAP)的回收宜采用能对层厚自动控制的新型铣刨机回收；如果没有精确铣刨机或不需分层回收 RAP 时，也可用普通冷铣刨、机械开挖等方式，应减少材料变异。

c. 回收沥青路面材料(RAP)在回收和存放时不得混入基层废料、水泥混凝土废料、杂物、土等杂质。为避免混入其他结构层材料和杂物，应根据旧路面设计资料和抽芯取样的结果确定铣刨厚度，并且在铣刨过程中随时观察 RAP 和铣刨面的外观，发现异常时应及时调整铣刨厚度。

②回收沥青路面材料(RAP)的预处理和堆放。《公路沥青路面再生技术规范》(JTG F41—2008)规定，不允许直接使用未经预处理的回收沥青路面材料(RAP)。RAP 的预处理主要是指 RAP 的破碎、筛分。

a. 使用推土机、装载机等机具将一个料堆的回收沥青路面材料(RAP)充分混合；然后用破碎机或其他方式进行破碎，应使回收沥青路面材料(RAP)最大粒径小于再生沥青混合料最大公称粒径，不应有超粒径材料。

b. 根据再生混合料的最大公称粒径合理选择筛网尺寸，将处理后的回收沥青路面材料(RAP)筛分成不少于两档的材料。

c. 经过预处理的回收沥青路面材料(RAP)，可用装载机等将其转运到堆料场均匀堆放；转运和堆放过程中应避免回收沥青路面材料(RAP)离析。

d. 不同来源、不同结构层或经分析需要分开的不同段落的回收沥青路面材料(RAP)，应进行分类储存，防止混杂。

e. 为避免阳光直射导致回收沥青路面材料(RAP)受热重新结块，同时防止雨淋使回收沥青路面材料(RAP)含水率过高。回收沥青路面材料(RAP)应搭盖大棚(禁止用帆布直接覆盖料堆的方式代替大棚)，并在大棚周边建立良好的防、排水系统。

f. 回收沥青路面材料(RAP)应避免长时间的堆放，料仓中的回收沥青路面材料(RAP)应及时使用。若储存时间较长，料堆的高度一般以 2~3m 为宜，防止自重压实导致回收沥青路面材料(RAP)材料重新结块。

g. 为提高回收沥青路面材料(RAP)的均匀性，宜使用小型推土机或铲车(自重不宜太大，防止 RAP 材料压实)摊开逐层堆料；使用回收沥青路面材料(RAP)时，应从料堆的一端开始在全高范围内铲料。

③再生混合料拌制。

a. 厂拌热再生沥青混合料可以选用间歇式拌和设备或连续式拌和设备进行拌制，拌和设备必须具备回收沥青路面材料(RAP)的配料装置和计量装置。使用间歇式拌和设备时，当回收沥青路面材料(RAP)掺量大于10%，宜增加回收沥青路面材料(RAP)烘干加热系统。

b. 回收沥青路面材料(RAP)料仓数量应不少于 2 个，料仓内的回收沥青路面材料(RAP)含水率应不大于3%。

c. 厂拌热再生沥青混合料的生产温度与拌和时间应根据拌和设备的加热干燥能力、回收沥青路面材料(RAP)含水率、再生沥青混合料的级配、新沥青的黏温曲线等综合确定，以不加剧回收沥青路面材料(RAP)的再老化,提高生产能力,降低能耗,并生产出均匀稳定的沥青混合料为原则。

d. 厂拌热再生沥青混合料拌制的具体要求:

使用间歇式拌和设备时,应适当提高新集料的加热温度,但最高不宜超过200℃。使用间歇式拌和设备时,干拌时间一般比普通热拌沥青混合料延长5~10s,总拌和时间比普通热拌沥青混合料延长15s左右。再生混合料出料温度应比普通热拌沥青混合料高5~15℃。回收沥青路面材料(RAP)加热时不得直接与火焰接触。厂拌热再生沥青混合料拌制的其他要求,应符合现行《公路沥青路面施工技术规范》(JTG F40—2004)对热拌沥青混合料路面的规定。

④施工过程控制。

厂拌热再生沥青混合料的施工准备、运输、摊铺、压实、养生、开放交通、工程质量控制等,均与不添加RAP的热拌沥青混合料一样,按照《公路沥青路面施工技术规范》(JTG F40—2004)中对热拌沥青混合料路面的规定进行施工即可。此外,施工过程需要增加对废旧沥青路面材料(RAP)的级配和含水率的检查,见表8-5-3。

施工过程中 RAP 质量检查　　　　　　表 8-5-3

材　　料	检 查 项 目	要　求　值	检 查 频 率
RAP	RAP级配	符合设计要求	每天1次
	RAP的含水率(%)	<3	每天1次

由于厂拌热再生沥青混合料含有RAP,混合料的劲度相对较高,混合料的摊铺温度宜比热拌沥青混合料高5~15℃;压实温度宜比热拌沥青混合料高5~10℃。

4. 工厂冷再生技术

1) 概述

工厂冷再生是将旧的沥青路面切削回收,集中到再生拌和厂,采用乳化沥青或水泥与旧料和新集料在常温下拌和成混合料,经摊铺、碾压而成沥青路面的施工方法。

若回收的是半刚性基层材料,可采用水泥与旧料和新集料在常温下拌和成混合料,用做基层或底基层。其施工工艺同半刚性基层材料的施工。

若回收的是沥青面层材料,采用乳化沥青与旧料和新集料在常温下拌和成混合料,用做高等级公路的下面层、基层或底基层,或用做一般公路的面层或基层。

对冷拌再生材料进行试验非常重要。可以使用多种冷再生剂或乳化液将旧沥青胶结料的性能恢复至接近原有状态。将回收材料研磨成适宜的尺寸;然后通过试验确定适量的添加剂,再摊铺、碾压到要求的密度,表面再以热沥青薄层罩面、表面处治层等罩面。

2) 工厂冷再生的适用性

冷再生需要较高的生产率,对混合料级配控制较严格。旧沥青面层料堆适合厂拌生产或因某些原因旧路面材料需运走,现场冷再生不作考虑时可选择工厂冷再生。

工厂冷再生可用于沥青路面结构性破坏时的重建,修复面层和基层的病害。这些破坏包括:横向裂缝、车辙、坑洞、表面不规则破坏或上面几种破坏的综合。冷厂拌再生的最大优点在于:在不改变路面横向、纵向几何特征的情况下,对路面的病害有显著的改善;冷厂拌再生也可改善路面的几何线形和修复任何类型的裂缝。冷厂拌再生的路面一般能满足正常的需要,但为了防止冷厂拌再生路面发生水损害以及分散交通荷载作用的需要,常常在冷厂拌再生路面上加铺一层热拌沥青混合料。

单元训练

1. 沥青路面再生技术的概念和分类是哪些？
2. 沥青路面再生原理是什么？
3. 热拌再生沥青混合料配合比的设计步骤有哪些？
4. 请简述厂拌热再生的优点和局限性。

项目九　水泥混凝土路面改善和再生利用

▶ **学习目标**

（1）能够描述薄层水泥混凝土罩面、水泥混凝土罩面刻槽的施工工艺；
（2）能够描述铺设沥青磨耗层，采用稀浆封层和改性稀浆封层进行处治的施工工艺；
（3）能够描述加铺层结构形式选择和各类加铺层适用的技术条件；
（4）能够描述水泥混凝土路面加铺的施工工艺；
（5）能够描述旧水泥混凝土路面再生利用的方法、技术要求和施工工艺。

▶ **任务描述**

参加水泥混凝土路面的改善处治和再生利用；根据路面状况，制订出相应的改善方案和再生利用方案。

▶ **学习引导**

观察需要处理的水泥混凝土路面→学习水泥混凝土路面改善和再生利用的基础知识→参加水泥混凝土路面改善和再生利用工作→确定路面状况→讨论制订改善方案和再生利用方案。

单元一　水泥混凝土路面表面功能恢复

单元要点

（1）薄层水泥混凝土罩面的施工工艺；
（2）水泥混凝土罩面刻槽的施工工艺；
（3）铺设沥青磨耗层的施工工艺；
（4）采用稀浆封层和改性稀浆封层进行处治的施工工艺。

相关知识

水泥混凝土路面通车 3～5 年，路面表面会出现磨光和露骨现象；尤其是在耐磨性较差的粗集料、强度不高的水泥和混凝土强度偏低的情况下，路面表面磨损较为突出，影响路面的使用功能。为此，通常采用铺水泥砂浆层、沥青磨耗层和刻槽的方法来改善和恢复水泥混凝土路面表面功能。

一、薄层水泥砂浆罩面

对局部板块出现的露骨，可采用薄层水泥砂浆混凝土罩面。其施工工艺如下：
（1）用风镐凿除水泥混凝土面板表面，凿除深度为 5cm。
（2）清除水泥混凝土碎屑和松散块，用高压水冲洗水泥混凝土板块毛面，用压缩空气清除水泥混凝土板块表面水分。

（3）在现浇混凝土板边立模。

（4）在水泥混凝土毛面上按 1kg/m² 涂上一层界面黏结剂。界面黏结剂有较好的黏结性能，黏结强度高达 4.75MPa。界面黏结剂分 A、B 二组分，施工时现配现用，比例为：A 组分：B 组分 = 10：1.5。

（5）配制快速修补的混凝土。

①SC-Ⅱ水泥砂浆。

SC-Ⅱ水泥砂浆修补剂具有耐磨性好、无收缩、抗冻性好，并且颜色与普通混凝土基本一致，无明显差异的特点。其技术指标如下：

a. 密度：2.9g/cm³。

b. 细度：6.2%。

c. 颜色：浅灰色。

②JK-24 水泥混凝土配合比。

a. 原材料：42.5 级普通水泥；中砂；5～20mm 石子；饮用水。

b. 配合比：水泥：修补剂：水：砂：石子 = 1：0.16：0.35：1.2：2。

c. 试验数据。

坍落度：10mm。

凝结时间：初凝 1.55h，终凝 2.5h。

泌水率：1.2%。

抗压强度如表 9-1-1 所示。

抗 压 强 度 表　　　　　　　　　表 9-1-1

龄期（d）	1	2	3	7	28
抗压强度（MPa）	26.4	38.4	43.9	58.9	62.3

d. 采用强制式搅拌机拌和 60～90s。

e. 采用人工摊铺，平板振捣器振捣密实，振动梁找平，人工抹面、压纹。混凝土拌制后使用时间一般不超过 1.5h。

f. 修补混凝土摊铺后 2h，对修补的混凝土采用养护剂保湿养生 24h。

二、刻槽

对于弯道、陡坡等磨光的路段，可采用刻槽的方法进行处治，以恢复水泥混凝土路面表面功能。其工艺如下：

1. 刻槽工具

采用自行式刻槽机进行刻槽（图 9-1-1）。使用圆盘形的金刚石刀片、碳化钨冲头等，在路面上切成窄槽。这种方法可以防止雨天路面打滑现象。

2. 防滑槽刻制方向

防滑槽刻制的方向主要有下列两种：

（1）纵向刻槽，可以防止横向滑动与横向风力所造成的事故。

图 9-1-1　刻槽机

(2)横向刻槽,对缩短制动距离效果较好,适用于陡坡路段、交叉路口附近等。在路线纵向或横向指定的方向上,安置导向轨道,将导向轮扣在导向轨道上,实施刻槽作业。

3. 防滑槽尺寸和槽距

防滑槽可根据刀片的宽度来选定适宜的形状。一般常用的刻槽深度为 3~6mm,槽宽为 3~6mm,缝距为 19~50mm,见表9-1-2。

水泥混凝土路面刻纹机规格及型号　　　　　　　　　表9-1-2

类别名称 \ 型号	混凝土路面刻纹机 CW—450	混凝土路面刻纹机 CW—600	混凝土路面刻纹机 CW—1000	混凝土路面刻纹机 CW—1200
专利号	ZL92234168.0	ZL92234168.0	ZL97121725.8	ZL96200834.6
主电机功率(kW)	7.5	11	11	7.5/11
一次性刻纹幅宽(mm)	450	600	1 000	1 200
行走电机型号	Y801—4	Y801—4	Y905—4	Y905—6
行走电机功率(kW)	0.55	0.75	1.1	0.75
刻纹深度(mm)	3~8	3~8	3~8	3~8
纹缝宽度(mm)	3~6	3~8	3~8	3~8
行走速度	Ⅰ挡 Ⅱ挡	Ⅰ挡 1.8m/min Ⅱ挡 2.1m/min	Ⅰ挡 1.3m/min Ⅱ挡 1.8m/min	Ⅰ挡 1.2m/min Ⅱ挡 3.8m/min
主要性能及特点	操作简单、灵活方便	速度快、效率高,有仿形轮控制切割深度,不受平整度的影响	机械化程度高,效率高、移动方便,可任意转向;设有增压水泵冷却,手动供油系统和切割深度限位装置	机械化程度高,两组刀排同时工作,施工效率明显提高;超宽悬挂式导轨,刻纹方向应精确调整;路面横向刻纹一次性完成,无须掉头操作,无须另设托架。增压水泵有冷却锯片和冲洗路面的功能

4. 刻槽作业

刻槽作业时,应由高向低逐步推进。

三、沥青磨耗层罩面

对于水泥混凝土路面较大范围的磨光或露骨可铺设沥青磨耗层。其工艺如下:

(1)对水泥混凝土板块进行修整和处理。在沥青磨耗层铺筑前,水泥混凝土路面应干燥、清洁,不得有尘土、杂物或油污。

(2)在水泥混凝土路面表面喷洒 0.4~0.6kg/m² (沥青含量)的黏层沥青,可采用热沥青、乳化沥青,尽可能采用快型裂型乳化沥青。

(3)采用沥青洒布车喷洒黏层沥青。在路缘石、雨水进水口、检查井等局部位置与沥青面层接触处用刷子人工涂刷。

(4)喷洒黏层沥青应符合下列要求:

①喷洒黏层沥青应均匀洒布或涂刷,喷洒过量处应予刮除。

②当气温低于10℃或路面潮湿时,不得喷洒黏层沥青。

③喷洒黏层沥青后,除沥青混合料运输车辆外,严禁其他车辆、行人通过。

④黏层沥青洒布后,应立即铺筑沥青层;乳化沥青应待破乳、水分蒸发完后铺筑沥青层。

(5)沥青磨耗层采用砂粒式沥青混凝土,厚度一般为1.0~1.5cm。矿料级配及沥青用量,见表9-1-3。

砂粒式沥青混合料级配及沥青用量范围(方孔筛) 表9-1-3

通过下列筛孔的质量百分率(%)								沥青用量
9.5	4.75	2.36	1.18	0.6	0.3	0.15	0.075	%
100	95~100	55~75	35~55	20~40	12~28	7~18	5~10	6.0~8.0

四、稀浆封层

对大面积露骨或磨光的路段,可采用稀浆封层进行处治。

稀浆封层矿料级配及沥青用量范围,见表9-1-4。

乳化沥青稀浆封层矿料级配及沥青用量范围 表9-1-4

筛孔 通过量	筛孔尺寸(mm)		级配类型
	方孔筛	圆孔筛	ES—3
通过筛孔的质量百分率(%)	9.5	10	100
	4.75	5	70~90
	2.36	2.5	45~70
	1.18	1.2	28~50
	0.6	0.6	19~34
	0.3	0.3	12~25
	0.15	0.15	7~18
	0.075	0.075	5~15
沥青用量(油石比)(%)			6.5~12
平均厚度(mm)			4~6
混合料用量(kg/m²)			>8

(1)稀浆封层的施工温度不得低于10℃,路面表面要清洁、干燥。稀浆封层矿料级配及沥青用量应符合相关规范规定。

(2)稀浆封层机施工时应匀速前进,稀浆封层厚度应均匀、表面平整。稀浆封层机摊铺时应保持槽内有近半槽稀浆,摊铺过程中出现局部稀浆过厚,要用橡皮板刮平;稀浆过少时,应用铁铲取浆补齐。流出的乳液要用刮板刮平,摊铺起、终点接头处须平直整齐。

(3)稀浆封层铺筑后到成型前应封闭交通。

(4)开放交通初期应有专人指挥,控制车速不得超过20km/h,并不得制动和掉头。

五、改性稀浆封层

普通的稀浆封层厚度一般为3~6mm;改性稀浆封层的厚度可达9.5~11mm。改性沥青稀浆封层的施工程序与普通稀浆封层基本相同,但必须使用具有储料、送料、拌和、摊铺计量控制等功能的稀浆封层机。将各种原材料的储存、运输、计量、拌和、摊铺、整平及其控制系统集中于一台载重车底盘上,按比例要求,用很短时间制成混合料,并摊铺在路面上。这种改性稀浆封层机的构造,如图9-1-2所示。

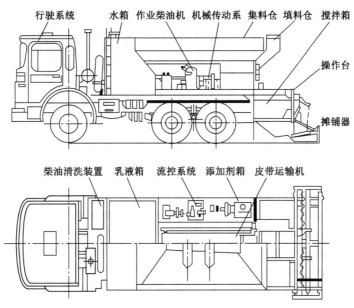

图 9-1-2 改性稀浆封层机

改性稀浆封层混合料配合比,见表 9-1-5 所示。

改性稀浆封层混合料配合比　　　　　　　表 9-1-5

材料种类	配合比(质量比)	材料种类	配合比(质量比)
集料	100	水泥	0~3
慢裂快凝改性乳化沥青	10~14	水	6~12

1. 改性稀浆封层混合料原材料的质量要求

(1)矿料。应符合《公路沥青路面施工技术规范》(JTG F40—2004)的有关规定。集料的颗粒粒径组成,应符合改性稀浆封层集料级配要求,压碎值不大于28%,洛杉矶磨耗值小于30%,吸水率小于2%,沥青黏附性大于4级,针片状含量小于10%,砂当量大于60%,集料外形呈立方体。

(2)改性乳化沥青。其质量要求,应符合表 9-1-6 的要求。

改性乳化沥青的质量要求　　　　　　　表 9-1-6

检验项目		指标要求
恩格拉黏度(25℃)		3~60
筛上剩余量(0.8mm)(%)		0.3 以下
离子电荷		+(阳性)
蒸发残余物含量(%)		60 以上
蒸发残余物性质	针入度(100g,25℃,5s)(0.1mm)	不大于100
	软化点(℃)	45~50
	延伸度(15℃)(cm)	30 以上
	溶解度	97.5%
	黏韧性(25℃)(N·m)	3.0 以上
	韧性(25℃)(N·m)	2.5 以上
储存稳定性(24h)(%)		1.0 以下
拌和试验		>120s(慢裂快凝)
黏附试验		>2/3

改性稀浆封层必须采用慢裂快凝的改性乳化沥青,在标准气温25℃时,拌和时间不少于120s。当气温为30℃时,拌和时间应不少于180s。拌和后的混合料、沥青能均匀地裹覆在集料表面上,没有花白现象;拌完的混合料在手中用力攥紧,能攥出水并黏结成黑球,落地后不散。

(3)填料。要求填料(水泥、粉煤灰、石灰粉)等要干燥、松散、没有结块,不含泥土杂质,并且通过0.074mm筛孔。

(4)水。可用饮用水。

2. 改性稀浆封层的准备工作

(1)原路面的修补。收集原路面平整度、弯沉值、摩擦系数、裂缝等资料,对坑槽、开裂等病害,封层前进行水泥砂浆板下封堵、改性乳化沥青灌缝等工作。

(2)清洗原路面。为保证封层与原路面接合成整体,封层前一定要将原路面冲洗干净,不得有泥土、鸟粪、浮尘。先人工清扫,再用森林灭火器吹,最后用高压水冲洗。

(3)喷洒黏层沥青。在水泥混凝土路面上按沥青用量$0.15 \sim 0.3 kg/m^2$喷洒黏层沥青。

(4)施工放样画线。按照每次施工设定封层的宽度要求,用白石灰画线,为车前导向做出导向标志。

(5)交通管制。为了保证施工安全,应设置封闭交通及限制交通标志柱。

(6)专用机械的调试与检修。对改性稀浆封层机的计量、检查、拌和、摊铺、清洗等各个系统作调试、标定与检修。不仅要保证各个装置的工作正常,而且要求操作人员技术熟练并与驾驶人员协同配合,密切合作。

(7)临时原料供应基地。为使改性沥青稀浆封层机能持续不断地施工,必须在离施工现场不远的地方(或道班)设置原材料临时供应基地(供应集料、改性乳化沥青、水泥、外加剂、水等),保证为改性沥青稀浆封层机尽快地补充各种原材料。同时在此基础上筛分集料,保证集料级配组成,并且集料最大粒径不超过标准。

3. 改性稀浆封层的摊铺施工

(1)配比调整。通过室内试验与计量标定(作出4条曲线、8个表),做好准备工作。然而,改性稀浆封层现场开始施工阶段,由于现场的气候与集料的情况变化较大,室内外条件瞬息多变,混合料的破乳与凝固速度不断变化,因而在室内选下的配合比数据,必须结合现场情况,作进一步调整,然后确定现场最适合的配比。但是,该配比会随着气候改变,操作人员必须熟练地掌握变化规律。

(2)工艺流程。封闭施工路段→清洗原路面→喷洒黏层沥青→施工放样→各种原料、机械设备、训练有素的工人的准备→摊铺施工→早期养护或轮胎碾压→开放车辆通行。

(3)早期养护。刚铺完的稀浆封层,采取各种措施封闭交通,保证早期养护,禁止行车碾压。待混合料达到初凝时(黏聚力大于12kg·cm时)或摊铺后0.5h,可用10t轮胎压路机碾压(不能用钢轮压路机)。因为碾压后可把封层中析出的水挤出,提高封层的密实度与强度,加快开放行车时间,提高封层抗制动能力,消除纵缝与横缝的不平。此后1h可开放交通(黏聚力值大于20kg·cm)。

4. 改性稀浆封层施工后的检查及验收

(1)检查封层的厚度,可按表9-1-7的规定进行检测;也可按每日消耗材料的数量,再按实际摊铺的面积(长×宽)计算封层摊铺厚度。

改性稀浆封层施工外业检测表　　　表9-1-7

检验项目		规定值或允许偏差	检　测
厚度		±2mm	每100m² 为一段，每段在路中及两侧各测1处
宽度		≥设计宽度，≤10mm	每公里(km)测5点，每点用皮尺抽查3处
平整度		不大于5mm	每公里(km)用3m直尺检查1处，每处连续量10尺，每尺检测1点
横坡度		±0.5%	每公里(km)测5点，每点用水准仪测量3处
油石比		±0.5%	每3 000m² 检测1处并做抽提试验
渗水系数		<20mL	每3 000m² 检测1处并做渗水试验
摩擦系数	高速公路、一级公路	52～55	每3 000m² 检测2处，用摆式仪测定摆值
	二级公路	47～50	
构造深度	高速公路、一级公路	0.6～0.8mm	每500m检测5处，用铺砂法测定
	二级公路	0.4～0.6mm	
外观		无松散、无测痕、无轮迹、无裂缝、平整密实	全面观察，并每公里(km)抽查200m

(2)封层后路面的检测，一般应在行车3个月后进行；尤其是路面的平整度、透水系数、摩擦系数、构造深度等，需要经过一段时间的行车考验。

单元训练

1．简述薄层水泥混凝土罩面的施工工艺。
2．简述水泥混凝土罩面刻槽的施工工艺。
3．铺设沥青磨耗层的施工工艺是哪些？
4．采用稀浆封层和改性稀浆封层进行处治的施工工艺有哪些？

单元二　水泥混凝土加铺层

单元要点

(1)水泥混凝土加铺层结构形式选择和各类加铺层适用的技术条件；
(2)水泥混凝土路面加铺施工工艺；
(3)钢纤维混凝土路面、钢筋混凝土路面、连续配筋混凝土路面加铺施工工艺。

相关知识

一、旧水泥混凝土路面技术调查

在对旧水泥混凝土路面进行加铺前，应对原有水泥混凝土路面作下列技术调查：
(1)年平均交通量、交通组成及增长率。
(2)公路修建与养护的技术资料。
(3)原有路面结构、宽度、厚度及路拱情况。

(4)原有路面状况的评定。

(5)路基的填土高度、地下水位、多年平均最大冻深、排水与积水状况等。

(6)旧混凝土弯拉强度与弯拉弹性模量、旧混凝土路面面板的厚度、基层顶面的当量回弹模量的调查。

二、水泥混凝土路面加铺层结构形式选择

1. 加铺层结构形式

在旧水泥混凝土路面上,加铺的水泥混凝土路面面层,有结合式、直接式和分离式三种。

(1)结合式加铺层。即对原路面进行凿毛,并清洗干净,涂以黏结剂,随即浇筑加厚层。加厚层与旧路面相黏结为一个整体,共同发挥结构的整体强度作用。可用等刚度法按结合式进行应力计算与厚度设计。结合式加铺层厚度不小于10cm。

(2)直接式加铺层。它是在清洗干净的原路面上,不涂黏结剂,也不凿毛,直接浇筑水泥混凝土。由于新、旧路面之间的摩擦阻力作用,因而且有一定的结构整体性。层间接合能力介于结合式与分离式之间。直接式加铺层厚度不小于14cm。

(3)分离式加铺层。即在旧路与加铺层之间设置一隔离层,各层混凝土独立地发挥其强度作用。但隔离层为油毡时,其隔离层厚度很小,应起的垂直变形可以忽略不计,直接进行加厚层的应力分析与厚度设计。分离式加铺层厚度不小于18cm。

2. 加铺层结构形式选择

水泥混凝土加铺层的结构形式,应根据旧混凝土路面状况的分级情况、接缝布置及路拱等条件,可选择结合式、直接式和分离式加铺层。

(1)结合式加铺层适用情况。当旧路面状况分级为"优",且路面的结构性损坏已经修复、路拱坡度基本符合要求、板的平面尺寸及接缝布置合格时,可采用结合式加铺层。加铺层铺筑前应对旧混凝土表面凿毛并仔细清洗,清除旧混凝土表面的油污、剥落板块及接缝中的杂物,重新封缝,并在洁净的旧混凝土路面上涂刷水泥浆、水泥砂浆或环氧树脂等。

(2)直接式加铺层适用情况。当旧路面的状况分级为"良""中",且路面的结构性损坏已经修复、路拱坡度基本符合要求,板的平面尺寸和接缝布置合理时,宜采用直接式加铺层。加铺层铺筑前应对旧混凝土表面仔细清洗,清除旧混凝土表面的油污、剥落碎块及接缝中的杂物,并重新封缝。

(3)分离式加铺层适用情况。当旧路面的状况分组为"次""差",或新、旧混凝土板的平面尺寸不同、接缝位置不完全一致,或新、旧路面的路拱坡度不一致时,均应采用分离式加铺层。加铺层铺筑前应对旧路面中严重破碎、脱空、裂缝继续发展的板击碎并清除,用混凝土补平。隔离层材料采用油毡、沥青砂、细粒式沥青混凝土等稳定性较好的材料。

三、旧水泥混凝土路面处理

1. 绘制病害平面图

对旧水泥混凝土路面板块进行调查,按1km绘制板块平面布置图,分板块逐一编号,调查路面板块损坏状况,绘制水泥混凝土路面病害平面图。

2. 按设计要求对病害板块逐一进行处理

(1)对脱空板块可采用板下封堵的方法进行压浆处理。

(2)对破碎板块、角隅断裂、沉陷、掉边、缺角等病害,用液压镐或风镐挖除,清除混凝土碎屑,整平基层,将基层夯压密实;然后铺筑与旧混凝土板块等强度的水泥混凝土。其高程控制与旧混凝土板面齐平。

四、设置隔离层

在旧混凝土顶面宜铺筑一层隔离层。铺筑前应做好下列工作:
①铺筑前应先清除旧面板表面杂物,冲刷尘污,使板面洁净无异物。
②用清缝机清除水泥混凝土面板接缝杂物,用灌缝机灌入接缝材料。

1. 喷洒黏层沥青

(1)为做到便于施工,又不影响交通,在可封闭交通进行施工的路段,施工路段长度控制在2 000m;在半幅通车、半幅施工路段,长度控制在300m。
(2)清除旧混凝土路面板表面杂物,冲刷、清洗油污,使板面洁净无杂物。
(3)黏层沥青采用热沥青或乳化沥青。使用乳化沥青时,宜采用快裂洒布型乳化沥青PC-3、PA-3;乳液中沥青含量不少于50%,乳化沥青用量为0.6kg/m²。
(4)应随隔离层摊铺速度相应先行洒布涂刷黏层沥青。沥青应均匀洒布或涂刷在干燥洁净的旧混凝土面板上,沥青以不流淌为宜,沥青洒布过量处,应予刮除。
(5)严禁在已洒布或涂黏层沥青的面板上通行车辆和行人,并防止土石等杂物散落在黏层沥青层上。
(6)黏层沥青洒布或涂刷后应紧接着进行隔离层施工,采用乳化沥青时应在破乳后,才能摊铺隔离层。

2. 沥青混凝土隔离层

(1)沥青混凝土隔离层厚度控制在1.5~2.5cm。其材料技术要求,集料的组成和施工工艺要求,应符合《公路沥青路面施工技术规范》(JTG F40—2004)的要求。
(2)沥青混凝土摊铺宽度应超过水泥混凝土加铺层边缘,不应出现空白区。
(3)采用轮胎压路机进行碾压。压路机自路边向路中心碾压,边压边找平,至沥青混凝土隔离层平整无轮迹为止。

3. 土工布隔离层

(1)在水泥混凝土路面上满铺土工布。边铺边用木棍推压平整。
(2)土工布纵横向搭接宽度为20cm。在土工布搭接部分涂刷热沥青。
(3)铺好的土工布隔离层,严禁非施工车辆和行人通行,要保持土工布隔离层洁净;铺筑混凝土时应避免施工车辆和人员对土工布隔离层的损坏。
(4)严禁施工车辆在土工布上制动、转弯、掉头。若发现土工布黏结不牢,要用剪刀剪开,并涂刷沥青,重新粘贴土工布。

4. 沥青油毡隔离层

(1)采用不低于350号的石油沥青纸胎油毡,其技术要求应符合现行国家标准《石油沥青纸胎油毡》(GB/T 326—2007)的规定。
(2)油毡隔离层由一毡一油结合而成;板面裂缝较多又欠平整,宜采用二毡二油;若破裂或沉陷深度大于10mm时,先采用沥青砂找平后再摊铺油毡隔离层。
(3)在水泥混凝土路面上满铺普通沥青油毡。油毡应纵向摊铺,每幅搭接宽度不小于

10cm;每层油毡的搭接位置应错开,在沥青油毡搭接部分涂刷热沥青;摊铺时边铺边用滚筒碾平压实,务必使油毡紧贴。

(4)铺好的油毡隔离层,严禁车辆和行人通行,并保持洁净。铺筑加铺层时应避免施工机械和人员对油毡隔离层的破坏,发现损坏应及时修整。

五、直接式接合面处理

1. 清洁面板

清扫旧混凝土面板表面杂物,冲刷尘土泥污,使面板洁净无异物。

2. 旧混凝土面板处理

采用直接式加铺层的路段,其板面应基本完好、平整。旧混凝土面板局部裂缝处加铺水泥混凝土,应采用钢筋网片补强。钢筋网片多覆盖于裂缝之上,超过裂缝位置不小于50cm。网片设置于加铺层底部,但距板底面不小于5cm,如图9-2-1所示。

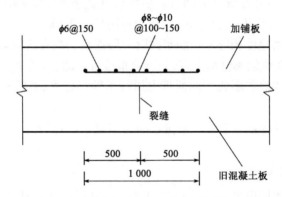

图9-2-1 裂缝处钢筋补强布置图(尺寸单位:mm)

六、结合式接合面处理

(1)清扫旧混凝土板面杂物。

(2)用风镐人工凿除旧混凝土板面,凿毛深度为5cm。

(3)用压缩空气吹除旧混凝土碎屑,人工清除旧混凝土板裂隙碎块。

(4)用高压水冲洗混凝土板毛面。

(5)用压缩空气吹除混凝土毛面积水。

(6)按$1kg/m^2$用量涂刷水泥混凝土界面黏结剂。

七、旧水泥混凝土板块维修质量检验评定

对修补后的水泥混凝土板块,应经检验评定合格后,方可进行加铺层施工。旧水泥混凝土板块维修质量检验评定标准,见表9-2-1。

八、水泥混凝土加铺层施工

1. 分离式加铺层

(1)水泥混凝土加铺层厚度应通过计算确定,但水泥混凝土加铺层的最小厚度不得小于18cm。

旧水泥混凝土板块维修质量检验评定标准 表 9-2-1

项次	检查项目	规定值	检查方法	规定分
1	板块压浆强度(MPa)	≥5	按《公路工程水泥及水泥混凝土试验规程》(JTG E30—2005)的要求检查	15
2	弯沉值(0.1mm)	符合设计	采用5.4m贝克曼梁测定板边弯沉	30
3	抗弯拉强度(MPa)	符合设计	按《公路工程水泥及水泥混凝土试验规程》(JTG E30—2005)的要求检查	30
4	板块厚度(mm)	符合设计	采用钻孔取芯测量	15
5	路面宽度(mm)	符合设计	采用钢尺测量	5
6	横坡度(%)	符合设计	采用水准仪测量	5

(2)水泥混凝土加铺层半幅施工时,边模板可采用槽钢,中模采用角钢。模板高与面板厚度一致,允许误差为±2mm。

(3)模板安装宜采取由边模固定中模的方法,边模由钢钎固定,中模每间隔1m用膨胀螺栓将模板外侧底部预先定位固定。中、边模之间采用横跨两模板的活动卡梁辅助固定。活动卡梁间距为2m,并随铺筑进度相应推移。

(4)混凝土拌和物的搅拌与运输。

①准备工作。

a.混凝土拌和楼的位置和搅拌机配备,应根据工程量大小、施工进度、运输工具和施工组织设计的要求设置,并有备用的搅拌机和发电机组。

b.投入搅拌机的砂和各级碎(砾)石必须准确过磅。磅秤在每班开工前应检查校正。散装水泥必须过磅;袋装水泥,应经常抽查其量是否准确。严格控制加水量,采用二级加水。每班开工前,实测砂、碎(砾)石的含水率;根据天气变化情况,由工地试验室确定施工配合比,并以书面形式通知现场施工人员。投入搅拌机每盘的拌和物数量,应按混凝土施工配合比和搅拌机容量确定。

c.混凝土拌和物开拌第一盘前,应先用适量的原材料拌制砂浆,拌和后废弃;然后按规定的配合比进行搅拌。搅拌投料顺序为砂、水泥、碎(砾)石;进料后边搅拌边加水。混凝土拌和物每盘的搅拌时间不超过搅拌机规定最短时间的3倍(表9-2-2)。

混凝土拌和物搅拌时间(s) 表 9-2-2

搅拌机形式	混凝土拌和物坍落度(mm)	
	0~2	2~3
立轴式	100~140	80~100
卧轴式	70~100	50~80

d.每天应对混凝土拌和物坍落度进行检查,如与规定不符,应查明原因,及时校正。每台班或拌和200m³混凝土拌和物,均应制作2组抗弯拉试件。

②混凝土拌和物运输至铺筑的注意事项:

a.装运混凝土拌和物的储料斗或车厢内壁应平整、光洁、不漏浆,并应防止离析。混凝土拌和物在储料斗或车厢内应装平,出料和摊铺时的卸料高度不应超过1.5m。当有明显离析时应在摊铺前重新拌匀。储料斗或车厢内壁使用前后应冲洗,卸料时粘在储料斗或车厢上的混凝土拌和物应及时清除。

b. 混凝土拌和物从搅拌机出料后,运输、摊铺、振捣、表面修整,直至铺筑完毕的允许最长时间,由水泥初凝时间及施工气温确定,并应符合表9-2-3的规定。

拌和物从搅拌机出料至铺筑完毕允许最长时间　　　　表9-2-3

施工气温(℃)	允许最长时间(h)	施工气温(℃)	允许最长时间(h)
5~9	2.0	10~19	1.5
20~29	1.0	30~35	0.75

c. 采用商品混凝土拌和物时,其质量应符合混凝土设计要求。施工现场应进行坍落度测定和混凝土试拌制作,在摊铺现场发现质量问题,应及时与商品混凝土搅拌站联系调整。

(5)混凝土拌和物摊铺、振捣与整平及提浆。

①混凝土拌和物摊铺。

a. 混凝土面板厚度大于20cm时,宜分两层摊铺,下层摊铺厚度宜为总厚度的3/5。

b. 采用人工摊铺时,应用铁锹反扣,严禁抛掷和搂耙,防止混凝土拌和物离析。因天气、供电等原因造成1h以上的停工时,对已铺筑的混凝土面板应在缩缝位置设置施工缝,多余的混凝土拌和物应予废弃。

②混凝土拌和物振捣。

a. 对一次摊铺成型的混凝土,靠边角应先用插入式振捣器顺序振捣,再用平板振动器纵横交错全面振捣。

b. 分两次摊铺的路面混凝土,振捣上层混凝土拌和物时,插入式振捣器应插入下层混凝土拌和物5cm以上;上层混凝土拌和物的振捣必须在下层混凝土拌和物初凝前完成。

c. 插入式振捣器的移动间距不大于其作用半径的1.5倍,在模板边缘的距离不应大于作用半径的0.5倍,并应避免碰撞模板、传力杆和拉杆。平板式振动器纵、横向振捣时,应重叠10~20cm。

d. 振捣器在每一位置振捣的持续时间,应以拌和物停止下沉、不再冒气泡并泛出水泥砂浆为限,并不宜过振。用平板振动器振捣时不宜少于15s;水灰比小于0.45时,不宜大于30s。用插入式振捣器时,不宜大于20s。振捣时应辅以人工找平。混凝土振捣作业应在混凝土拌和物初凝前完成。

③整平、提浆。

a. 以振动梁拖振整平过程中,对凹陷处应用相同配合比混凝土拌和物填补,严禁用纯砂浆填补。振动梁应平行移动,往返拖振2~3遍,使表面泛浆整平,赶出气泡。

b. 经振动梁整平后,再以提浆滚筒往返拉滚提浆,应保持路拱准确。按设计要求的平整度用刮尺刮平,用3m直尺检查平整度。

④表面修整。

a. 表面修整时严禁在混凝土上洒水、撒水泥。

b. 表面修整宜分两次进行,先找平混凝土表面;使混凝土表面无泌水时,再作第二次抹平。

c. 当烈日暴晒或干旱风大时,表面修整工作应在遮阴棚下进行。

d. 混凝土抹平后,沿横坡方向进行纹理制作,应根据路面抗滑的设计要求决定槽口的宽度和深度。槽深应为2~3mm,凹槽的宽度宜为4~5mm,间隔宜为10~36mm。制作路面纹理要保持路面平整度。

(6) 胀缝施工。

①胀缝应与路面中心线垂直,缝壁垂直于面板,缝隙宽度必须一致,缝中不得连浆。缝隙下部设置接缝板,上部灌入填缝料。相邻车道的胀缝应放在同一断面上。

②胀缝传力杆的活动端,可设在缝的一边或交错布置。胀缝传力杆的支架应准确固定在基层上,固定后的传力杆必须平行于面板及路面中心线,其误差不得大于 5mm。传力杆活动端套管长 10cm,传力杆与套管间隙为 1.0~1.5mm,端部空隙部分填沥青麻絮,活动端传力杆涂刷两遍沥青。

(7) 缩缝。

①缩缝有横向缩缝和纵向缩缝两种类型。

②缩缝位置应按设计要求设置(图 9-2-2)。相邻面板的缩缝均不得错位,并垂直于面板,其垂直度误差不得大于 5mm。

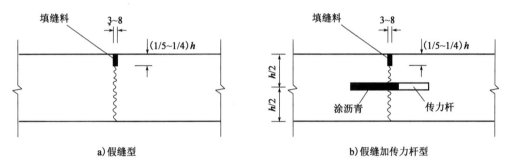

图 9-2-2　横向缩缝示意图(尺寸单位:mm)

③设置传力杆范围内应先铺筑下层混凝土拌和物,大致找平后,安放传力杆。校正位置,再铺筑上层混凝土拌和物。

④锯缝时间一般以混凝土抗压强度达到 5~10MPa 时锯缝为宜,也可按现行规范规定的时间,或根据集料、水泥类型及气候条件等情况通过试锯确定。必要时横向缩缝可间隔 2~3 条缝距先锯一条,再锯其余的缝;城市道路在近井位处的两端横向缝,宜先行锯缝。

(8) 施工缝。

①施工缝有横向施工缝和纵向施工缝两种类型。

②横向施工缝的位置与胀缝或横向缩缝位置相吻合。设在胀缝处应按胀缝形式施工。

③横向施工缝采用平缝加传力杆形式,传力杆长度的 1/2 锚固于混凝土中,另 1/2 应涂沥青,允许滑动,如图 9-2-3a)所示。

④纵向施工缝采用平缝加拉杆形式,两端锚固,其构造如图 9-2-3b)所示。

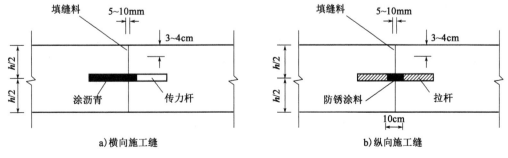

图 9-2-3　施工缝构造

⑤按设计要求设传力杆或拉杆,必须平行于面板,并应与缝壁垂直,其偏差控制在5mm以内。

⑥铺筑邻板时,对已铺筑混凝土面板的缝壁应涂刷沥青,并应避免涂在拉杆或锚固端的传力杆上,校直拉杆。

(9)养护。

①湿法养护。在混凝土终凝后,用草袋、麻袋、砂等覆盖于混凝土面板表面,每天应均匀洒水,经常保持潮湿状。

②养护时间应根据混凝土强度增长情况而定,以混凝土强度达到28d设计强度的80%为准;普通混凝土一般不得少于14d。

(10)加铺层新旧混凝土面板尽可能对缝,模板拆除时须做锯缝位置标记。

(11)填缝。

①缝槽内要干燥、整洁,缝槽的砂石杂物必须清除,填缝料应与混凝土缝壁黏附紧密不渗水。

②填缝料的灌注高度,夏天宜与板面齐平,冬天宜稍低于板面,多余的或溅到面板上的填缝料应予清除。

③加热施工式填缝料加热时,应不断搅拌均匀,直到规定温度。当气温较低时,应用喷灯加热缝壁。

2. 直接式加铺层

(1)采用直接式加铺层,在摊铺混凝土拌和物前,应在支立好模板的旧混凝土面板上洒水湿润,以保证混凝土拌和物铺筑时的水灰比。

(2)混凝土拌和物的配合比、搅拌、运输、摊铺、振捣、接缝、表面修整、养护、锯缝及开放交通等工序的施工与分离式相同。

(3)直接式加铺层新、旧混凝土面板必须对缝。

3. 结合式加铺层

(1)立模。在边模下预焊一个圆环,钢钎由圆环内打入路肩基层中,中模底部每隔1m用射钉枪喷射钢钉,并在旧混凝土的接缝处打入钢钎加以固定。尔后,在中、边模顶部每隔一定距离用活动卡梁辅助固定,活动卡梁可根据浇筑进度和实际需要随时推移装卸。

(2)混凝土的摊铺、振捣、整平和养生与分离式相同。但为了使新、旧混凝土路面间接合良好,振捣工序要认真仔细。平板振捣器每板位置振捣时间不少于30s,振捣重叠5~10cm。拉杆采用$\phi 14$螺纹钢筋,最大间距90cm,长60cm。

九、钢纤维混凝土加铺层施工

钢纤维混凝土是一种纤维型与颗粒型相混合而成的复合材料,通过其两者之间的界面作用成为一体,在受力过程中两种材料各施所长,显著地提高了混凝土的抗拉强度、抗弯强度与抗剪强度。因此,钢纤维混凝土在动荷载作用下,具有良好的抗冲击性能,优异的抗弯、抗冲击韧性,耐疲劳寿命长,并具有良好的阻止和抑制因温度应力引起裂缝产生与扩展的能力。此外,纤维混凝土也具有良好的抗冻性与耐磨性能。纤维混凝土的这些性能与路面的要求基本一致,因而可减小路面厚度和延长路面的使用年限。

钢纤维混凝土加铺层与普通混凝土加铺层一样,分结合式、直接式、分离式三种形式。钢纤维混凝土路面,除纤维混凝土施工工艺外,与普通混凝土路面加铺层基本相同。钢纤维混凝土路面板质量的优劣,很大程度上取决于施工质量。在纤维混凝土施工中,除应满足普通混凝土路面施工的一般要求外,还应注意以下 7 个环节。

1. 设置纤维分散装置

由于钢纤维一次性直接投入搅拌机易出现结团现象,为了使钢纤维充分分散,国外经常将钢纤维通过分散机再进入搅拌机。常用的钢纤维分散机有振动式、摇拨式、筛筒旋转式和离心式等几种类型。机器功率多为 0.75~1.0kW,分散力一般为 20~60kg/min。因使用分散机使钢纤维水泥混凝土搅拌时间延长 3~6min,影响工程进度,通常施工时在料斗入口处设置振动筛。

2. 采用强制式搅拌机

自落式搅拌机出料速度慢,滚动时钢纤维极易结团,一般最好使用强制式搅拌机和双锥反转出料搅拌机。

3. 搅拌投料顺序及搅拌时间

当干燥的水泥堆在纤维上部时,水泥会渗进纤维骨架内进入搅拌机,一经搅拌易形成内包干燥水泥的钢纤维球。为了防止钢纤维结团,需采取分级投料、先干后湿的工艺。即按如下顺序进料:

投放瓜子片→1/4 钢纤维→1/2 砂→水泥→1/2 砂→1/4 钢纤维→1/2 碎石→1/4 钢纤维→1/2 碎石→1/4 钢纤维。混合料需先干拌 1min,然后加水湿拌 2min。

4. 振捣成型工艺

因使用插入式振捣棒插入钢纤维混凝土进行振捣,会使钢纤维朝振动着的振动棒聚集,产生集束效应;为确保钢纤维的二维分布,宜使用平板振捣器振捣成型。为保证边角混凝土密实,可将振捣棒顺路线方向插入拖动。钢纤维成纵向条状集束,使钢纤维的排列有利于抵抗板体收缩应力、温度应力及荷载应力的传递。

5. 抹面、压纹

钢纤维混凝土具有粗集料细、砂率大、纤维乱向分布等特点,施工时宜采用真空吸水工艺,机械抹平,阻止纤维外露。采用刻槽机刻槽工艺可以避免压纹或拉毛产生的平整度差和纤维外露等现象。

6. 养护

对钢纤维混凝土路面,采用养护剂进行养生。

7. 接缝施工

钢纤维混凝土收缩性小,抗裂性能好,有条件封闭交通的施工路段,采用混凝土摊铺机可做成整幅式,不设纵缝。钢纤维混凝土浇筑养生达设计强度 50% 后方可对老混凝土路面的缩缝每隔 15m 切一道缩缝。缝深为 $(1/4 \sim 1/3)h$,清缝,灌入接缝材料。

十、钢筋混凝土加铺层施工

用于钢筋混凝土加铺层的钢筋应符合设计要求,原材料、集料的级配范围应符合规定。混凝土的配合比设计应符合规范有关规定。

1. 钢筋网制作

(1)钢筋制作。钢筋网片网眼的尺寸应符合设计要求。钢筋加工、焊接、绑扎应符合现行国家标准的有关规定。

(2)钢筋网片安放。

①安放单层钢筋网片时,应在钢筋网片设计位置的底部先摊铺一层混凝土拌和物;进行整平后,安放钢筋网片,再铺筑混凝土拌和物。

②安放双层钢筋网片时,先摊铺下层混凝土拌和物,按设计位置安放下层钢筋网片;摊铺中层混凝土拌和物后,按设计位置安放上层钢筋网片,最后再摊铺上层混凝土拌和物。

2. 接缝施工

横向缩缝间距应符合设计规定,并设置传力杆。纵缝、胀缝和施工缝施工应符合规定。

十一、连续配筋混凝土加铺层施工

1. 材料基本要求

用于连续配筋混凝土面板中的纵向、横向钢筋,应符合设计要求。所有原材料的技术要求,集料的级配范围均应符合规范有关规定。

2. 混凝土配合比

连续配筋混凝土配合比,应符合规范有关规定。

3. 连续配筋混凝土面板施工

(1)钢筋设置。

①纵向钢筋的焊接,应采用闪光对焊或电弧焊。焊接的接头形式、焊接工艺和质量验收,应符合现行有关施工技术规范的规定。接头位置应相互错开。

②横向钢筋一般宜放置于纵向钢筋之下;纵筋与横筋应垂直相交,可用铁丝绑扎成型。

③钢筋布置应符合设计要求,并以足够的与面板同强度等级预制混凝土小块支撑定位。

(2)混凝土拌和物的搅拌与运输。连续配筋混凝土面板的施工组织安排必须连续作业;搅拌与运输各个环节应严格控制含水率,运输应优先选用自卸汽车。

(3)混凝土拌和料的摊铺与振捣。

①摊铺前应在基层表面洒水。摊铺顺序应严格安排,前后各道工序应紧密衔接,避免高温施工。

②拌和物的摊铺宜采用摊铺机。当采用人工摊铺时,应注意防止扰动钢筋的正确位置。

③振捣应符合规范有关规定。

④每段施工中不得有任何接缝,如在摊铺时因故中断,必须设置施工缝时,可采用平缝,纵缝钢筋仍应保持连续,并穿过接缝,增设拉杆。

4. 端部处理

(1)当连续配筋混凝土面板与其他路面结构、桥梁或涵洞等人工构造物连接时,必须进行端部处理。

(2)端部处理方法有:矩形地梁锚固,混凝土灌注桩锚固,宽翼缘工字梁接缝,连续设置胀缝等。

(3)端部处理应按设计要求施工,确保锚固效果。当采用地梁锚固时,锚固段按设计的结构尺寸开挖地槽,应不扰动两侧基(垫)层及土基,浇筑混凝土拌和物时,可不设侧模;当采用灌注桩锚固时,桩顶应与混凝土面板连成整体;当采用宽翼缘工字梁端部接缝时,应确保搁置在枕垫板上的连续配筋混凝土路面板端部可自由滑动,它与工字钢连接的部位以胀缝填缝料填塞。

5.接缝处置

(1)一次铺筑宽度为4.5m时,应增设纵向缩缝。纵向缩缝采用假缝,但纵缝不另设拉杆,由一侧面板的横向钢筋延伸穿过纵缝代替拉杆。

(2)横向施工缝宜尽量少设。施工中断设置施工缝时,可采用平缝,纵向钢筋应保持连续,穿过接缝。

(3)胀缝构造与普通混凝土路面相同。

6.表面修整与养护

混凝土表面修整与面板混凝土养护,按现行技术规范规定执行。

单元训练

1.如何进行水泥混凝土加铺层结构形式选择?
2.简述水泥混凝土路面加铺施工工艺。
3.钢纤维混凝土路面、钢筋混凝土路面、连续配筋混凝土路面加铺施工工艺各是怎样的?

单元三 沥青混凝土加铺层

单元要点

(1)反射裂缝的防治;
(2)沥青混凝土加铺层施工。

相关知识

水泥混凝土路面在使用过程中,出现了磨光、露骨、错台等病害,为提高水泥混凝土路面的路用性能,可加铺沥青混凝土面层。

一、水泥混凝土路面病害处理

在加铺沥青混凝土路面之前,首先必须对旧的水泥混凝土路面病害进行调查处理。根据水泥混凝土路面调查结果,确定水泥混凝土路面的维修方法。

(1)对破碎的混凝土板块进行翻修。
(2)对局部损坏的混凝土板块进行挖补。
(3)对板下脱空的板块,采取板下封堵的方法进行压浆。
(4)对水泥混凝土路面接缝进行清缝灌缝。
(5)用压缩空气清洗混凝土面板,必须清除水及杂物。
(6)在错台位置,在下沉混凝土板块上按0.6kg/m²喷洒黏层沥青,摊铺细粒式沥青混凝土调平层。

二、反射裂缝的防治

沥青混凝土加铺层的关键作用是减少或延缓反射裂缝的发生。处治反射裂缝通常采取土工布、土工格栅、改性沥青油毡、切缝填封橡胶沥青、铺筑柔性基层、半刚性基层6种方法。

1. 土工布隔离层施工

土工布隔离层施工技术要求如下：

（1）在混凝土面板上喷洒黏层热沥青，沥青温度为150～170℃，沥青用量为$1.1kg/m^2$；黏层沥青喷洒范围要比土工布宽5～10cm。

（2）在起始端用垫片加水泥钉固定土工布，然后拉紧。

（3）将支撑棒插入土工布卷调节制动器，然后提高布卷，展开5～10m土工布；土工布卷一端与路面边缘成一直线，拉紧土工布，然后将土工布放下，铺在黏层沥青上。

（4）一卷土工布与另一卷土工布连接（首、尾连接），沿铺布方向搭接15cm。土工布连接处应喷洒黏层沥青。相邻两卷土工布边与边的搭接也应沿铺布方向搭接，要确保土工布浸透沥青。土工布施工温度应在10℃以上。

（5）弯道上摊铺土工布，可用剪刀将土工布剪开，然后再搭接起来。

（6）土工布铺好后，沥青混凝土摊铺应立即开始，每天能铺多少沥青混凝土路面，就铺多少土工布。

（7）应采用全路幅施工，以避免产生纵向施工缝。

（8）严禁非施工车辆在土工布上行驶。沥青混凝土运料车不得在土工布上转弯、掉头、制动，只能在土工布上倒行。

（9）沥青混凝土面层应采用10t以上的压路机碾压。

2. 土工格栅隔离层施工

土工格栅隔离层沥青混凝土面层，必须采用玻璃纤维格栅。其施工要求如下：

（1）在清洁干燥的路面上，按$0.6kg/m^2$的标准喷洒黏层油。

（2）目前，常用的玻璃纤维格栅，有带自黏胶和不带自黏胶两种。带自黏胶的可直接在平整清洁的路面上铺设；不带自黏胶的通常采用水泥钉加垫片固定。

（3）玻璃纤维格栅，可由拖拉机或汽车改装的专用设备进行铺设，也可进行人工铺设。玻璃纤维格栅每卷产品的卷筒两端，各标有橙色和蓝色标记，开始铺设之前，应选择胶面向下，确定上述标记颜色各在某一端，这样能更方便施工，而不致将胶面铺错。玻璃纤维格栅铺设时，应保持其平整、拉紧，不得有起皱现象，使格栅具备有效的张力，铺完一层再用干净的胶轮压路机碾压一遍。

（4）不带自黏胶的玻璃纤维格栅通常采用钢钉固定法。

①准备50mm×50mm×0.3mm的固定铁皮垫片，要求平整不翘角，周边宜倒角处理；配备5cm长的水泥钢钉。

②用铁皮和钉子将玻璃纤维格栅固定在已洒布黏层沥青的结构层上，钉子可用锤击或射钉枪射入。钢钉位置宜设于接缝处。再将玻璃纤维格栅纵向拉紧，并分段固定，每段长度为2～5m。也可按缩缝间距分段，要求玻璃纤维格栅拉紧时玻璃纤维纵横向均处于挺直紧张状态。

(5)格栅搭接:
①纵向接头搭接距离不小于20cm。
②横向接头搭接距离不小于15cm。
③纵向搭接应根据沥青摊铺方向将前一幅置于后一幅之上。
(6)固定格栅时,不能将钉子钉于玻璃纤维上,也不能用锤子直接敲击玻璃纤维,固定后如发现钉子断裂或铁皮松动,则需予以重新固定。
(7)玻璃纤维格栅铺设固定完毕后,必须用胶轮压路机适度碾压稳定,使格栅与原路表面黏结牢固。
(8)禁止非施工车辆在格栅上行驶,严格控制运送混合料的车辆出入,在玻璃纤维格栅层上禁止车辆转向、制动和直接倾泻混合料,以防止对玻璃纤维格栅的损坏。
(9)玻璃纤维格栅背胶易溶于水,雨天或路面潮湿时不得进行施工。
(10)玻璃纤维格栅施工时,工人须戴防护手套,以免对人体产生刺激性作用。
(11)在玻璃纤维格栅铺设过程中,若发现路面有较小的坑塘没有填平,可将铺好的格栅在对应坑塘的部分剪开,并用沥青混凝土填平,以便在铺上层沥青混合料时能保证均匀的压实度。
(12)玻璃纤维格栅铺设时,要求气温高于10℃,沥青加铺层的最小厚度为4cm。

3. 聚酯改性沥青油毡施工

聚酯改性沥青油毡施工技术要求如下:
(1)将聚酯改性沥青油毡切割成50cm宽的长条带。
(2)用压缩空气清除接缝及缝两侧各30cm范围内的灰尘及杂物。
(3)将接缝内灌入接缝材料。
(4)将油毡放在接缝处及缝两侧各25cm的位置,薄膜面向下,然后用喷灯烘烤油毡底面;当烘烤到薄膜熔化,毡底有光泽并发黑且有一层薄的熔融层时,再用推杆压实油毡,使油毡与底层黏结,按此方法铺好第一卷。
(5)在油毡接头搭接部分,结合部搭接宽度为10cm,用喷灯烘烤熔融后将油毡压紧,要使上、下层油毡紧密结合在一起。
(6)非施工车辆不得在油毡上行驶。
(7)在沥青层摊铺前,要在油毡上覆盖一层沥青砂。
(8)若发现油毡脱皮,应使用喷灯烘烤,用推杆压实。

4. 沥青层锯缝填缝的施工

沥青层锯缝填缝施工技术要求如下:
(1)按旧水泥混凝土路面平面图,确定水泥混凝土板的接缝位置。
(2)在沥青层已确定的接缝上方,锯切深1.0cm、宽0.3cm的缝。
(3)用压缩空气,将锯缝吹干净,并保持干燥。
(4)用橡胶沥青将缝内填平。

5. 柔性基层施工程序

沥青碎石基层作为一种柔性结构层,具有很强的柔性和变形能力;作为应力消散层,可以有效地减少路面结构中的应力集中现象,大大延缓路面反射裂缝的发生。另一方面,沥青碎石基层可以与沥青面层黏结牢固,并且由于沥青碎石与沥青混凝土模量接近,路面结构受力更均匀。

(1)沥青碎石目标配合比设计

沥青碎石目标配合比设计,采用大马歇尔方法,大马歇尔击实采用双面各击112次。配合比设计参考级配,见表9-3-1。

沥青碎石基层级配范围　　　　　　　　　表9-3-1

项　　目	下列筛孔的通过率(%)							
筛孔尺寸(mm)	31.5	26.5	19.0	13.2	9.5	4.75	2.36	0.075
通过率(%)	100	90~100	70~90	55~75	40~60	25~45	15~35	0~5

在对沥青碎石目标配合比设计时,根据原材料筛分结果来计算级配,以油石比3.0%、3.5%、4.0%、4.5%分别使试件成型,并测定或计算相应的马氏指标,确定5.5%的空隙率下的油石比作为最佳油石比。设计出最佳油石比下沥青碎石混合料马歇尔指标,应满足表9-3-2的标准。

沥青碎石混合料马歇尔标准　　　　　　　　　表9-3-2

马氏指标级配	空隙率(%)	饱和度(%)	稳定度(kN)	流值(0.1mm)	矿料间隙率(%)	浸水马歇尔残留稳定度(%)
AM—25	5.5	50.65	>20	50.70	>33	>70

沥青混合料试验,参照现行《公路工程沥青及沥青混合料试验规程》(JTG E20—2011)执行。

沥青碎石目标配合比设计,须进行抗压回弹模量及高温稳定性检验,抗压回弹模量指标大于800MPa。试验方法采用单轴压缩法,试验温度为20℃;高温稳定性采用车辙试验验证,其作为目标配合比设计参考指标。

(2)生产配合比设计阶段

①确定各热料仓矿料和矿粉的用量。必须对从二次筛分后进入各热料仓的矿料取样进行筛分。根据筛分结果,通过计算使矿质混合料的级配符合表9-3-1的规定,以确定各热料仓矿料和矿粉的用料比例,供拌和机控制室使用。同时,反复调整冷料仓进料比例,以达到供料均衡。

②确定最佳油石比。取目标配合比设计的最佳油石比OAC和OAC±0.3%三个油石比,取以上计算的矿质混合料,用试验室的小型拌和机拌制沥青混合料进行马歇尔试验,确定生产配合比的最佳油石比。如果三组沥青混凝土各项技术指标(除空隙率外)均符合规定,则取中间值OAC为生产配合比的最佳油石比;否则应再补做增减油石比的沥青混合料试验,以选定适宜的最佳油石比。

③残留稳定度检验。按以上生产配合比,用室内小型拌和机拌制沥青混合料,做浸水48h马歇尔试验,检验残留稳定度。残留稳定度必须满足表9-3-2的规定。

(3)试拌阶段

用生产配合比进行试拌,沥青碎石混合料的技术指标合格后铺筑试铺段。取试拌用的沥青混合料进行马歇尔试验检验和沥青含量、筛分试验检验,由此确定正常生产用的标准配合比。

试件成型温度,应由沥青等黏温曲线确定。在缺乏沥青黏度条件时,参照以下温度成型:开始击实时温度不低于140℃,试模应按规定预热。

沥青混合料试件密度试验方法统一用表干法的毛体积密度。

计算沥青混合料最大理论密度时,应采用实测法,如无条件实测,统一用集料的表观相对密度计算最大理论密度。

试件的配料、拌和均应单个进行,以确保试验结果的准确性。

(4)试铺

正式施工前,需先做试铺路段。施工单位通过合格的沥青混合料组成设计、生产配合比设计,试拌后,拟订试铺路段铺筑方案;采用重新调试的正式施工机械,铺筑试铺路段。试铺路段长度不少于200m。

试铺路段施工分为试拌和试铺两个阶段,需要决定的内容包括:

①根据与各种机械的施工能力相匹配的原则,确定适宜的施工机械,按生产能力决定机械数量与组合方式。

②通过试拌确定:

a. 拌和机的操作方式——如上料速度、拌和数量与拌和时间、拌和温度等。

b. 验证沥青混合料的配合比设计和沥青混合料的技术性质,决定正式生产用的矿料配合比和油石比。

③通过试铺确定:

a. 摊铺机的操作方式——摊铺温度、摊铺速度、初步振捣夯实的方法和强度、自动找平方式等。

b. 压实机具的选择、组合,压实顺序、碾压温度、碾压速度及遍数。

c. 施工缝处理方法。

d. 沥青碎石混合料的松铺系数。

④确定施工产量及作业段的长度,修订施工组织计划。

⑤全面检查材料及施工质量是否符合要求。

试铺段的铺筑过程中,监理工程师应一起参加,检查施工工艺、技术措施是否符合要求,测温、观色、取样并记录试验与检测结果,检查各种技术指标情况,对出现的问题提出改进意见。

试铺段的质量检查频率应根据需要比正常施工时要适当增加(一般增加1倍)检查次数。试铺结束后,试铺段应基本无离析和石料压碎现象,经检测各项技术指标均应符合规定要求。

(5)施工

①把好原材料质量关。

a. 要注意粗、细集料和填料的质量,对不合格的矿料,不准运进拌和厂。

b. 堆放各种矿料的地坪必须硬化,并具有良好的排水系统,避免材料被污染;各品种材料间应用墙体隔开,以免相互混杂。

c. 细集料及矿粉宜覆盖,细集料潮湿将影响喂料数量和拌和机产量。

②沥青混合料的拌制:

a. 严格掌握沥青和集料的加热温度以及沥青混合料的出厂温度。集料温度应比沥青高10~15℃,热混合料成品在储料仓储存后,其温度下降不应超过10℃,储料仓的储料时间不得超过72h。沥青碎石混合料的施工温度控制范围,见表9-3-3。

b. 拌和楼控制室要逐盘打印沥青及各种矿料的用量和拌和温度,并定期对拌和楼的计量和测温进行校核;没有材料用量和温度自动记录装置的拌和机不得使用。

c. 拌和时间由试拌确定。必须使所有集料颗粒全部裹覆沥青结合料,并以沥青混合料拌和均匀为度。

沥青混合料的施工温度(℃) 表 9-3-3

沥青加热温度		150~160
矿料温度		170~180
混合料出厂温度		正常范围 155~165,超过 190 者作废
混合料运输到现场的温度		不低于 150
摊铺温度	正常施工	不低于 150,不超过 165
碾压温度	正常施工	130~150,不低于 110
碾压终了温度	钢轮压路机	不低于 80

d. 要注意目测检查混合料的均匀性,及时分析异常现象,如混合料有无花白、冒青烟和离析等现象。如确认是质量问题,应作废料处理并及时予以纠正。

e. 每台拌和机每天上午、下午各取一组混合料试样做马歇尔试验,用抽提筛分试验检验油石比、矿料级配。

油石比与设计值的允许误差为 -0.3%~+0.3%。

石料级配与生产配合比设计标准级配的允许差值如下:

0.075mm,±2%;

≤2.36mm,±6%;

≥4.75mm,±8%。

f. 每天工作结束后,用拌和楼打印的各料数量,以总量控制,以各仓用量及各仓级配计算平均施工级配、油石比与施工厚度和抽提结果进行校核。

g. 每周分析一次检测结果,计算油石比、各级矿料通过量和沥青混合料物理力学指标检测结果的标准差和变异系数,检查生产是否正常。

③沥青混合料的运输:

a. 采用数字显示插入式热电偶温度计检测沥青碎石混合料的出厂温度和运到现场的温度。插入深度要大于 150mm。在运料货车侧面中部设专用检测孔,孔口距车厢底面约 300mm。

b. 拌和机向运料车放料时,汽车应前后移动,分几堆装料,以减少粗集料的分离现象。

c. 沥青碎石混合料运输车的运量应较拌和能力和摊铺速度有所富余,摊铺机前方应有五辆运料车等候卸料。

d. 运料车应有篷布覆盖设施,以保温或避免污染环境。

e. 连续摊铺过程中,运料车在摊铺机前 10~30cm 处停住,不得撞击摊铺机。卸料过程中运料车应挂空挡,靠摊铺机推动前进。

④沥青碎石混合料的摊铺:

a. 摊铺机的摊铺速度应根据拌和机的产量、施工机械配套情况及摊铺厚度、摊铺宽度,按 2~4m/min 予以调整选择,做到缓慢、均匀、不间断地摊铺。

b. 用机械摊铺的混合料未压实前,施工人员不得进入踩踏。一般无需人工不断地整修;只有在特殊情况下,如局部离析,需在现场主管人员指导下,允许用人工找平或更换混合料。缺陷较严重时应予铲除,并调整摊铺机或改进摊铺工艺。

c. 摊铺机应调整到最佳工作状态。调好螺旋布料器两端的自动料位器,并使料门开度、链板送料器的速度和螺旋布料器的转速相匹配。螺旋布料器的料置以略高于螺旋布料器 2/3 为度,使熨平板的挡板前混合料的高度在全宽范围内保持一致,避免摊铺层出现离析现象。

d.检测松铺厚度是否符合规定,以便随时进行调整。摊前熨平板应预热至规定温度。摊铺机熨平板必须拼接紧密,不许存有缝隙,防止卡入粒料将铺面拉出条痕。

e.摊铺遇雨时,立即停止施工,并清除未压实成型的混合料。遭受雨淋的混合料应废弃,不得卸入摊铺机摊铺。

⑤沥青混合料的压实成型:

a.沥青碎石混合料的压实是保证基层质量的重要环节,应选择合理的压路机组合方式及碾压步骤。为保证压实度和平整度,初压应在混合料不产生推移、开裂等情况下尽量在摊铺后较高温度下进行。在石料易于压碎的情况下,原则上钢轮压路机不开振,以25t重型轮胎压路机碾压为主。

b.压路机应以缓慢而均匀的速度碾压。压路机的适宜碾压速度,随初压、复压、终压及压路机的类型而定,按表9-3-4选用。

压路机碾压速度(km/h)　　　　表9-3-4

压路机类型	初 压		复 压		终 压	
	适宜	最大	适宜	最大	适宜	最大
钢筒式压路机	2~3	4	3~5	6	3~6	6
轮胎压路机	2~3	4	3~5	6	4~6	8
振动压路机	2~3 (静压或振动)	3 (静压或振动)	3~4.5 (振动)	5 (振动)	3~6 (静压)	6 (静压)

c.为避免碾压时混合料推挤产生拥包,碾压时应将驱动轮朝向摊铺机;碾压路线及方向不应突然改变;压路机起动、停止必须减速缓行,不准中途制动。压路机折回不应处在同一横断面上。

d.在当天碾压的尚未冷却的沥青碎石基层上,不得停放压路机或其他车辆,并防止矿料、油料和杂物散落在其上。

e.要对初压、复压、终压段落设置明显标志,便于驾驶员辨认。对松铺厚度、碾压顺序、压路机组合、碾压遍数、碾压速度及碾压温度应设专人管理和检查,做到既不漏压也不超压。

f.压实完成12h后,方能允许施工车辆通行。

⑥施工缝的处理:

a.纵向施工缝。采用两台摊铺机成梯队联合摊铺方式的纵向接缝,应采用斜接缝。在前面已摊铺混合料部分留下10~20cm宽暂不碾压,作为后一台摊铺机和高程基准面,并有5~10cm左右的摊铺层重叠,以热接缝形式在最后作跨接缝碾压以消除缝迹。如果两台摊铺机相隔距离较短,也可作一次碾压。上、下层纵缝应错开15cm以上。

b.横向施工缝。横向施工缝全部采用平接缝。用3m直尺沿纵向位置,在摊铺段端部的直尺呈悬臂状,以摊铺层与直尺脱离接触处定出接缝位置,用锯缝机割齐后铲除;继续摊铺时,应将接缝锯切时留下的灰浆冲洗干净,涂上少量黏层沥青,摊铺机熨平板从接缝处起步摊铺;碾压时用钢轮压路机进行横向压实,从先铺路面上跨缝逐渐移向新铺面层。

(6)施工阶段的质量管理

①原材料的质量检查:包括沥青、粗集料、细集料、填料。

②混合料的质量检查:包括油石比、矿料级配、稳定度、流值、空隙率、残留稳定度;混合料出厂温度、运到现场温度、摊铺温度、初压温度、碾压终了温度;混合料拌和均匀性。

③面层质量检查包括:厚度、平整度、宽度、高程、横坡度、压实度、横向偏位;摊铺的均匀性。压实度是重要控制指标,要求马歇尔标准密度的压实度不小于96%,现场空隙率控制在10%范围之内。

6.半刚性基层的施工

(1)采用二灰碎石、水泥稳定碎石等半刚性基层。其基层的厚度不小于15cm。
(2)基层施工按《公路路面基层施工技术细则》(JTG/T F20—2015)执行。
(3)在基层上做沥青下封层。沥青下封层按《公路沥青路面施工技术规范》(JTG F40—2004)执行。

三、沥青混凝土加铺层典型结构

近年来,国内对水泥混凝土路面加铺沥青混凝土施工技术进行了积极的探索,取得了许多成果,积累了很多宝贵的经验。归纳起来可分为以下五种典型结构。

(1)水泥混凝土基层,贴改性沥青油毡,加沥青砂调平层,铺玻璃纤维隔栅,加沥青混凝土面层。

工程实例:南京—扬州高速公路,水泥混凝土路面改造工程,加铺层总厚度为12cm。

其中:沥青砂2cm,(AC-25)6cm,(SMA-16)改性沥青4cm。

(2)水泥混凝土刚性底基层,加半刚性基层,加沥青下封层,铺玻璃纤维格栅,加沥青混凝土面层。

工程实例:南京—扬州高速公路,水泥混凝土路面改造工程,加铺层总厚度为26cm。

其中:二灰碎石15cm,沥青下封层1cm,(AC-25)6cm,(SMA-16)改性沥青4cm。

(3)水泥路面作为刚性底基层,加沥青碎石柔性基层,加沥青混凝土面层。

工程实例:南京—连云港高速公路,水泥混凝土路面改造工程,加铺层总厚度为24.5cm。

其中:(AC-10)2.5cm,(LSM-25)10cm,(Sup-25)8cm,(SMA-13)改性沥青4cm。

二灰碎石20cm,沥青下封层1cm,(AC-25)6cm,(AC-20)5cm,(SMA-13)改性沥青4cm。

(4)水泥混凝土碎块底基层,加沥青贯入过渡层,加半刚性基层,加沥青混凝土面层。

工程实例:南京—句容二级公路大修,水泥混凝土路面改造工程,加铺层总厚度为47.5cm。

其中:沥青贯入5cm,二灰碎石32cm,沥青下封层1.5cm,(AC-20)5cm,(SMA-13)改性沥青4cm。

单元训练

1.反射裂缝的防治方法有哪些?
2.简述沥青混凝土加铺层的施工工艺。

单元四 旧水泥混凝土路面再生利用

单元要点

(1)能够描述旧水泥混凝土路面的回收方法;
(2)能够描述旧水泥混凝土回收材料的技术要求和措施;

(3)能够描述使用二灰稳定旧混凝土集料的技术要求和施工工艺;
(4)能够描述水泥稳定旧混凝土集料的技术要求和施工工艺;
(5)能够描述旧水泥混凝土路面打碎用做垫层的技术要求和施工工艺。

相关知识

一、旧水泥混凝土路面的回收方法

关于旧水泥混凝土路面回收方法,简述如下:

(1)对旧水泥混凝土路面及地下状况进行调查,并在平面图上标注地下构造物,如涵洞、地下管道(自来水管、煤气管、通信电缆、光缆)、排水设施(下水管)等的位置,并标注桥头搭板和沥青混凝土修补路段的位置。

(2)用铣刨机或人工清除旧水泥路面板块上的沥青混凝土。用推土机把路肩材料推光,让路边暴露出来。

(3)对地下构造物如涵洞、地下管道(线)、排水设施等,及桥头搭板位置以及破碎板与保留板连接处的第一块旧混凝土板,使用液压镐破碎。

(4)旧混凝土板块破碎时从路中心线开始,用冲击锤交替向路肩进行破碎旧混凝土路面板块,落锤中心距为45cm。经破碎机破碎后的碎块边长约为30cm左右。

(5)破碎工作结束后,用装载机将水泥混凝土碎料堆积在旧路面的中线附近。

(6)将回收的水泥混凝土路面材料运送到轧石厂。在装车和运输过程中,这些回收旧料还会进一步破碎,应注意及时把暴露的钢筋抽出来。

(7)在轧石机之间的传送带和进料斗的上方,悬吊一块磁铁,以便把钢筋吸出来。

二、再生水泥混凝土路面的技术要求和措施

对旧水泥混凝土路面回收材料的技术要求和措施,简述如下:

(1)旧混凝土板块强度达到石料二级标准,可作为再生混凝土集料使用。旧混凝土集料的最大粒径为40mm,小于20mm的粒料不再作为集料。粗集料级配范围,见表9-4-1。

粗集料级配要求(圆孔筛) 表9-4-1

筛孔尺寸(mm)	40	20	10	5
累计筛余(%)	0~5	30~65	70~90	95~100

(2)水泥混凝土路面碎块材料较轻,收水性强、磨损试验的损失较大,相对密度较小。采用回收集料的混凝土混合料的和易性比采用原生集料差,尤其是细集料有尖锐棱角。采用天然细集料,可解决和易性差和水分控制问题。

(3)粉煤灰可以作为一种提高和易性的掺加剂加入到混合料中,亦可用来等量替代一部分水泥。可采用减水剂减少需水量。

(4)作混凝土配合比设计时,粒径小于20mm的集料宜采用新的碎石。宜掺加减水剂和二级干粉煤灰。细集料级配要求,见表9-4-2。

细集料级配要求(圆孔筛) 表9-4-2

筛孔尺寸(mm)	5	2.5	1.25	1.63	0.315	0.16
累计筛余(%)	0	0~20	15~50	40~75	70~90	90~100

(5)再生水泥混凝土路面施工与普通水泥混凝土路面施工工艺基本相同,应按《水泥混凝土路面施工及验收规范》(GBJ 97—87)执行。

三、石灰粉煤灰稳定旧混凝土集料的技术要求和施工

使用石灰粉煤灰稳定旧混凝土集料的技术要求和施工,简述如下。

1. 旧水泥混凝土集料强度要求

水泥石强度达到三级标准,可作为基层集料使用。

2. 旧水泥混凝土用作集料的粒径要求

集料的最大粒径不超过30mm,压碎值<30%。集料级配范围,见表9-4-3。

石灰粉煤灰稳定粉碎混凝土集料级配要求(圆孔筛)　　　表9-4-3

筛孔尺寸(mm)	31.5	19.0	9.5	4.75	2.36	1.18	0.6	0.075
累计筛余(%)	100	81~98	52~70	30~50	18~38	10~27	6~20	0~7

3. 混合料组成设计

(1)石灰:粉煤灰 = 1:2~1:4。

(2)石灰粉煤灰:级配碎石 = 20:80~15:85。

(3)石灰:粉煤灰:级配碎石 = 5:13:82。

4. 混合料设计步骤

(1)确定石灰粉煤灰再生集料的最佳含水率和最大干密度(用重型击实试验法)。

(2)按最佳含水率和计算得到的干密度制备试件。

(3)试件在25℃±2℃下保湿养生6d;浸水1d后,进行无侧限抗压强度试验。

(4)石灰粉煤灰混合料7d浸水抗压强度≥0.8MPa。

5. 石灰粉煤灰稳定旧混凝土集料施工

石灰粉煤灰稳定旧混凝土集料的施工,与二灰碎石施工工艺基本相同。

(1)二灰稳定旧混凝土碎块须在中心拌和站用机械进行集中拌和,石灰必须过筛,再生集料应用防雨布覆盖,二灰泥土碎块的含水率应略大于最佳含水率,拌成混合料的堆放时间不得超过24h。

(2)采用摊铺机摊铺二灰混凝土碎块混合料。摊铺厚度大于20cm时,应分层施工;上基层二灰混凝土碎块结构层厚度不小于15cm,两层二灰混凝土碎块基层可连续施工。二灰混凝土碎块结构层松铺系数为1.20~1.30。

(3)二灰混凝土碎块结构层应采用12t以上的三轮压路机或14t以上的振动压路机碾压8遍。三轮压路机在不便碾压的局部路段,采用10t的二轮压路机进行碾压。碾压过程中,如有"弹簧"、车辙、起皮等现象,应及时翻开重新拌和碾压。

(4)二灰混凝土碎块结构层工作缝位置,在开始摊铺新混合料之前,应将接缝位置斜坡清除,并挖成一横向且垂直向30mm面,然后摊铺新的二灰混凝土碎块基层。

(5)二灰混凝土碎块基层碾压完成后的第二天开始洒水养生,保持表面潮湿;二灰混凝土碎块基层养生期间,禁止车辆在二灰混凝土碎块基层上行驶。

(6)二灰混凝土碎块施工时遇雨,应立即将二灰混凝土碎块堆或沿尚未碾压密实的二灰

混凝土碎块基层进行覆盖。若二灰混凝土碎块遭雨淋,须检查石灰含量;若石灰含量不足,则将二灰混凝土碎块重新掺石灰搅拌,碾压密实。

四、水泥稳定旧混凝土集料的技术要求和施工

水泥稳定旧混凝土集料的技术要求和施工,简述如下。

1. 旧水泥混凝土集料强度要求

水泥石强度达到三级以上标准,可作为水泥稳定粉碎混凝土基层集料。

2. 旧水泥混凝土用作集料的粒径要求

集料的最大粒径不超过30mm,压碎值小于30%。集料级配范围,见表9-4-4。

水泥稳定旧混凝土集料级配要求　　　　表9-4-4

筛孔尺寸(mm)	31.5	26.5	19.0	9.5	4.75	2.36	0.6	0.075
累计筛余(%)	100	90~100	75~89	47~67	29~49	17~35	8~22	0~7

3. 水泥

(1)要求采用普通硅酸盐水泥、矿渣硅酸盐水泥、火山灰质硅酸盐水泥。水泥剂量宜为5%。

(2)路面基层宜采用强度等级较低的水泥,要求水泥各龄期强度达到相应指标要求,安定性要好,初凝时间3h以上,终凝时间不小于6h。可以适当添加一定数量的外加剂。

(3)水泥进场入罐时,要了解其出炉天数,刚出炉的水泥要停放7d才能使用。夏季高温作业时,散装水泥入罐温度不能高于50℃;高于这个温度,若必须使用时,应采用降温措施。冬季施工,水泥进入拌缸温度不低于10℃。

4. 水

路面基层一般应采用人畜能饮用的水。如果要采用其他用水时,必须符合下列要求:

(1)硫酸盐含量小于2.7mg/cm³。

(2)含盐量不得超过5mg。

(3)pH值不得小于4。

5. 混合料组成设计

(1)按不同水泥剂量分组试验。一般建议水泥剂量按4.5%、5%、5.5%三种比例进行试验(水泥:集料=4.5:100、5:100、5.5:100),水泥稳定粒料的抗压强度代表值为4~5MPa。

室内试验试件抗压强度的代表值,按式(9-4-1)计算:

$$R_{代} = \overline{R}(1 - Z_\alpha C_v) \tag{9-4-1}$$

式中:$R_{代}$——抗压强度代表值(MPa);

$\overline{R}$——该组试件抗压强度的平均值(MPa);

Z_α——保证率系数,高速公路保证率为95%,此时,$Z_\alpha = 1.645$;

C_v——试验结果的偏差系数(以小数计)。

(2)做不同水泥剂量混合料的击实试验,确定各种混合料的最佳含水率和最大干密度。

(3)按规定压实度(98%)分别计算不同水泥剂量的试件的干密度。

(4)按最佳含水率和计算得出的干密度制备试件。进行密度试验时,作为平行试验的最小试件数量应根据试验结果的偏差系数加以确定。每组试件个数:偏差系数为10%~15%

时,9个;偏差系数为15%~20%时,13个。

6. 基层试验项目

(1)重型击实试验,求得最佳含水率和最大干密度。

(2)抗压强度,检验水泥稳定粒料强度是否达到设计要求。

用水量要有区别,要按温度变化及时调整。发现干湿不均、有离析的混合料要废弃。

7. 混合料运输

(1)应尽快将拌成的混合料运送到铺筑现场。车上的混合料应覆盖,以减少水分损失。

(2)运输车辆一定要满足拌和出料与摊铺的需要。

8. 混合料摊铺

(1)拌和机与摊铺机的摊铺能力应相互匹配,摊铺机应连续摊铺。

(2)清除底基层表面浮土等杂物。

(3)水泥稳定粉碎混凝土混合料的松铺系数为1.20~1.30。

(4)在摊铺机后应设专人消除混合料离析现象,应铲除局部粗集料"窝",并用新拌混合料填补。严禁用薄层贴补法进行找平。

9. 混合料碾压

(1)应在混合料含水率处于或略大于最佳含水率(气候炎热干燥时,基层混合料可大于1%~2%)时进行碾压,直到达到要求的压实度。

(2)碾压过程中,水泥稳定粒料的表面应始终保持湿润,如水分蒸发过快,应及时补洒少量雾状水。

(3)碾压宜在水泥终凝前及试验确定的延迟时间内完成,并达到要求的压实度,同时没有明显的轮迹。

10. 横缝设置

横缝应与路面车道中心线垂直设置。其设置方法为:

(1)将末端含水率合适的混合料整理整齐,紧靠混合料放两根方木;方木的高度应与混合料的压实厚度相同,整平紧靠方木的混合料。

(2)方木的另一侧用砂砾或碎石回填约3m长,其高度应略高出方木。

(3)将混合料碾压密实。

(4)在重新开始摊铺混合料之前,将砂砾和碎石或方木撤除,并将下承层扫干净。

(5)摊铺机返回到已压实的末端,重新开始摊铺混合料。

(6)如摊铺施工中断超过2h,而又未按上述方法处理横向接缝,则应将摊铺机附近及其下面未压实的混合料铲除,并将已碾压密实且高程和平整度都符合要求的末端挖成与公路中心线垂直向下的断面,然后再摊铺新的混合料。

11. 养生

(1)每一段碾压完成并经压实度检查合格后,应立即开始养生。

(2)用湿草袋覆盖洒水养生。洒水车的喷头要用喷雾式,每天洒水次数应视气候而定,养生期间应始终保持稳定粒料表面湿润,养生期不少于7d。

(3)养生期间应封闭交通。

五、旧水泥混凝土碎块垫层的技术要求和施工

1. 一般规定

(1)水泥混凝土路面破损状况(PCI)属差级时,应将混凝土板破碎,作为底基层用。

(2)在水泥混凝土路面两侧板底高程以下 20cm×20cm 处,开挖纵向排水沟,每隔 20cm 开挖 20cm×20cm 横向排水沟,排除路面积水。

(3)对水泥混凝土路面进行调查,在平面图上标注地下构造物,确定破碎混凝土板的范围。

2. 水泥稳定碎块混凝土垫层的施工要求

(1)在不允许采用冲击锤施工的位置,先用液压镐进行破碎混凝土施工。

(2)在允许采用冲击锤施工的部位,在混凝土板上画出 45cm×45cm 的网格。

(3)采用冲击锤对准网格节点进行冲击,混凝土板块最大边长尺寸不超过 30cm。

(4)采用砂浆搅拌机,按水泥∶砂∶水 =1∶4∶0.5 制备 C5 水泥砂浆。

(5)用人工将砂浆灌入破碎板缝隙内。

(6)用 15t 以上大质量的轮胎式振动压路机进行振动碾压,压路机碾压速度为 2.5km/h,往返碾压 6~8 遍。压路机在振碾过程中,一旦发现缺浆,应立即进行补浆,要求底基层上有一层 0.5cm 厚的薄层砂浆。

(7)对软弱松动的碎块应予清除,并用 C15 混凝土回填。

(8)水泥砂浆稳定破碎板应保养 3d。3d 后可进行弯沉测量。凡弯沉达不到设计要求,应将弯沉大于 0.55mm 的较大点位置的破碎板进行挖补,用 C15 贫混凝土回填,一般代表弯沉值控制在 0.67mm 以下。

3. 断裂稳固旧水泥混凝土路面垫层的施工要求

(1)在进行冲击破碎施工前,首先要调查清楚施工路段上的涵洞、通道、桥台的位置,用石灰水标明破碎压实范围和控制点,检测人员做好一切准备工作。

(2)压实机械行驶时速度一般为 9~12km/h,转弯半径为 8m;冲压遍数根据沉降量和混凝土块的破碎状况来确定。即行车道和超车道一般冲压 20 遍左右,然后根据具体实际情况再酌情增减。

(3)混凝土面板在水平方向所受的约束力越小,冲击破碎的效果越好。因此,施工作业时,冲击顺序应从路面的边板开始,即从路肩→行车道→超车道依次进行。

(4)冲压质量控制。

采用冲击压实技术修复混凝土路面的质量目标是:破碎并稳固混凝土面板,并使其破碎板块紧密嵌锁,与压实后的原路面基层形成稳固厚实的底基层,有效减少和缓解反射裂缝。采用路面沉降量、冲击遍数和板块破碎状况,作为冲击压实的质量控制指标。

①沉降量与冲击遍数控制。沉降量与冲击遍数是紧密相关的。沉降量用不同冲压遍数后测得的路面高程之差计算得出。检测方法和频率为:

a. 在路面上布好沉降量高程检测点。测点布置,如图 9-4-1 所示。

b. 冲压前,测量记录原地面高程,每冲压 5 遍、10 遍、15 遍、20 遍后测一次。

c. 如两者之间的高程测量差值小于 5cm,即可结束冲压,以最后一次的冲压遍数(如 20 遍)作为沉降量控制标准。如大于 5mm,则再冲压 2~3 遍,直至沉降量小于 5mm,以最后的冲

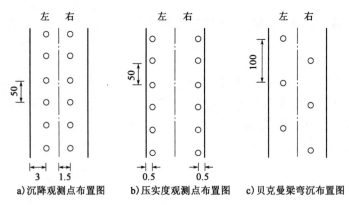

a) 沉降观测点布置图　　b) 压实度观测点布置图　　c) 贝克曼梁弯沉布置图

图9-4-1　测点布置图(尺寸单位:m)

压遍数作为控制遍数。

②破碎状态控制。应先对未冲压前混凝土板块损坏情况进行现场实测和记录,以后每5遍检测1次。最终破碎的网状碎块应控制在45～60cm。该碎块并非一般意义的明显碎块,而是裂缝(纹)贯穿块与块之间并形成集料嵌锁的结构,从而保全原路面所具有的大部分结构强度。一般代表弯沉值在0.53mm左右。

(5)冲压施工注意事项:

由于冲压时产生极强冲击力,因此,施工时必须对其影响范围内的涵洞等构造物进行安全避让。

①桥梁、通道:冲压边界距桥头和通道边不少于5m,并须在桥头搭板之外。

②涵洞:冲压边界距管涵中线或板涵边线不少于2m,管涵上方土层厚度不小于2m,板涵上方土层厚度不小于3m。

③房屋:视房屋的不同结构确定安全距离,避免造成损失。

避让方法:首先要准确调查所有桥涵构造物,明显标出安全距离线;施工中冲压至安全线时,可将冲压轮升起,低速空驶过安全范围后,再进行冲压施工。

(6)由于冲压破碎后,路面产生大量的裂缝,丧失抵抗雨水渗透侵蚀的能力,会造成板下基层和土基含水率增大,且不易散发,影响冲压效果。所以路面破碎后要及时进行防水处理,最好及时采取沥青下封等措施。

单元训练

1.旧水泥混凝土路面的回收方法有哪些?

2.简述旧水泥混凝土回收材料的技术要求和措施。

3.二灰稳定旧混凝土集料的技术要求和施工工艺有哪些?

4.水泥稳定旧混凝土集料的技术要求和施工工艺有哪些?

5.旧水泥混凝土路面打碎用做垫层的技术要求和施工工艺有哪些?

附 表

路基病害调查表　　　　　　　　　　　　　　　　　附表1

路线名称：				调查方向：		调查时间：					调查人员：			
调查内容	程度	单位扣分	权重 ω_i	计量单位	起点桩号：　　　　　终点桩号： 路段长度：　　　　　路段宽度：									累计损失
					1	2	3	4	5	6	7	8	9	10	
路肩边沟不洁		0.5	0.05	m											
路肩损坏	轻	1	0.10	m²											
	重	2													
边坡坍塌	轻	20	0.25	处											
	中	30													
	重	50													
水毁冲沟	轻	20	0.25	处											
	中	30													
	重	50													
路基构造物损坏	轻	20	0.10	处											
	中	30													
	重	50													
路缘石缺损		4	0.05	m											
路基沉降	轻	20	0.10	处											
	中	30													
	重	50													
排水系统淤塞	轻	1	0.10	m											
	重	20		处											

沥青路面病害调查表

附表2

路线名称：　　　　　调查方向：　　　　　调查时间：　　　　　调查人员：

调查内容	程度	权重(ω_i)	单位	起点桩号：　　　　　终点桩号： 路段长度：　　　　　路段宽度：										累计损失
				1	2	3	4	5	6	7	8	9	10	
龟裂	轻	0.6	m^2											
	中	0.8												
	重	1.0												
块状裂缝	轻	0.6	m^2											
	重	0.8												
纵向裂缝	轻	0.6	m											
	重	1.0												
横向裂缝	轻	0.6	m											
	重	1.0												
坑槽	轻	0.8	m^2											
	重	1.0												
松散	轻	0.6	m^2											
	重	1.0												
沉陷	轻	0.6	m^2											
	重	1.0												
车辙	轻	0.6	m											
	重	1.0												
波浪拥包	轻	0.6	m^2											
	重	1.0												
泛油		0.2	m^2											
修补		0.1	m^2											

水泥混凝土路面破损调查表 附表3

路线名称：			调查方向：				调查时间：				调查人员：			
调查内容	程度	权重 (ω_i)	单位	起点桩号： 路段长度：					终点桩号： 路段宽度：					累计损失
				1	2	3	4	5	6	7	8	9	10	
破碎板	轻	0.8	m²											
	重	1.0												
裂缝	轻	0.6	m											
	中	0.8												
	重	1.0												
板角断裂	轻	0.6	m²											
	中	0.8												
	重	1.0												
错台	轻	0.6	m											
	重	1.0												
唧泥		1.0	m											
边角剥落	轻	0.6	m											
	中	0.8												
	重	1.0												
接缝料损坏	轻	0.4	m											
	重	0.6												
坑洞		1.0	m²											
拱起		1.0	m²											
露骨		0.3	m²											
修补		0.1	m²											

— 229 —

参 考 文 献

[1] 粟振锋,李素梅.路基路面工程[M].北京:人民交通出版社,2009.
[2] 周传林.公路养护技术与管理[M].机械工业出版社,2010.
[3] 郭忠印,李立寒.沥青路面施工与养护技术[M].北京:人民交通出版社,2003.
[4] 傅智,金志强.水泥混凝土路面施工与养护技术[M].北京:人民交通出版社,2003.
[5] 金志强.水泥混凝土路面养护维修手册[M].北京:人民交通出版社,2003.
[6] 伍石生,郭平,张倩.公路养护与抢修实用技术[M].北京:机械工业出版社,2003.
[7] 中华人民共和国行业标准.JTG H10—2009 公路养护技术规范[S].北京:人民交通出版社,2009.
[8] 中华人民共和国行业标准.JTG 073.1—2001 公路水泥混凝土路面养护技术规范[S].北京:人民交通出版社,2001.
[9] 中华人民共和国行业标准.JTG 073.2—2001 公路沥青路面养护技术规范[S].北京:人民交通出版社,2001.
[10] 中华人民共和国行业标准.JTJ F80/1—2004 公路养护质量检查评定标准[S].北京:人民交通出版社,2004.
[11] 交通专业人员资格评价中心.公路养护工[M].北京:人民交通出版社,2010.